COMMENT VIVAIENT NOS ANCÊTRES ?

DU MÊME AUTEUR

Les noms de famille et leurs secrets, Robert Laffont, 1988.
ABC de la Généalogie, Marabout, 1992, repris sous le titre *La Généalogie facile*, 1996.
Quand nos ancêtres partaient pour l'aventure, Lattès, 1997.
La Généalogie, « Que sais-je ? », P.U.F., 1997.
Nom de noms ! Calmann-Lévy, 1998.
Comment résoudre les blocages en Généalogie ? Brocéliande, 2000.
La Généalogie, mode d'emploi, Marabout, 2002.
D'où vient ton nom ? Albin-Michel, 2002.
Qui étaient nos ancêtres ? Lattès, 2002.
Laissez parler les noms ! Lattès, 2004.
Réussir sa généalogie, Marabout, 2006.

Ouvrages épuisés :
Entre Arroux et Bourbince ; L'Odyssée des familles, 1978.
Entre Arroux et Bourbince ; Dictionnaire des familles, 1979.
Chasseur d'ancêtres, Mengès, 1980.
Drôles d'ancêtres, Trévise, 1981.
Les Schneider, une dynastie, Hachette, 1986.
Le Livre d'or de notre famille, Mengès, 1986.
Votre arbre généalogique, Denoël, 1989.
Histoires de familles, Denoël, 1990.
Les Prénoms et leurs secrets, Denoël, 1990.
Vous et votre nom, Robert-Laffont, 1992.
Premiers pas en Généalogie, Marabout, 1997.
Trésors et secrets de la Généalogie, Lattès, 1998.

Jean-Louis Beaucarnot est l'auteur d'un site internet où il peut être consulté :
[beaucarnot-genealogie.com]

Jean-Louis Beaucarnot

COMMENT VIVAIENT NOS ANCÊTRES ?

De leurs coutumes à nos habitudes

JC Lattès
17, rue Jacob 75006 Paris

Première édition, Robert Laffont, 1989
Seconde édition mise à jour, 2006

Sommaire

Préface 9

1. Le roman vrai des siècles 11
2. Le roman vrai d'une vie 53
3. Le roman vrai d'une année 193
4. Le roman vrai d'un jour 293
5. Pourriez-vous vivre sans pétrole ? 327

Bibliographie 361

Index thématique 369

PRÉFACE

Lorsqu'en juillet 1914, les cloches de toutes les églises de France ont sonné à toute volée le tocsin annonçant la mobilisation générale, elle ont en fait en même temps sonné le glas de tout un monde. Celui que les historiens d'aujourd'hui appellent « la société traditionnelle ». Un monde vieux de plusieurs siècles. Un monde immuable, où rien n'avait guère changé depuis le Moyen Âge. Rien, pas même la Révolution de 1789 en fait très bourgeoise, n'avait réellement bouleversé cet univers, où nos ancêtres, au fil des générations, avaient répété les mêmes mots et les mêmes gestes.

Certes, on avait connu des famines et des guerres, celle de Cent Ans et celles de religion. On avait vu des têtes rouler sous la guillotine et on avait vibré durant l'épopée napoléonienne, mais les changements avaient régulièrement eu lieu « dans la continuité », n'affectant donc aucunement le décor ni les mentalités. Seuls, au XIXe siècle, l'accession des paysans à la propriété, la conscription et le service militaire, ainsi que la révolution industrielle et le début de l'exode rural, avaient commencé à faire évoluer les choses. Les Français des XXe et XXIe siècles ne devaient plus ressembler à leurs ancêtres des XVIIe ou XVIIIe siècles, alors que ceux-ci avaient ressemblé trait pour trait aux leurs, des XVe ou XVIe siècles…

Quelque chose a cassé. Définitivement. Quelque chose qui fait qu'aujourd'hui, au début du XXIe siècle, ne sachant rien ou presque rien de ceux qui nous ont précédés on cherche à les retrouver. La généalogie, pour répondre à ce besoin, connaît un succès sans précédent, mais sans toutefois ne livrer plus, souvent, que des noms, des dates et des lieux.

Qui étaient ces hommes et ces femmes ? Comment vivaient-ils ? Si j'ai, dans un ouvrage récent[1], répondu à la première de ces questions, ce livre-ci entend répondre à la seconde, en retraçant et en vous racontant le « roman vrai » de nos ancêtres. Aujourd'hui épuisé, il devait par conséquent être réédité. Je l'ai relu et enrichi, tant d'encadrés, dans lesquels j'ai évoqué ces petites trouvailles qui font paraît-il le succès de mes émissions dominicales, que d'une dernière partie, rédigée en clin d'œil à cette nostalgie parfois rencontrée à propos des temps anciens. À vous de le relire, pour y retrouver bien des clés, celles du monde d'hier, comme parfois de celui d'aujourd'hui, en découvrant comment nos ancêtres ont traversé les siècles et vécu leur vie, les années et les jours.

1. *Qui étaient nos ancêtres ?* Lattès, 2002.

1.

LE ROMAN VRAI DES SIÈCLES

LES CHANGEMENTS DANS LA CONTINUITÉ

Du Moyen Âge à 1914, rien n'a donc guère changé.

Au plan politique, l'Histoire de France nous a appris que nos rois capétiens ont su s'imposer, ou plus exactement imposer leurs lois, leur pouvoir et leur fiscalité. Que la féodalité, en s'écroulant, a entraîné dans les campagnes du XVIe siècle une véritable renaissance, tout en insufflant une force dynamique à la société. Le monde rural s'est alors lentement ouvert : le temps était révolu, où le serf ne pouvait quitter les limites de la seigneurie sans s'exposer à des représailles.

Dès l'aube du XVIIe siècle, le décor ne variera plus guère. Nos ancêtres, au fil des siècles et des règnes, vont vivre, travailler, souffrir, aimer, penser, pratiquement de la même façon d'une génération à l'autre.

La Révolution de 1789 ? Pour nos ancêtres, que l'on sait dans leur immense majorité ruraux, « petits et sans grade »[1] et véritablement « pétris de religion », elle n'a pas eu les conséquences que l'on a tendance à lui prêter, pour avoir, comme toute période troublée, essentiellement été l'occasion de règlements de compte, d'agressions et de délations. Napoléon fera finalement beaucoup plus pour nos ancêtres, en renforçant la propriété privée et l'administration gouvernementale, en mettant en place la conscription et en favorisant l'ascension sociale.

1. Voir *Qui étaient nos ancêtres ?* Lattès, 2002.

Jusqu'à la révolution industrielle, qui arrachera, parfois comme chirurgicalement, nombre de nos ancêtres à cet univers où le temps s'écoulait de façon linéaire, les cadres de vie changent à peine, et sont de ce fait aisés à décrire et nécessaires à connaître. L'église et le château, le village et la paroisse, le monde du travail et la famille, tel a été l'environnement dans lequel ils ont vécu, plusieurs siècles durant, de la fin du Moyen Âge au milieu du XXe siècle.

À L'OMBRE DE L'ÉGLISE : DISPUTES ET PLACES PAYANTES

Il est difficile aujourd'hui d'imaginer la place et l'influence de l'église dans la vie de nos ancêtres. Son clocher surmonté du coq (cf. encadré p. 15) domine le village. À tout moment, ses cloches rythment la vie, les jours et les travaux, comme les fêtes religieuses rythment l'année. Pèlerinages et pardons déplacent des foules imposantes.

Chaque dimanche, la messe vide les rues et les champs. Les vêpres, les processions, le catéchisme, les prières, les jeûnes sont autant de réalités que chacun respecte et pratique, sans oublier ces véritables campagnes publicitaires orchestrées au siècle dernier qu'ont été les missions.

Pénétrons donc dans cette église qui règle totalement la vie de nos ancêtres et découvrons son décor intérieur : la chaire avec son abat-voix, l'autel, le confessionnal qui confère au curé un pouvoir illimité sur les cœurs et sur les âmes de ses paroissiens comme sur leurs affaires, l'orgue, la tribune, la sacristie renfermant comme son nom l'indique les objets sacrés. Statufiés dans la pierre, le bois ou le plâtre, les saints sont tous là, omniprésents dans la vie quotidienne d'antan, omnipotents aussi tant ils accordent à qui les prie richesses et guérisons en tout genre.

Asseyons-nous sur un banc. Le geste semble simple. Il l'était moins autrefois, car, à l'église comme au village, on retrouve la hiérarchie des sexes et des positions sociales.

Le coq gaulois n'existe pas !

On ne cesse, encore aujourd'hui, de parler du « coq gaulois », alors que les pauvres Gaulois n'ont jamais le moins du monde eu ce volatile pour symbole.

À ce propos, il y a eu confusion, du fait que la langue latine ayant, elle aussi, ses homonymes, le même mot « gallus » désignait à la fois le volatile et les habitants de la Gaule. Et cette confusion qui semble remonter à la fin du règne de Néron, lorsqu'une révolte de la Gaule lyonnaise provoqua de nombreux jeux de mots.

L'Histoire fit ensuite le reste. Le coq, longtemps symbole de la lumière naissante et donc du bien – opposé en cela à la Tortue, semblant tout droit venue de la Préhistoire et dont l'appellation originelle (Tartue) évoque le Tartare, le fleuve des Enfers –, le coq donc avait été, avec les poules, domestiqué à l'origine par les Chinois. S'il incarna rapidement la fierté, il n'avait nullement été récupéré comme emblème par les Gaulois. Ceux-ci auraient plutôt choisi l'alouette, oiseau sacré à leurs yeux, sans doute parce qu'elle volait très haut dans le ciel, tout en faisant son nid à terre.

Le chœur est en général interdit aux laïcs, sauf aux châtelains qui y ont souvent leur banc, ouvragé et fermé, et aux fabriciens, ces « happy-few » qui gèrent les comptes de la paroisse. Quant au reste de l'église, il se partageait entre la partie réservée aux enfants, le côté des hommes à droite, et celui des femmes à gauche[1]. De plus, les bancs les mieux placés sont payants, c'est-à-dire louables pour un temps et

1. Voir article p. 148.

un prix variables. On va même jusqu'à y clouer de petites plaques de cuivre sur lesquelles sont gravés les noms des occupants exclusifs.

Ces bancs, comme les cierges, les troncs ou les fondations de messes (perpétuelles ou non) sont autant de sources de revenus pour l'église, le curé ou la fabrique, et, de ce fait, l'enjeu fréquent de disputes violentes, voire de procès entre ces trois partis. Qui doit profiter de la vente de la cire des cierges funéraires ou du magot du tronc de saint Antoine ou de sainte Agathe ?

Procès et mésententes ne manquent pas, tant est important le nombre de ceux qui évoluent autour de l'église. Tout d'abord les prêtres qui abondent. On dénombre ainsi 140 000 ordinations de 1801 à 1905, dont 2 357 pour la seule année 1830 (pour 106 en 1988 !).

Aux prêtres s'ajoutent les nombreux diacres, sous-diacres, vicaires, bien souvent en querelle avec eux. Sans oublier les bedeaux, sacristains et marguilliers, d'occupations voisines et parfois nombreux en ville – un de mes ancêtres, premier bedeau de Saint-Germain-l'Auxerrois à Paris au XVIIe siècle, était un homme très important et aisé. Viennent enfin les chantres, qui doivent être de « bons entonneurs », et bien sûr les gardes suisses. Restent encore les dévots et les bigotes, toujours prêts à se mêler plus ou moins opportunément de la vie de leur paroisse, en particulier en dénonçant à l'évêque les travers de leur desservant. Combien de vieilles filles s'indignèrent ainsi de voir leur curé s'exhiber de façon « inconvenante » sur les premiers vélocipèdes !

En ville s'ajoutent les très nombreux couvents : dominicains, franciscains, augustins et carmes, qui sont eux aussi fréquemment en rivalité d'intérêts avec le clergé séculier.

Partout, à chaque carrefour, une croix rappelle le passant à la prière. Dans chaque maison, l'eau bénite, les rameaux et le cierge de la Chandeleur sont soigneusement et religieusement conservés pour être utilisés au bon moment. Certes, certaines régions de France sont plus pratiquantes que d'autres ; certes chaque curé doit lutter avec le sorcier, le cafetier qui distrait de la messe dominicale, ou quelque « Peppone » de maire. Au Fouilloux (Charente), c'était* l'instituteur qui plaçait des pièges sur le trajet de la procession. Il n'en reste pas moins que la vie tout entière est à tout niveau déterminée par un curieux mélange d'Évangile, de sermon de curé et de superstitions, et que chaque village de France semble, comme sur les images d'Épinal, blotti autour de son clocher.

LE CHÂTEAU AU VILLAGE : CABINE TÉLÉPHONIQUE OU P.M.E. ?

Dominant le village de sa fière silhouette, ou perdu au milieu d'un parc digne de la Belle au bois dormant, le château est presque aussi présent dans la vie rurale que l'église. Chaque village a le sien et aucun ne se ressemble. Il y a les grands châteaux, dont l'influence pèse sur la paroisse tout entière et qui sont souvent restés entre les mains des familles nobles. Louis XIV les a vidés en attirant leurs propriétaires à Versailles ; la Révolution les a menacés et parfois attaqués ; l'Empire et la Restauration leur ont rendu une vie animée, uniquement à la belle saison parfois car, en hiver, leurs occupants les désertent pour Paris ou quelque autre grande ville.

Restent les petits, très nombreux, qui n'en sont pas moins importants, car le château n'a pas besoin de tours ou de jardins à la Le Nôtre pour mériter son nom. Nos ancêtres ne s'y trompent d'ailleurs pas et baptisent ainsi couramment des habitations plus modestes, que l'on appellerait davantage maisons de maître. Ils n'ont pas tort car,

* L'astérisque précédant un nom renvoie celui-ci à l'index thématique en fin de volume.

avec ou sans tours, ce qui définit réellement le château c'est avant tout son assise agraire et le rôle social de ses habitants.

Centre d'un domaine rural, comprenant souvent plusieurs fermes exploitées en fermage ou en métayage, le château est habité par des nobles, des bourgeois ou de simples notables, qui mènent une vie différente de celle des villageois. Tout, dans l'organisation de la vie quotidienne, témoigne de leur place et de leur rôle. À l'église, ils ont comme nous l'avons vu leur banc ; M. le curé les attend pour commencer sa messe, leur fait offrir en premier la corbeille de pain bénit et demande souvent à ses fidèles de prier pour leur santé.

Les châtelains jouent volontiers auprès des paysans les rôles de conseil et d'écrivain public, rôle qui s'accentue lorsque, à la fin du XIXe siècle ou au début du XXe siècle, le château devient la première « cabine téléphonique » du hameau ou de la commune, où l'on vient appeler le vétérinaire ou le médecin. Car c'est au château qu'entre le progrès : première installation électrique, première salle de bains… comme c'est sur ses terres qu'apparaissent les premiers engrais.

Enfin, le château se distingue par sa domesticité. Selon le « standing », le chiffre peut varier beaucoup, allant d'une seule vieille bonne aux cent vingt serviteurs du prince Murat – une véritable P.M.E. ! Les familles qui ont un bon train de vie en emploient facilement une dizaine.

À la fin du siècle dernier, dans la haute bourgeoisie ou l'aristocratie, on ne saurait vivre décemment sans une cuisinière – chaque repas comporte souvent trois plats de viande au menu –, une femme de charge – femme à tout faire – et une femme de chambre. Parmi ses attributions, cette dernière doit coiffer Madame qui ne saurait aller se mêler aux clientes d'un coiffeur, et l'aider à mettre son chapeau afin de ne pas sortir « en cheveux », – le comble de l'impudeur. Elle est également présente à la séance d'habillage où les nombreux lacets, corsets, pressions, boutons, et agrafes en tout genre exigent son assistance. Jamais, cependant, elle ne s'abaissera à faire la lessive. La femme de charge et une lingère se répartissent cette tâche.

Au personnel de maison s'ajoutent souvent deux ou trois valets et un maître d'hôtel, sans oublier, si nécessaire, une nourrice – de préférence morvandelle, selon les critères de snobisme de l'époque. Reste enfin le personnel extérieur : un cocher, un palefrenier et un garçon d'écurie que remplace, avec l'automobile, un chauffeur-mécanicien, et, selon les besoins, un ou plusieurs jardiniers et basse-couriers.

De retour au village, tous ces gens s'empressent bien évidemment de parler faisant ainsi la réputation de leur maître et de leur maîtresse, qui est généralement assez bonne, du moins lorsque ceux-ci savent assumer leur rôle et leurs devoirs.

En revanche, il y a parmi eux un personnage de moins bonne renommée : le régisseur. Souvent puissant tant il a la confiance des propriétaires et le pouvoir sur les métayers, il les abuse parfois tous deux pour amasser de rondelettes fortunes sur leurs dos, jusqu'au jour où le châtelain ruiné lui vend ses terres pour une bouchée de pain, ou mieux encore lui donne sa fille unique en mariage. La vie de château n'est pas toujours aussi rose que la décrit la comtesse de Ségur…

VILLAGE ET PAROISSE : L'UNIVERS FERMÉ DE LA « GUERRE DES BOUTONS »

Jusqu'à la Révolution, tout est enchevêtré dans une mosaïque qui tient des meilleurs case-tête chinois. Les terres, les hameaux et les villages sont répartis entre différentes seigneuries qui se chevauchent et sont sources de querelles. Régulièrement, les propriétaires doivent faire dresser des « terriers » pour clarifier et affirmer leurs possessions.

Basée sur le château, la seigneurie n'est cependant plus, comme au Moyen Âge, la seule et unique unité administrative. La paroisse l'emporte peu à peu sur elle, surtout depuis qu'elle sert de circonscription fiscale pour la levée des impôts royaux. Ce sont d'ailleurs les paroissiens eux-mêmes qui s'en chargent, l'un d'entre eux étant nommé collecteur. La fonction n'a rien d'enviable : non seulement ceux qui l'exercent sont impopulaires mais ils sont responsables sur leurs propres deniers des sommes amassées ! De plus, la paroisse est une institution ancienne. Selon les pays et les types d'habitat, groupé au Nord et à l'Est, ou dispersé, voire disséminé ailleurs, elle coïncide avec un village ou rassemble plusieurs villages et hameaux, cela, bien souvent, en fonction de la fréquence des sources et des points d'eau. L'agglomération peut être née voilà des millénaires, ou bien, plus récemment, lors des grands essartages, ces défrichements des XIe et XIIe siècles, comme au temps des « communes jurées », « villes-neuves » et « bourgs neufs » qui durent lutter pour s'affranchir du joug féodal. Dans la plupart des cas, son église est placée sous la protection d'un saint de qui elle tient son nom, soit en complément de l'ancien, parfois celtique ou préceltique (Saint-Lubin-de-Cravant, Eure-et-Loire ; Caubon-Saint-Sauveur, Lot-et-Garonne), soit à titre principal (Saint-Michel, Saint-Nazaire, etc.) avec d'éventuelles précisions pour distinguer des villages homonymes (Saint-Sernin-du-Plain et Saint-Sernin-du-Bois, distants de vingt-cinq kilomètres, en Saône-et-Loire). Peu à peu, le décor de nos ancêtres a changé. Si l'église et le château demeuraient et demeurent encore, le four, le moulin et le pressoir banaux du Moyen Âge sont remplacés par d'autres édifices à partir de la Révolution et au fur et à mesure de l'arrivée, avec le progrès, de la mairie, de l'école, de la gare, de la poste, etc.

La paroisse regroupe village et hameaux satellites, sans oublier les forêts grouillantes de vie et habitées par les charbonniers, les sabotiers, les scieurs de long et bien d'autres. Ainsi, elle sert de cadre de vie principal à nos ancêtres. Ils ne la quittent guère. On verra que les mariages entre paroisses différentes sont rares. Seuls les hommes vont de temps en temps à quelques foires dans le voisinage. À partir de son instauration, le service militaire sera pour les ruraux comme pour la plupart des citadins le voyage de leur vie et le seul contact avec le monde extérieur.

Partout règne l'esprit de clocher, de « plou », comme on dit en Bretagne. On le mesure par les véritables batailles rangées que se livrent les gosses de chaque communauté dans le meilleur style de *La Guerre des boutons*, comme par celles qu'organisent les adultes lors des parties de soule ou de crosse[1]. En témoignent également les manifestations populaires communautaires que l'on verra tout au long de l'année, du carnaval à la Saint-Jean, sans oublier les extraordinaires « charivaris » manifestant la désapprobation publique à l'égard des cocus, des mariages mal assortis, enfin de tout ce qui est hors normes.

Car la communauté paroissiale est organisée. Elle se rassemble souvent le dimanche à la sortie de la grand-messe et participe à différentes instances : la fabrique, qui gère les ressources de l'église, puis le conseil municipal, dont les sièges sont souvent âprement disputés.

De façon plus informelle, elle a ses « parlements », avec ce que nos sociologues appelleraient aujourd'hui des lieux de sociabilité, chaque sexe ayant le sien. Les hommes ont la foire et la place du village, et surtout la forge et le café – où les femmes ne pénètrent jamais. Ce n'est donc pas un hasard si beaucoup de maires de village au XIXe siècle sont forgerons ou maréchaux-ferrants. Ce n'est là qu'une confirmation de la réalité : très tôt, dans leur forge, ils ont été de fait les « présidents » des républiques villageoises.

Les femmes, elles, ont le monopole des puits et des fontaines, et surtout des lavoirs. Dans un brouhaha et une

---

1. Voir article p. 213.

effervescence inouïs s'y côtoient laveuses professionnelles et maîtresses de maison qui travaillent en échangeant commérages et potins – en Provence, on dit qu'elles « jaspinent » –, quand ce ne sont des coups de battoir comme Zola le décrit dans la vie de Gervaise.

Il existe enfin une dernière assemblée qui réunit tout le monde, hommes et femmes, jeunes et vieux : ce sont ces veillées[1] dont la fée Électricité puis la télévision feront oublier le goût... Il n'en reste pas moins qu'une réelle solidarité existait en principe au village, expression d'une communauté au pouvoir incontestable.

3 000 POULARDES DE BRESSE POUR INSTALLER LA RÉPUBLIQUE

Pendant longtemps, l'église et le château sont les seuls liens qui unissent nos ancêtres à l'autorité et au gouvernement. La justice, d'ailleurs, est entre leurs mains.

À la Révolution, une troisième entité apparaît : la mairie, qui devra longtemps rivaliser avec ceux-ci pour s'affirmer.

La mairie est largement symbolique. Elle est la clé de voûte de l'institution républicaine, le centre du décor républicain. Située en face de l'église, intentionnellement souvent plus grande que le château, elle abrite sous son aile protectrice de pierres de taille un groupe scolaire avec écoles de filles et de garçons, parfois salle des fêtes, à quoi s'ajoutera le monument aux morts. Au centre du village, pavoisé de tricolore à chaque occasion, cet ensemble chante la gloire de la République triomphante. C'est à cette dernière que revient donc le privilège de construire des chemins de fer avec viaducs, tunnels et gares, de bâtir des bureaux de poste,

1. Voir article p. 264.

etc. C'est pour célébrer ses bienfaits que Loubet, président de la République, organise le 22 septembre 1900 à Paris le banquet général des maires de France qui connaît un fabuleux succès. Sur 36 172 maires invités, 20 777 sont présents – grâce au train ! – et, ceints de l'écharpe tricolore, avalent allègrement les 3 000 poulardes de Bresse, les 1 800 canetons et les 250 bœufs immolés pour approvisionner un menu pantagruélique.

La cloche et le clochard

Eh non ! Le clochard ne doit rien à la cloche... Leurs origines, même si elles passent également par une homonymie, sont totalement différentes.

La cloche du clocher vient d'un mot celtique, qui aurait été importé dans l'ancienne Gaule par des moines anglo-irlandais.

Le mot « clochard » vient au contraire du latin « cloppus » ou « claudus », signifiant boiteux, mot à l'origine de nos verbes « claudiquer » et « clopiner », de notre expression « clopin-clopant », de nos « éclopés » et aussi de « marcher à *clochepied* ». Ce terme désigna donc d'abord l'individu qui boitillait, ce que faisait quasiment tout errant, allant par les chemins, nommé de ce fait « chemineau » et plus tard « vagabond » (allant vers un but *vague).* C'est cette même filière linguistique qui a donné notre expression familière « ça cloche », signifiant en fait « c'est bancal », « ça ne tient pas debout » !

Depuis 1884, maires et conseillers municipaux sont régulièrement élus lors de scrutins souvent passionnés. Toutes les querelles intestines s'y cristallisent, à commencer évidemment par les « querelles de clocher[1] ». On voit

1. L'expression « querelle de clocher » vient du fait que, selon la partie de l'église qui lui servait de base (nef, chœur, porche...), l'entretien du clocher incombait soit à la communauté paroissiale, soit au décimateur d'où, en cas de situation ambiguë, querelles et procès sans fin que certaines paroisses du Bourbonnais surent éviter en construisant des clochers indépendants, à côté de leur église.

alors se jouer d'étranges scènes électorales : une urne dans la cuisine du maire sortant, une autre, à deux compartiments, dont un ne contient que des bulletins au nom du châtelain, ou encore, comme à Estables-de-Randon (Lozère) un tonneau installé sur la place publique. Ce tonneau rempli de vin se trouve à quarante mètres de la mairie et, au dire d'un plaignant, « tous les électeurs étaient invités, sommés, forcés même de boire. Lorsqu'ils étaient prêts à passer à l'état d'ébriété, un bulletin leur était remis et ils étaient accompagnés jusqu'au bureau de vote ». Et ce plaignant d'ajouter que « sous prétexte de se restaurer, les membres du bureau avaient fait dresser une table dans la salle du scrutin, à laquelle ont pris part plusieurs électeurs ». Mais attention : à l'époque, il va sans dire qu'une élection est une affaire strictement réservée aux hommes. Une de plus…

LES COCHONS Y COURENT ET LES VEAUX Y TÈTENT : LES CURIEUSES VILLES D'ANTAN

Il y a plusieurs catégories de villes.

Les plus grandes sont assez peu peuplées : en 1801, après Paris viennent Marseille (111 000 habitants), Lyon (109 000), Bordeaux (90 000), Rouen (87 000), Nantes (73 000), Lille (54 000) et Toulouse (50 000). Ensuite, il faut bien distinguer les villes d'avant et celles d'après la révolution industrielle. Non seulement certaines en naissent comme : Mulhouse, Roubaix-Tourcoing, Saint-Étienne…, mais la plupart sont bouleversées tant dans leurs équipements que dans leur population, qui grossit démesurément. On est loin, très loin, des villes médiévales corsetées de murailles et d'enceintes, et émaillées de jardins. Les banlieues ne sont plus une couronne de vergers et de champs appartenant aux citadins où sont élevés les gibets. L'origine même de leur nom, en référence au déplacement journalier d'un âne[1] est oubliée. Dorénavant, la banlieue est le prolongement de la cité, préfigurant nos villes-dortoirs avant que, par les lotissements, on n'essaie de faire croire que l'on peut transporter la ville à la campagne.

Mais comment pourrait-on y arriver ? De tout temps, en effet, le fossé entre les deux entités humaines existe, profond et complexe.

La ville d'autrefois vit en étroite liaison avec la campagne. En permanence, l'une fournit ses produits de commerce à l'autre qui la nourrit lors des foires et marchés.

Cependant les mentalités sont différentes. Le citadin se moque du paysan. Il en rit mais il le craint, se souvenant des révoltes des jacques ou des rustauds, partant à l'assaut des villes. De plus, bien souvent, le citadin dont les origines campagnardes sont encore proches a honte de ce monde rural qu'il juge primaire. C'est que le « paraître » urbain est important, surtout dans les classes qui ont « réussi », c'est-à-dire essentiellement chez les marchands et les « robins », qui se disputent les honneurs et les charges municipales, ainsi que chez certains maîtres artisans. Ce paraître s'exprime par le lieu d'habitation, riches hôtels ou élégantes demeures qui n'en voisinent pas moins avec les taudis et chaumières du petit peuple. Aucune politique urbaine n'est à l'origine de ce que l'on appelle aujourd'hui les quartiers riches et les quartiers pauvres. En ville, tout le monde est mélangé au sol. La stratification sociale se retrouve essentiellement dans les immeubles, où l'absence d'ascenseur réserve les appartements des premiers étages aux plus riches.

Pourtant, ces citadins soi-disant raffinés n'ont guère sujet d'être fiers. La plupart des rues ont longtemps été de

---

1. Voir *Qui étaient nos ancêtres ?*, Jean-Louis Beaucarnot, Lattès, 2002, p. 28.

véritables cloaques. Faute d'égout, on pratique sans scrupules le « tout à la rue », n'hésitant pas à jeter par les fenêtres immondices et excréments en tout genre. Il suffit de crier « À l'eau ! » en se penchant par la fenêtre pour avoir le droit de déverser son pot de chambre dans la rue ! « Rouen se sent d'une demi-lieue », remarque un écrivain normand. Bouchers et rôtisseurs inondent les rues de sang, tanneurs et teinturiers de relents pestilentiels si bien que les marchands de vin (les cafetiers) voient souvent leur marchandise souillée. De plus, nos citadins ont longtemps conservé les habitudes rurales de leurs grands-parents en continuant à élever animaux et volailles. En 1654-1655 à Nancy, on doit interdire d'élever des poules dans les appartements, et combien de villes ont dû lutter durement pour se débarrasser des ânes, des chèvres et des cochons en liberté dans les rues infectées de leurs excréments.

La ville d'antan n'est ni riante ni pimpante. Elle connaît la délinquance, souvent due à des marginaux venus s'y établir, et la prostitution avec son « château-gaillard[1] ». Elle connaît également une activité intense qui vaut bien certaines des scènes de notre vie urbaine. Au milieu des cris multiples des marchands ambulants, une foule de gens travaillent dans la rue : les femmes filent, le teinturier fait sécher ses draps, le charpentier ses merrains… On se bat dans les auberges et, au moindre coup de vent, les enseignes de bois ou de fer forgé se mettent à grincer, balancées en cadence. Images pieuses ou simples symboles, ces enseignes sont de toutes sortes : un cercle pour un tonneau aux portes des cafés, une branche ou une gerbe d'épis pour les cafés ou les auberges, souvent un bouquet de paille ou de lierre, un « bouchon », d'où les petits bouchons lyonnais, ou diverses autres inventions imagées qui donnent aux établissements de curieux noms, tels que « Le chien qui rit », « La pie qui boit », « L'âne qui

1. Voir article p. 145.

veille », « Le veau qui tète », « Le chat qui pelote », « Le cheval blanc » ou encore, calembour à la clé, une lettre k barrée qui n'est autre que le rébus de « cabaret ».

La ville d'autrefois a elle aussi ses lieux de sociabilité : foire, cafés, lavoirs, auxquels s'ajoutent au XIXe siècle la promenade ou le kiosque à musique, lieux de rencontre plus recherchés. L'Église y est tout aussi présente et influente (Rouen comptait autrefois 35 paroisses !) et le clergé surabondant.

À ces noyaux communautaires viennent s'ajouter les puissantes corporations de métiers. Tout ce monde participe à une importante activité sociale qui s'exprime, comme au village, lors des fêtes traditionnelles ou des charivaris.

La ville a toutefois une administration plus élaborée qu'à la campagne. Ainsi à Nancy, en 1777, deux peintres sont embauchés pour peindre les numéros sur les immeubles des rues ; Lille voit ses artères éclairées par des becs de gaz à partir de 1837. Enfin, la conquête de l'eau aidera l'hygiène à s'imposer. La ville, alors, commence à servir de modèle à la campagne, de modèle et de terre promise !

EMBOUTEILLAGES, MOULINS ET « MAÎTRES FIFI » : PARIS D'HIER OU D'AUJOURD'HUI ?

« … voicy l'heure de Midy,
Et c'est aujourd'huy Samedy,
Nous trouverons cinq cens Charrettes,
Des Tumbereaux, et des Brouettes.
J'appréhende fort l'embarras,
Allons viste, car tu verras,
Qu'il nous sera impossible
De sortir de la presse horrible
Que nous rencontrerons là-bas ;
…

Je voy déjà qu'un Savetier
Veut aller gourmer le Chartier,
Car il accroche avec sa rouë
Un Tumbereau remply de bouë,
Et s'il avance encore un pas,
Je voy le Tumbereau à bas ;
…
Mais sur cecy survient un Coche,
Lequel voulant passer s'accroche
À deux ou trois grands chariots
Pleins de coterets et de fagots.
Là se commence un préambule,
Le Cocher veut que l'on recule,
Un Chartier dit qu'il ne peut pas
Reculer seulement un pas… »

Nul ne s'étonnera que cette scène se situe à Paris ; en revanche l'année 1714, date à laquelle un certain Berthod la décrivit, a de quoi surprendre. Déjà à cette époque, les rues de Paris étaient embouteillées !

Mais furent-elles jamais libres pour la circulation ? Astérix et Obélix prétendent que non… Paris ne doit finalement cette saturation qu'à sa situation de capitale. Or, jusqu'au XIIIe siècle, la ville en réalité n'a rien de la capitale d'un grand royaume tant la puissance royale est morcelée et en rivalité avec celle des grands seigneurs féodaux et des évêques.

Ce sont les rois capétiens qui, fixés à Paris, en ont fait la leur. Ils y ont mis en place une administration. Au XIIIe siècle, Philippe Auguste l'a dotée d'un palais, le premier Louvre, de murailles épaisses et fait paver ses rues. Il y a fondé également des foires importantes pour attirer le commerce, en plus des foires traditionnelles que Paris organisait déjà, comme celles du pain d'épice et du « lendit ».

La première est née dans le village de Pique-puce. Pendant une famine, on avait distribué aux pauvres des pains d'épice en forme de cochon, à la suite, dit-on, de l'accident qui avait, en 1131, coûté la vie au fils du roi tombé de son cheval qu'un cochon errant avait heurté. Eh oui ! à Paris comme ailleurs, les animaux déambulaient et

Pourquoi le cochon devient-il du porc ?

Pourquoi les « cochons », ainsi nommés à la campagne lorsqu'ils sont en vie, deviennent-ils des « porcs » lorsqu'ils passent chez le boucher et dans nos assiettes ? Sans doute à cause de la trop forte connotation du mot « cochon », par trop sale et repoussante, que l'on n'a guère envie d'associer au repas.

Dès le Moyen Âge, les deux termes apparaissent très tôt en concurrence. On en trouve même trois pour la femelle, qui se voit quant à elle nommée tantôt « truie », « coche » ou encore « gore » (d'où les petits « gorets »).

En fait, « cochon » et « gore » semblent avoir été à l'origine de ces cris d'appel qu'utilisaient autrefois les paysans pour faire venir le bétail. « Cochon, cochon, cochon, cochon… » et « gor gor gor gor gor » auraient été employés pour attirer les porcs, comme dans ma Bourgogne, on criait – et on crie encore – « bie bie bie bie bie… » pour faire venir les oies ou « bili bili bili bili… » pour appeler les moutons.

Au reste, pas de différence donc, entre « porc » et « cochon », sachant que cet animal à deux noms a connu une mutation au cours du dernier millénaire, pour avoir été couvert, encore à la fin du Moyen Âge, de poils plus longs et… de couleur marron, montrant encore mieux sa parenté avec le *sanglier* (à l'origine porc *singulier,* autrement dit solitaire, sauvage).

l'on s'était alors contenté d'interdire les cochons en liberté, sauf ceux des religieux antonistes pour lesquels on s'était contenté d'exiger qu'ils portent une clochette au cou, pour prévenir les passants à pied ou à cheval. Quant à la volaille, elle était restée longtemps présente dans les rues de la capitale dont la population ne cessait d'augmenter.

Au début du XIVe siècle, soit avant la guerre de Cent Ans, Paris comptait entre 80 000 et 200 000 habitants, disent les spécialistes, et ce n'est que bien plus tard que commencent les embouteillages, lorsque les voitures se font plus nombreuses. Sous Henri IV, la « seconde voiture » n'est pas encore en usage : « Je comptais aller vous voir, écrit-il un jour à son cher Sully, mais je ne pourrai pas parce que ma femme se sert de ma coche. » Au début du XVIIe siècle apparaissent les carrosses de louage ou fiacres dont le siège se trouve devant un hôtel à l'enseigne de saint Fiacre... Ils connaîtront un immense succès auprès des Parisiens.

Avec ses volailles et ses cochons, ses fiacres et ses embouteillages, le Paris d'autrefois surprend. Pourtant, il n'a pas fini de nous étonner. Au XIVe siècle, à l'heure de son premier essor, Paris connaît une flambée du marché immobilier qui rappelle celle de notre époque. Rue Saint-Jacques, les loyers augmentent de 700 pour 100 ! Et cela au profit non pas des compagnies d'assurances ou des banques mais des abbayes et des couvents, les gros propriétaires immobiliers de l'époque.

Les ponts sont alors bâtis de maisons d'habitation et de commerce, hautes de plusieurs étages et perpétuellement menacées d'effondrement. Seul le plus récent, le Pont-Neuf, en est dispensé. Pour les autres, non seulement le haut est habité, mais également le bas, occupé par d'innombrables moulins dont les roues tournent au fil de l'eau. Le pont aux meuniers, aujourd'hui détruit, en compte ainsi treize, ne laissant qu'une de ses arches libre pour la navigation, et tous ces moulins sont en concurrence directe avec les nombreux moulins à vent qui hérissent les collines environnantes.

Les gens se réunissent alors sur la place de Grève – nous sommes le long de la Seine – pour réclamer du travail. Curieusement c'est de là que vient l'origine de notre actuelle « grève » qui, au contraire, est un jour sans travail.

C'est par la Seine qu'arrive le bois de chauffage des Parisiens, en provenance de la Champagne, de l'Yonne et surtout du Morvan. Environ 1 200 000 stères, vendus ensuite au détail à la criée, parviennent chaque année à la capitale par flottage.

Vers 1790[1],100 000 bœufs par an sont tués dans des abattoirs sur place, comme d'autres sont élevés dans Paris. Avant la guerre de 1914, certains quartiers avaient encore des étables où on pouvait venir chercher son lait.

Les premiers trottoirs sont construits en 1782 sur le Pont-Neuf, puis autour du théâtre de l'Odéon. Il se trouve naturellement des gens pour sourire et estimer que ces nouveautés, soi-disant importées d'Angleterre, sont choses « fort sottes ». À la même époque, Paris est doté d'environ 6 000 lanternes qui consomment chaque nuit environ 1 600 livres de chandelle. Les premiers éclairages à bec de gaz sont installés rue de la Paix en 1829.

Dès le début, Paris a ses légions de mendiants, d'ivrognes et de filles publiques, lesquelles font parfois l'objet de rafles et d'exclusions, alors que les courtisanes et autres demi-mondaines y mènent des vies faciles, sous les regards de légions de curés qui vivent douillettement dans les nombreuses paroisses de la capitale.

Paris est sale. Les Maîtres Fifi, ancêtres de nos vidangeurs et ainsi nommés par Henri IV, ont bien du mal à venir à bout de leur besogne. L'air est constamment vicié par les latrines, les cimetières[2] et les immondices. Les rumeurs de la ville sont à tout moment secouées par les fameux « cris de Paris », celui du porteur d'eau ou du fontainier, du marchand d'eau-de-vie – « La vie, la vie ! à un sol le petit verre » –, celui des marchands d'oublies – « La joie, la joie ! voilà les oublies » – qui sont des

1. On peut estimer que la ville compte alors environ 500 000 habitants. Elle atteindra le million en 1851.

2. Voir article p. 186.

sortes de gaufres, celui du marchand de mort-aux-rats, de la vendeuse de marée, des ramoneurs, des marchands de ferraille ou de peaux de lapin, et de tous les gagne-deniers comme le marchand de joncs – « Battez vos femmes, rossez vos maris pour un sol ». À Paris, on est déjà stressé.

Et pourtant Paris attire. Au Moyen Âge, son attraction se limite aux provinces environnantes et aux régions du Nord jusqu'aux Flandres. Puis viennent les Normands souvent paveurs ou tailleurs de pierre, les Champenois, les Lorrains, les Bourguignons. Au XVIIIe siècle commencent les émigrations saisonnières avec l'arrivée des Auvergnats, frotteurs de parquets puis « charbougnats » en hiver, et paysans l'été dans leurs montagnes. Peu à peu ils font la conquête des bistrots tandis que les Savoyards se réservent le quasi-monopole du ramonage, comme les Creusois ont depuis longtemps celui de la maçonnerie. Viennent ensuite les célèbres nourrices morvandelles, comme on a plus tard les chauffeurs corréziens. Plus récemment c'est au tour des Bretons, qui restent groupés autour de la gare Montparnasse, puis, avec le chemin de fer, des Méridionaux et des Corses. Le Parisien de Paris, fils, petit-fils et arrière-petit-fils d'ancêtres à 100 pour 100 parisiens est aujourd'hui quasiment introuvable. La magie de Paris a fait son œuvre, et pourtant Paris n'a somme toute pas changé.

SOCIÉTÉ ET MÉTIER : UNE ÉCHELLE OÙ CHACUN À SON BARREAU

Au village comme en ville, nos ancêtres vivent dans des cadres multiples, déterminés en particulier par le niveau socioprofessionnel. Tout d'abord, on vit par tranches d'âge, chacun ayant ses occupations, ses rôles et participant à sa façon aux fêtes et aux manifestations publiques. On verra comme dans bien des cas les enfants, les adolescents, les adultes mariés et les personnes âgées constituent de véritables entités sociales. De la même manière, on vit par profession, une profession souvent héréditaire, transmise d'une génération à l'autre avec outils et savoir-faire et dans laquelle on se marie. Cela, aussi bien chez les notaires, les forgerons, les sabotiers, les tanneurs, les pâtissiers, les bedeaux, etc., que chez les paysans.

Dans les professions artisanales, on participe activement à la vie de sa corporation, surtout en ville où les confrères sont plus nombreux et peuvent se réunir facilement. Ainsi, comme le dit la chanson « À la Saint-Crépin, Mon Cousin, Les cordonniers se frisent », alors que les charpentiers font procession, bombance et fête le jour de la Saint-Joseph, les boulangers celui de la Saint-Honoré… avec tout un folklore plus ou moins issu du compagnonnage. L'ensemble des professions forme une société assez perméable où, on le verra, l'ascension sociale est possible mais difficile[1]. Chaque couche sociale est cependant assez proche de ses voisines pour permettre de passer de l'une à l'autre par accession ou régression, mais aussi de s'y trouver lié par des parentés.

Au bas de la société, plus bas que les pauvres, les mendiants, les indigents des villes et des campagnes et divers marginaux et errants, on trouve, en ville, les gagnedeniers déjà évoqués et les laquais. À la ville comme à la campagne, les nombreux manouvriers, brassiers ou journaliers ne possèdent que leurs bras et se louent à la journée ou au mois, souvent comme valets de ferme. Ils retrouvent, là encore, une hiérarchie bien établie avec le premier valet, grand valet ou maître charretier qui joue un rôle prééminent dans les grandes fermes, tout comme il existe une semblable hiérarchie entre les nombreux domestiques d'un grand hôtel bourgeois ou d'un château, comme on le verra notamment au sujet des nourrices[2]. À l'échelon suivant se

1. Voir article p. 165.
2. Voir article p. 81.

situent les artisans et les paysans. Les artisans eux-mêmes n'ont pas tous la même position. Un tonnelier de campagne et un tonnelier de ville ont des niveaux d'affaires différents. De même, il existe diverses couches dans les métiers marginalisés et volontiers taxés de sorcellerie dont font partie les professions des bois (scieurs, bûcherons, charbonniers, etc.), les métiers quelque peu méprisés car réputés exercés par des individus chétifs et souffreteux, comme ceux de tailleur, cordonnier, et des métiers considérés comme plus nobles, exigeant force physique et musculaire comme ceux de charpentier, menuisier, etc.

En ville, il existe toujours toute une série de professions artisanales mêlant le commerce à l'exercice de la profession et donnant une certaine notabilité comme potier d'étain, orfèvre, tanneur, apothicaire, boucher, boulanger, barbier-chirurgien, etc. Les métiers vedettes comme aubergiste, meunier et forgeron offrent un pouvoir social et économique plus important. Enfin, chacun d'eux renferme la célèbre hiérarchie apprenti, compagnon, maître, ce dernier stade, la maîtrise, conférant à lui seul une importante reconnaissance sociale.

De la même façon, les paysans ne sont pas tous égaux. Les plus modestes survivent souvent grâce à un métier parallèle. Ils sont laboureurs le temps des travaux des champs et, le soir et à la morte saison, on les retrouve fileurs de chanvre, tisserands, goémoniers en Bretagne, muletiers (c'est-à-dire transporteurs) en Provence, sabotiers ailleurs, quand ils ne se décident pas à partir par les chemins, comme les maçons de la Creuse ou les galvachers du Morvan, en direction du Berry ou de l'Île-de-France se louer avec leurs bœufs pour faire des charrois.

Au-dessus d'eux on trouve l'immense masse des laboureurs[1] dont le standing varie selon les régions et les fortunes. Seuls leurs impôts annuels et les dots de leurs filles, retrouvés dans les archives, apportent des renseigne-

1. Parfois appelés métayers ou domaniers dans l'Ouest.

ments sur leur niveau de vie. Il en va de même chez les vignerons, de statut social extrêmement variable.

Par contre, les laboureurs aisés, les « coqs de village », appelés aussi « censiers » dans le nord de la France et « ménagers » dans le sud[1], sont en principe facilement repérables. Dans ses registres paroissiaux, M. le curé leur donne en général le qualificatif d'« honorable », et, bien souvent, ils ajoutent à leurs activités le commerce de bestiaux et de divers produits de leur exploitation. On les dit alors « marchands ». Souvent encore, ils sont aussi régisseurs ou « fermiers », c'est-à-dire indépendants dans leur gestion, alors que les autres sont métayers et partagent les produits de leur exploitation avec leur propriétaire. Beaucoup sont tout à la fois, ainsi cet « Honorable Émiland Bacquelot, marchand-fermier à Trélague, à la ferme de M. Callard ».

À l'échelon suivant, on trouve les petits notables, ceux qui possèdent un minimum d'instruction, qui savent écrire et non pas, comme les précédents, seulement signer maladroitement de leur nom. Ils occupent toutes les petites professions juridiques comme les procureurs (nos avoués), les notaires, aussi appelés tabellions ou gardes-notes, les procureurs-fiscaux, etc., suivis des avocats, lieutenants de justice, qui ont fait de plus longues études, puis des gens de robe de haut niveau tels que l'on peut en rencontrer dans les parlements provinciaux. Vient ensuite la noblesse, elle-même divisée en plusieurs degrés, avec les princes du sang et le roi au sommet de la pyramide.

La Révolution redistribue peu les cartes, sauf pour quelques spéculateurs et profiteurs qui achètent à bon prix des terres d'émigrés ou du clergé mises alors en vente. En revanche le XIXe siècle bouleverse davantage cet état de choses. La révolution industrielle crée un véritable monde ouvrier et gonfle les populations urbaines. L'installation de

1. Alors que ce même mot désigne au contraire les petits cultivateurs, dans le Nord de la France.

l'arsenal républicain relativise le rôle de l'église et au château pour mettre en place de nouveaux métiers, comme celui d'instituteur, et des administrations à leur tour très hiérarchisées, comme les Chemins de fer, les Postes, l'Électricité, et plus généralement toute une fonction publique avec de nouveaux notables, présents partout, du maire au ministre en passant par le sous-préfet, qui occupe un rôle capital en province.

À Paris, l'échelle sociale se traduit de façon caricaturale dans les *Écorchés d'immeubles*, gravures montrant l'étagement, à proprement parler, des couches sociales par strates successives, ce qui fait dire à J.-P. Berthaud qu'« à chaque marche gravie, c'est un monde qui change ». Mais partout, on vit alors beaucoup en famille, un autre cadre important et pesant, et d'ailleurs souvent déterminant du statut social. Ainsi, dans certaines régions, être aîné ou cadet décide de la fortune d'un homme car, selon les coutumes provinciales, les sorts des uns et des autres sont différents, sinon opposés : les uns héritent, les autres pas. On naît propriétaire ou domestique, remarquent Élisabeth Claverie et Pierre Lamaison pour le Gévaudan. Ainsi la famille est toujours là en contrepoint.

« À MÊME PAIN, FEU, POT ET SEL » : VIE DE FAMILLE ET VIE PRIVÉE

Dans les villages, la vie publique se déroule en certains lieux : place, église, café, lavoir, forge, mairie, etc. Elle a ses acteurs principaux qui sont souvent en rivalité, comme le curé et le sorcier, et plus tard l'instituteur et le maire qui se querellent avec « M. le Comte ». Puissants ou influents, on note également le notaire ou le maréchal-ferrant, le garde champêtre ou plus tard le facteur, en contact quotidien avec la population et excellent agent électoral (mon arrière-grand-père, dans les années 30, conquit ainsi la mairie de son village d'adoption grâce à la fois au soutien du facteur et à son rôle au sein de l'association des anciens combattants). Chacun a ses habitudes, son caractère et ses défauts, souvent caricaturaux, comme l'instituteur mangeur de bifteck le vendredi saint, le curé érudit ou apiculteur, comme autrefois la sorcière, veuve et marginalisée. Tous jouent leur vie et leur survie économique face aux marchands, aux meuniers, aux régisseurs, aux collecteurs d'impôts, etc., à commencer par l'immense foule des Français moyens qui, avant la Révolution, s'appellent « laboureurs », et après « cultivateurs », jusqu'à ce que le changement de siècle renverse cet ordre quasi immuable avec le progrès technique, l'industrialisation et la Grande Guerre.

Quand les cultivateurs étaient dans la couture

Le nom de la rue des Coutures-Saint-Gervais étonne toujours le provincial ou l'étranger visitant Paris, d'autant plus que l'installation du musée Picasso lui offre désormais davantage d'occasions de l'arpenter. Régulièrement, notre touriste se demande de quelles coutures il peut bien s'agir…

La réponse est simple : on a là le souvenir du temps où le quartier était encore à demi rural avec, autour de l'hôpital Saint-Gervais, des prés et des « coutures », autrement dit… des champs, des « cultures »…

Le mot « couturier », au Moyen Âge, était en effet lui aussi victime d'homonymie. On trouvait d'un côté un premier mot, qui avait d'abord été « costurier », désignant celui qui cousait et qui plus tard se verra nommé « tailleur » et taillera des « costumes ». On en avait un second, issu de « colturer », qui sera en somme l'ancêtre de notre « cultivateur », en un temps où la « culture » n'était considérée qu'au sens propre. Ce n'est en effet qu'au XVIIe siècle qu'arriveront ses sens figurés de « cultiver » ses relations ou son esprit.

En revanche, la vie privée est bien réduite. Nos ancêtres vivent en famille dans des maisons à pièce souvent unique, où ils se retrouvent nombreux.

Au fil des temps, la taille de la famille varie. En période difficile, la famille, base de repli naturel, se regroupe dans de grandes cohabitations communautaires. Au contraire, dans les périodes prospères, chaque couple reprend sa vie individuelle. Ainsi, après les temps pénibles et éprouvants des XIIIe et XIVe siècles avec la guerre de Cent Ans, la famille, un peu partout en France, revient à ce que l'on appelle sa dimension nucléaire, c'est-à-dire le simple noyau conjugal parents-enfants, sauf dans certaines régions du Centre (Berry, Bourbonnais, Beaujolais, etc.) où elle conserve longtemps encore des tailles impressionnantes. Là on vit, selon l'expression consacrée, « à même pain, feu, pot et sel ». On raconte ainsi qu'à l'extinction de la communauté des Quittard-Pinon, dans la montagne proche de Thiers, qui regroupa jusqu'à une quarantaine de membres, la table communautaire fut assez grande pour être transformée en porte de grange !

En général la famille d'autrefois est très différente selon les régions, l'autorité du père ou du patriarche étant plus ou moins importante, notamment au plan successoral. Si en Normandie et en Île-de-France les enfants se partagent à parts égales les biens de leurs parents, il en va différemment en Gévaudan, où l'on donne tout à un seul, aîné ou non car, quand il le faut, le père « fait » l'aînesse en désignant son héritier. Il en va de même en Béarn, où tout échoit obligatoirement à l'aîné, garçon ou fille, laissant aux cadets un sort peu enviable. En haute Provence, le père, tant qu'il est vivant, conserve l'entier pouvoir de décision et peut à sa guise avantager tel ou tel enfant. D'ailleurs dans ces régions inégalitaires, la maison, appelée ici « ousta » et là « ostal », désigne aussi bien le bâtiment d'habitation que la lignée qui l'habite.

Dans ces pays à structure familiale autoritaire, la parenté est peu étendue. Le clan vit replié sur lui-même alors qu'ailleurs on cousine souvent beaucoup plus loin.

Le record est sans doute détenu par les Bretons avec la « gelfine » (famille de la main, famille proche), la « derbfine » (famille certaine), l'« iarfine » (famille lointaine) et l'« indfine » (famille de la fin) ; puis ce sont les « ed er meaz » (« c'est sorti de la famille »), si toutefois il en reste… car il faut bien, hélas, arrêter de se considérer comme parent, si l'on ne veut pas l'être avec tout le village. Il est donc un seuil de parenté où les relations s'estompent : on cesse, lors des enterrements, de se mêler à la famille, on n'est plus parent. Les rapports redeviennent de simples rapports de voisinage. Les maisons ne se fréquentent plus. D'ailleurs, famille ne veut pas toujours dire entente et amitié. Combien sont brouillées et en procès pour quelques arpents de terre ou quelque affaire de bornage. La nature humaine, elle, est éternelle…

QUAND LES MOINES RÉCHAUFFAIENT LES LITS : ENTRONS CHEZ NOS ANCÊTRES

Les habitations sont également très variées. Il y a des maisons blanches, des maisons de briques, de grès rose, de pierre jaune ou grise, des maisons aux murs de terre ou de pisé, des maisons-blocs, des maisons en hauteur, des maisons à cour ouverte et d'autres à cour fermée, des maisons à colombages (déformation des « colonnages » qui en étayaient les façades) et bien d'autres encore. De même on trouve tout un éventail de couvertures qui comprend les toits de chaume, d'ardoises, de tuiles plates ou creuses, de pierres, d'argile ou de lauzes, des toits pointus et des toits plats. Les spécialistes parviennent à dresser des cartes assez précises pour représenter leur implantation géographique.

Laissons donc l'extérieur pour pénétrer à l'intérieur où plusieurs surprises nous attendent. Longtemps, la porte est restée étroite – on ne connaît guère de portes larges ou à deux battants avant le XVIIe siècle. Elle est fermée par une corde et une cheville de bois, que l'on tire pour ouvrir, comme le fait le Petit Chaperon rouge pour entrer chez sa Mère-Grand.

Une fois le seuil passé et la porte fermée, il faut que les yeux s'habituent à l'obscurité. Les ouvertures sont en effet rares et étroites. Les fenêtres, chez les campagnards, sont restées longtemps sans vitres, qui coûtent trop cher. En guise de protection, des feuilles de parchemin ou de toile huilée. La nuit on s'éclaire avec des chandelles de suif ou de résine et des lampes à huile. Il faut attendre la fin du XIXe siècle pour que se répandent les lampes à pétrole avec, summum du luxe, une suspension en bronze. Chandelles et pétrole sont soigneusement économisés. Il est vrai que dans la cheminée le feu suffit déjà à éclairer vaguement la pièce, quitte à plus ou moins l'enfumer, surtout dans les temps où les principes de tirage et d'inclinaison des conduits de cheminée restent fort mal connus.

Sous les pieds, le sol est souvent en terre battue. Le parquet, introduit au XIVe siècle, est réservé aux riches, tout au plus peut-on espérer trouver du carrelage ou un dallage grossièrement taillé. Le plafond à la française était autrefois appelé le « plancher » car il était bel et bien celui du grenier, à l'état brut, avant que n'apparaissent le plâtre et le stuc chez les aristocrates et les bourgeois du XVIIIe siècle. Longtemps les maisons à la campagne conservent ces plafonds traditionnels foncés, voire noircis de fumée.

Les murs intérieurs souvent blanchis au lait de chaux ne sont plus toujours très blancs. Ce n'est qu'au XVIIIe siècle et également chez les gens aisés qu'apparaissent les « dominos ». Imprimés par des « dominotiers », ils ont l'avantage d'être moins onéreux que les tapisseries murales et ne sont guère différents de nos actuels papiers peints. Parfois on trouve quelques objets de décoration : une croix en bois, un petit bénitier de porcelaine, quelques images pieuses représentant saint Isidore avec sa charrue ou saint Pierre-aux-liens, patron des moissonneurs, avant que ne trône, à partir de 1855, le fameux almanach des postes offert par le facteur lors des étrennes. Viendront les photographies au fur et à mesure que la technique se répandra, et les bons de « tirage au sort », souvenir de conscrit[1].

Les miroirs en glace sont rares. Longtemps importés de Venise, ils sont fabriqués en France par les artistes italiens que Colbert fait venir mais restent des produits de grande valeur.

Chez le Français moyen, les meubles sont peu nombreux. La cheminée, souvent monumentale, contient pelle, soufflet, tisonnier, crémaillère, chaudrons et marmites en fonte, avec au-dessus quelque vaisselle sommaire de bois ou d'étain, puis de terre et de faïence. C'est là que sont suspendus jambons et saucisses à fumer et ails à sécher. On n'y trouve pas toujours une rôtissoire, car bien des familles n'ont pas les moyens d'avoir de la viande à faire rôtir.

Près de l'âtre, le ou les lits, toujours à rideaux ou tentures pour mieux se protéger du froid et conserver quelque intimité. En Bretagne, les fameux lits clos, parfois à deux étages, sont courts. On ne peut pas s'y étendre et on y repose donc le dos adossé à des épaisseurs bien rembourrées. Dans tous ces lits, pas de sommier mais une simple paillasse en balle d'avoine ou de paille, assez inconfortable, et moult couvertures et édredons. Selon la taille de la famille, on s'y répartit à deux, trois, voire quatre personnes et l'on a soin, l'hiver, de les réchauffer avec une bassinoire ou un curieux instrument qui est une sorte d'armature suspendant une chaufferette et que son office et sa rotondité font malicieusement appeler un « moine ».

De l'autre côté de la cheminée se trouve parfois le four à pain dont on se sert régulièrement[2], ainsi qu'un pétrin ou une maie parfois utilisés aussi en été pour protéger les bébés contre les mouches !

Tout autour de la pièce, des coffres aux ferrures sou-

---

1. Voir article p. 111.
2. Voir article p. 315.

vent soignées, remplacés à partir du XVIIe et du XVIIIe siècle par les armoires, dont les célèbres armoires de mariage, offertes par les parents de la mariée et où celle-ci entasse d'impressionnantes piles de linge. La commode n'apparaît que très timidement à la fin du XVIIIe siècle. Décorée de la traditionnelle couronne de mariée conservée sous globe à l'abri de la poussière, elle s'impose tardivement.

Quand le fauteuil était un pliant

Pour n'avoir été à l'origine qu'une grande corbeille en bois tressé, notre *coffre* procède de la même origine que notre *couffin*. La *commode*, au XVIIIe siècle, proposera un rangement « commode », alors que l'*armoire,* d'abord dénommée « armarie » puis « armaire », avait été à ses débuts un meuble où l'on rangeait les diverses « armes », prises au sens d'équipements et d'ustensiles divers.

Pour s'asseoir, nos ancêtres du Moyen Âge avaient eu le choix entre la « chaire » et la « chaise ». La première (venue du latin *cathedra)* avait désigné un siège à dossier, comme sera celle réservée à l'évêque, dans son église « cathédrale », alors que la seconde (venue du latin *sella)* désignait la chaise sans dossier, voire le tabouret.

Ne cherchez pas, enfin, le fauteuil, qui n'apparut quant à lui qu'au XIIIe siècle, et est en revanche issu d'un mot d'origine germanique (Faldsthol) signifiant littéralement « siège pliable ». Il n'était donc à l'origine qu'un pliant, même s'il était déjà pourvu de bras.

Le canapé, en revanche, existait déjà et était si l'on peut dire déjà sinon « convertible » du moins « converti ». Le terme désignait en effet un lit à rideau, et venait du mot grec « konopeion » signifiant… moustiquaire.

Les riches, eux, ont encore une horloge, un vaisselier ou un bahut. Tous ces meubles sont fabriqués par le menuisier local, et parfois ornés de guirlandes ou de motifs divers. Ils sont de bois fruitier (noyer, poirier, cerisier) ou forestier (châtaignier, hêtre, chêne).

Au centre, enfin, la table. Autrefois elle est un simple plateau que l'on « dresse » sur des tréteaux (d'où notre expression « dresser la table »). Ensuite, des tiroirs à glissière permettent de ranger la vaisselle, souvent sans la laver. Sinon, un ingénieux système de cavités, creusées à même le plateau et reliées entre elles par de petites rigoles afin d'en faciliter le nettoyage à grande eau, évite l'usage des assiettes. Lorsqu'il existe, l'évier est bien rudimentaire : un bloc de grès avec « dégueuloir » de l'autre côté du mur et un ou deux seaux d'eau que les femmes vont remplir au puits ou à la fontaine souvent éloignée. Autour de la table, enfin, on s'assied longtemps sur des bancs, les chaises n'apparaissant guère avant le XVIIIe siècle. Le fauteuil est évidemment inconnu.

Ainsi l'habitude d'une vie commune permanente est prise ; la vie privée est quasiment absente, d'autant que l'on cohabite avec d'autres voisins plus inattendus. Ne sentez-vous pas, en effet, comme, en dehors de l'âcreté de la fumée, l'atmosphère de la maison est curieusement viciée ? Cela ne vient ni des chats ni des chiens, mais bien plutôt des poules, chèvres ou cochons qui, à tout moment, s'en viennent faire leur tour, eux aussi, à l'intérieur.

DES ANIMAUX ET DES HOMMES : QUAND ON EXCOMMUNIAIT CHENILLES ET SAUTERELLES

J'ai quelque peu éludé les questions d'hygiène, évidemment inexistante, et vous ai évité les descriptions effrayantes des horribles « bric-à-brac » – contentons-nous de ce mot – dans lesquels vivaient souvent nos ancêtres. Mais comment s'étonner, finalement, de cette présence des animaux quand on sait qu'un grand nombre de bergers, de valets, et même n'importe quels membres de la maisonnée couchent dans l'étable avec les vaches ? En hiver, la chaleur animale est un excellent substitut au chauffage central inexistant.

L'animal, surtout l'animal domestique, est alors très proche de l'homme. Le paysan chante des refrains à ses bœufs pour leur faire tracer de beaux sillons dans les champs. Il soigne leur santé, les fait bénir une ou plusieurs fois l'an, lors de la Saint-Jean où il leur fait traverser la fumée du feu de joie, et le jour de saint Roch, volontiers invoqué contre les maladies du bétail. Rien d'étonnant lorsque l'on songe que le bœuf est le tracteur de notre ancêtre et le cheval son automobile.

Bien d'autres animaux sont également associés de très près à la vie de l'homme, comme les abeilles que l'on va personnellement informer du décès de leur maître et qui sont censées respecter le deuil familial en s'abstenant de butiner les jours suivants.

Les animaux sont d'ailleurs à ce point associés aux hommes que, longtemps, l'on n'hésite pas à leur intenter des procès aussi spectaculaires que ridicules. Le *Dictionnaire de la bêtise* en cite différents exemples, du XIIe au XVIe siècle, que je ne résiste pas au plaisir de reprendre. À tout moment, des animaux nuisibles sont condamnés – et excommuniés en bonne et due forme – pour avoir détruit les récoltes. On relève des cas de procès faits ainsi aux mulots, aux charançons, aux sauterelles, aux chenilles même. En 1590, le juge d'un canton auvergnat leur fait nommer un curateur en les enjoignant de se retirer dans un « petit terrain pour y finir leur misérable vie », alors que cinq ans plus tôt le grand vicaire de Valence les a déjà condamnées à quitter son diocèse.

En 1474, un magistrat bâlois condamne un coq à être brûlé vif pour avoir commis un acte contre nature – la ponte d'un œuf ! – et en 1551, à Genève, les sangsues sont accusées d'avoir détruit les poissons du lac.

On ne compte plus les truies ou les taureaux conduits au gibet pour y être pendus haut et court, pour avoir meurtri quelque innocent humain. En 1497, une truie est ainsi condamnée pour avoir mangé le menton d'un enfant du village de Charonne (alors en banlieue parisienne). La sentence est assortie d'une peine pour ses maîtres qui doivent faire un pèlerinage à Notre-Dame-de-Pontoise pour la fête de la Pentecôte, y crier « merci » (c'est-à-dire « grâce, pardon ») et en rapporter un certificat l'attestant.

On agit de même avec les animaux féroces, notamment les ours tant redoutés en montagne, et les loups. Plusieurs noms de lieux, en France, témoignent encore de ces exécutions solennelles : « Loupendu », le « Penloup » (origine du nom de Mgr Dupanloup). Et, de fait, les registres paroissiaux des siècles anciens signalent fréquemment des enfants enlevés ou dévorés par les loups, sans oublier les bêtes pharamines comme celle qui terrorise le Gévaudan à la veille de la Révolution. Mais avec les loups et ces autres bêtes féroces, l'on quitte déjà le décor de premier plan pour aborder l'inconnu, le monde étranger qui alors commence à quelques lieues de chez soi.

« BATEAU-STOP » ET BRICOLAGE : OÙ ÉTAIT DONC « BISON FUTÉ » ?

Sur les routes, sur cet écheveau inextricable de chemins et de traverses de l'ancienne France, de ces chemins défoncés et boueux, entrecoupés d'octrois, de péages et de contrôles, à travers bois, par les gués et sur les ponts, en charrettes et le plus souvent à pied se déplace à longueur de temps, dans cette France de sédentaires et d'enracinés, toute une foule grouillante. Faute d'autoroutes, les plus pressés ou ceux qui font de plus longs voyages peuvent emprunter les fleuves et les rivières navigables qui en tiennent alors lieu. Ils font ce que l'on peut appeler du « bateau-stop » auprès des nombreux coches d'eau et mariniers qui transportent toutes sortes de chargements, charbons, vins, pommes, chanvre, etc., et qui acceptent de les prendre pour une étape. Ces gens de l'eau parlent « charabias » ou « chalandoux » et nos voyageurs souvent leur patois local ou leur dialecte régional, car, jusqu'à l'uniformisation linguistique née de l'école de Jules Ferry, de nombreuses régions de France ne parlent guère le français. En 1863 encore, une enquête montre qu'un tiers des départements ne le parle pratiquement pas. La Bretagne et l'Alsace-Lorraine en font naturellement partie, mais également le Languedoc, le Quercy, les Landes, le Limousin, la Provence, le comté de Nice, la Corse... Sur le territoire national, il existe souvent mille mots différents pour désigner un même objet. Et ces divergences ont la vie dure puisque, encore aujourd'hui, Henriette Walter a recensé dans tout le pays une bonne vingtaine d'appellations pour la serpillière (patte, torchon de plancher, loque à reloqueter, wassingue, lave-pont, guenille, pièce de parterie, etc.) et au moins autant pour l'action de « touiller », « remuer », « fatiguer » ou « brasser » la salade. Il existe des dénominateurs communs tels que l'article très fréquent employé devant les prénoms : « le Jean » et « la Pierrette », et la quasi-généralisation du roulage des « r » en usage à la cour de Louis XVI ; ces roulades le sont encore au Québec où les descendants de nos Manceaux, Normands ou Poitevins partis tenter leur chance en Nouvelle-France les y ont perpétuées.

Finalement, pour tous ces migrants, le français servait d'espéranto, ce qui permit à Paris de donner le ton au niveau linguistique.

Voilà pour ceux de l'hexagone, les autres, les « estrangers de nation », se débrouillent plus ou moins en baragouinant, selon ce vieux mot venant justement des mendiants bretons réclamant du pain et du vin sur leur passage[1].

« De la maison à l'étranger »

On ne saurait mesurer le fossé entre ces deux mots.

Notre *maison* vient du verbe latin « manere », signifiant rester, qui a également donné le « manant », paysan non libre ne pouvant quitter le sol que lui avait concédé son seigneur. Sous son toit, cohabite la « maisnie », composée de la famille et de ses domestiques, volontiers elle-même appelée « maison », tout court, d'où son usage aristocratique – on parle de la « Maison de Bourbon » ou de celle « de Valois » – et d'où découle l'expression « avoir un grand train de maison ».

À l'opposé, notre *étranger*, fréquemment orthographié « estranger » – et en fait à l'origine *extranger,* extérieur – avait quant à lui plusieurs sens, tournant tous autour de l'idée de différence :

– celui d'extérieur et par extension d'éloigné, désignant ce qui appartenait à un autre (l'homme *étranger* appartenait bel et bien à une autre paroisse, à un autre seigneur, à un autre pays),

– celui d'inhospitalier et d'hostile (on parlait ainsi d'une *forêt grant et estrange, où l'on ne trouvait homme ni femme),*

– enfin celui de bizarre, qui a donné de son côté notre adjectif « étrange » et notre « étrangeté », prenant au Moyen Âge jusqu'au sens d'aliéné.

Mais ces « estrangers de nation » sont rares, tant les voyages lointains sont difficiles. On a bien quelques Italiens,

1. Le mot « baragouiner » viendrait des mots bretons *bara* (« pain ») et *gwin* (« vin »), seuls mots qu'auraient prononcés les voyageurs bretons demandant l'hospitalité.

spécialisés généralement dans la peinture, « blanchisseurs d'église » ou peintres ambulants, quelques montreurs d'ours polonais et des vitriers ou horlogers suisses. Plus exceptionnellement, on retrouve la trace d'esclaves ramenés des nouveaux mondes ou de gens venus de loin, de ces pays que l'on a du mal à situer, et que nos curés acceptent parfois de baptiser. Ainsi, celui de Beaucamp-le-Jeune (Somme) baptise-t-il, le 28 décembre 1677, « un jeune garçon âgé d'environ treize à quatorze ans, hongrois ou turc de nation, amené par Monsieur le marquis d'Estrades de son voyage en Hongrie contre les Turques ». Plus étonnante est cette enfant métisse, baptisée à Aunay-en-Bazois, le 16 février 1741, prénommée Marie-Jeanne et fille de « Jean-François Hermanos, japonais de nation, et de Marie-Françoise Cordier, picarde de nation, son épouse ». Rares sont les échanges avec les pays lointains. Les aventuriers partis pour le Canada ne reviennent pas, contrairement aux « Barcelonnettes » expatriés au Mexique.

Si les étrangers sont finalement peu nombreux sur les routes, qui donc forme cette humanité qui y défile ? Il y a tout d'abord les « baladins », autre nom des Tziganes, venus souvent de Bohême ou d'Égypte et couramment appelés Bohémiens, Égyptiens ou encore « romanichels » du nom du groupe des Rom. Les hommes proposent leurs services de rémouleur, rétameur, chaudronnier, rempailleur ou vannier alors que les femmes vendent de la dentelle et disent la bonne aventure. Ils sont généralement bien accueillis, mais avec prudence et méfiance, comme pour tout étranger.

Beaucoup plus nombreux sont les colporteurs qui cheminent à pied et portent sur leur dos la hotte en bois verni que l'on appelle la « balle », c'est-à-dire le paquet de marchandise[1].

Ce colporteur, aussi appelé « baladeur », « brocanteur », « marcandier » (d'où notre « arcandier »), « marchan-

1. Les mots « ballots », « balluchon », « emballer » sont des dérivés de la « balle » tandis que l'expression « enfant de la balle » est née pour désigner un fils de paulmier (tenancier de jeu de paulme) qui a grandi dans la profession paternelle.

dot », « trafiquant », « margoulin » (margouliner signifiant aller vendre de bourg en bourg), « truqueur » (du vieux mot « trucher », mendier), ou encore « bricoleur » (de « bricoler », aller en zigzag) passe une à deux fois l'an dans les maisons et les fermes. Il vend du fil, des boutons, de la dentelle (d'où l'origine du mot « mercier » qui n'est autre que le marchand ambulant). Il vend aussi des sachets d'allumettes, des mouvements d'horloge, des lunettes, des draps, et surtout des images pieuses et des livres, * almanachs et petits volumes de la Bibliothèque bleue. Au XVIIIe siècle, il lui est interdit, sous peine de mort, de vendre des écrits hostiles à la religion. Certains, comme ceux venus du massif de l'Oisans, vendent aussi des bijoux achetés à leur passage à Lyon. Le travail est pénible et les routes sont longues mais les affaires marchent bien, même si l'on se méfie d'eux et que l'on répugne toujours à les faire entrer chez soi.

À leur côté voyagent, souvent en groupes organisés et solidaires, des légions de travailleurs saisonniers et spécialisés ; les Auvergnats partent frotter les parquets et porter les seaux d'eau à Paris ; les petits Savoyards, âgés parfois d'une douzaine d'années à peine, vont ramoner les cheminées avec leur légendaire marmotte ; les montreurs d'ours pyrénéens des environs de Foix, les maçons creusois, les fendeurs de bois de l'Est, les scieurs de bois souvent d'origine auvergnate, constituent tout ce monde ambulant. Les régions montagnardes sont les premières à alimenter régulièrement ces contingents de petits paysans qui conservent leur lopin de terre au pays et se retrouvent sur les routes à la fois humbles et bavards, en butte à la xénophobie locale où ils font toujours figure d'étrangers. « À l'oie ! à l'oie ! », crie-t-on ironiquement sur le passage des Limousins. Chaque automne, les Vosges, les Alpes, le Massif central et les Pyrénées relancent leurs contingents d'hommes par les chemins. Plus de vingt mille par an, a-t-on pu estimer pour le simple arrondissement de Saint-Gaudens ! De retour au pays, ils reversent leurs économies au châtelain, au régisseur ou à l'usurier de village qui leur a avancé de l'argent sans oublier bien souvent un confortable taux d'intérêt !

Sur ces routes, on trouve aussi les Compagnons du Devoir, sorte de chevalerie errante des ouvriers, effectuant leur tour de France d'apprentissage et d'initiation. À pied puis par le train, ils vont de ville en ville où les attend une « Mère » dans une sorte d'auberge. Canne en main, « chaussettes russes » constituées de bandes de toile au pied, et parfois, selon les métiers, anneaux d'or aux oreilles, ils sont environ deux cent mille dans les années 1825-1830.

Les militaires en permission, plus ou moins appelés à se marginaliser, sillonnent les routes, ainsi que les mendiants et les vagabonds. Accueillis volontiers à la table de nos ancêtres où les attend la « part du pauvre », ils sont de plus en plus redoutés et suspectés. À la fin du Moyen Âge, de « faux pèlerins » escroquent les villageois en leur vendant de fausses coquilles de Saint-Jacques-de-Compostelle, d'où leur nom de « coquins[1] ». La recrudescence de la délinquance leur fait peu à peu perdre leur crédit. Si on continue de leur offrir une botte de paille dans la grange pour y passer la nuit (où ils meurent souvent de froid comme en témoignent les cahiers paroissiaux), ils perdent de plus en plus leur place dans la société rurale pour aller grossir les rangs des clochards dans les grandes villes. Mais ont-ils d'autres solutions depuis qu'à la campagne gardes champêtres et gendarmes les traquent sans répit ?

Toujours sur nos routes de France se croisent les voyageurs en patache, coche ou diligence, sans oublier tous ceux qui quittent leur région pauvre, montagneuse ou surpeuplée comme les Flandres, pour aller tenter leur vie ailleurs. En quelque sorte, l'exode rural existe bien avant les années 1830-1840 où il se généralise. Avec le train disparaît le colporteur tandis que l'enraciné d'hier se met à voyager. Son frère ou son cousin est établi à Paris. Qu'il

1. Voir *Qui étaient nos ancêtres ?*, Jean-Louis Beaucarnot, Lattès, 2002, p. 132.

sache écrire ou qu'il doive passer par l'écrivain public, il peut le faire venir près de lui où un métier et un modeste logement l'attendent. L'exode se fait souvent en famille. Avec le changement de décor vont alors disparaître peu à peu ces rites et ces rythmes séculaires qui, au long d'une vie comme au long d'une année ou d'une journée, règlent et rythment la vie de nos ancêtres.

2.

LE ROMAN VRAI D'UNE VIE

« DU BERCEAU À LA TOMBE »

Du berceau à la tombe, nos ancêtres ont vécu selon des schémas immuables. Leur vie, imprégnée des enseignements de l'Église et du catéchisme, orientée vers la préparation de « l'heure des heures » et de la félicité éternelle, est entièrement consacrée au travail, bien que jalonnée d'étapes qu'ils franchissent en commun ; la vie de chacun est alors régie par le groupe social, la profession, le sexe et la tranche d'âge, selon des rites que les spécialistes appellent les rites de passage.

La naissance marque l'entrée dans le monde des vivants, le baptême dans celui des croyants, le sevrage dans celui des enfants. Première communion et conscription, avec autrefois le cérémonial du tirage au sort, sanctionnent publiquement l'arrivée des filles et des garçons à la maturité sexuelle ; bientôt, le mariage les fait entrer dans le monde non seulement des adultes mais qui plus est des gens mariés. Alors se déroulent plusieurs vies parallèles, professionnelle, sociale, conjugale, jusqu'à ce que la maladie ou la vieillesse rappellent qu'« il n'est rien de plus certain que la mort ni de plus incertain que l'heure d'icelle », selon la belle et rituelle formule par laquelle commence généralement la rédaction des anciens testaments. La mort, puis l'inhumation sont donc les derniers rites qui conduisent nos aïeux à la béatitude éternelle ou aux flammes de l'enfer… Devant cette mort omniprésente et les mille et un dangers ou calamités qui les guettent

– bon ou mauvais numéro le jour du conseil de révision, célibat marginalisant, stérilité infamante –, chacun s'en remet à tout moment à des procédés divinatoires qui viennent largement émailler et compliquer les scénarios de ces grands moments de la vie. Tout y est codifié, comme tout est symbole, signe, garantie. Adages et proverbes ne cessent de le confirmer, tout comme les histoires que racontent les vieux à la veillée.

Ces règles et ces habitudes, il n'est question ni de les contester ni de leur échapper. Leur origine nous est souvent obscure tant il faut remonter loin et se transposer dans un monde à bien des égards opposé au nôtre pour les comprendre. Même si, aujourd'hui encore, on se surprend à observer certains des usages ou des comportements qui nous ont été transmis au fil des temps, même si aujourd'hui nos valeurs nous empêchent de saisir le sens de certaines coutumes qui nous paraissent étranges, sauvages ou indécentes, comme « coucher en tout bien tout honneur » ou l'exposition des draps nuptiaux tachés du sang virginal, il faut se garder de se référer à nos mœurs pour juger celles de nos ancêtres. Lorsque l'on voit, par exemple, les femmes d'autrefois servir leurs maris à table, encore faut-il pour comprendre cette pratique savoir de quoi elle procède. *A priori*, mille scènes de la vie d'autrefois semblent aujourd'hui incongrues ou insolites : la sage-femme remodelant sans ménagement la figure du nouveau-né, le bourgeois goûtant le lait d'une jeune femme, la mariée tout de noir vêtue, le mari cocu promené sur un âne « à rebours », les danses dans le cimetière ou le procès pour la vente du trèfle qui y pousse, c'est tout cela que nous allons découvrir. Tous ces personnages souvent hauts en couleur, de la matrone au sergent-recruteur, du « croque-avoine » à l'oncle curé, sont autant de vies et de destins aujourd'hui oubliés et qui pourtant, des siècles durant, ont beaucoup plus marqué la vie de nos ancêtres que n'ont pu le faire Richelieu, Louis XIV, Robespierre, Chateaubriand ou Berlioz.

GARE AUX LIÈVRES ET AUX FRAISES : LA FEMME EST GROSSE

« Quelles sont les principales fins du mariage ? », demande un catéchisme de 1782. « La première est de donner des citoyens à l'État, des enfants à l'Église, des habitants au Ciel. »

De fait, nos ancêtres « croissent et multiplient », selon les termes de l'Ancien Testament, tant et si bien qu'une femme, au cours de sa vie, se retrouve très souvent enceinte. Attendre un enfant est donc une situation parfaitement courante et banale, le plus souvent acceptée comme une loi de la nature.

Mais, à tout niveau cependant, on s'efforce de dominer, d'interpréter, de comprendre et même d'aider cette nature. Au moment de la conception, par exemple, on croit longtemps que tout dépend du bon mélange des deux semences. « Quand deux semences sont jetées, conseille Ambroise Paré, l'homme ne doit promptement se desjoindre afin que l'air n'entre en la matrice et ne [les] altère et qu'elles se mixtionnent mieux l'une avec l'autre ; et [dès que] l'homme sera descendu, la femme doit tenir coy et croiser et joindre cuisses et jambes les tenant doucement rehaussées, de peur que [...] la semence ne s'écoule dehors. Pour les mêmes raisons, il ne faut qu'elle ne parle, ni tousse, ni éternue. »

Compte tenu du nombre de ces aléas, on se préoccupe de diagnostiquer les grossesses. La médecine s'en tient alors à l'examen des urines, examen par transparence, aussi peu fiable qu'un tirage à pile ou face. Seuls les progrès techniques de la fin du XIXe siècle font changer l'état des choses, et encore à la condition de vaincre mille pudibonderies. On se contente donc d'observer différents signes comme les frissons, les spasmes ou les tremblements que peut ressentir la femme. La seule certitude est de voir le ventre s'arrondir.

Mais à ce moment-là nos aïeules ont bien du mal pour calculer et prévoir la période d'accouchement. De toute façon, la nature décide de tout et aura toujours le dernier mot. La femme enceinte sait une chose : si son mariage est fécond, c'est qu'il est béni par Dieu.

Alors les mois d'attente commencent, sans qu'à la campagne la future mère n'abandonne à aucun moment ses occupations journalières. La vie se poursuit à la ferme et elle doit continuer à travailler normalement. Il y va non seulement de la survie de la maison mais encore de son honneur. Certaines arrivent même à vaquer à leurs tâches quotidiennes jusqu'au matin de l'accouchement.

Sa vie, cependant, change quelque peu en ce qu'elle doit être prudente et éviter les accidents. Non seulement les accidents physiques, mais encore une multitude d'incidents dont les conséquences pourraient être fâcheuses pour elle-même comme pour le nourrisson.

L'hérédité a alors bon dos et chaque mère sait que tout peut être transmis à l'enfant. On cite telle voisine, que son mari en colère a menacé de jeter par la fenêtre pendant sa grossesse, et qui a accouché d'un enfant trembleur, telle grande dame, qui a donné le jour à un enfant aux yeux très noirs pour avoir eu un œil au beurre noir. Toute femme enceinte doit éviter de regarder une personne qui a un tic, de peur qu'il ne se transmette à l'enfant qu'elle porte. Si, apercevant un lièvre, elle porte la main à sa bouche, son bébé aura un bec-de-lièvre. De même, regarder une étoffe rouge risque de la faire avorter, et monter à cheval de faire naître l'enfant avec une difformité de la joue.

Une autre grande peur vient des nævi, que l'on nomme populairement des « envies » et qui sont toujours soupçonnés de porter malheur. Taches de vin, de fraise, de café, de poils sont censés témoigner d'autant d'envies que la femme enceinte n'a pu assouvir pour la boisson, les fraises, le café ou le gibier à poil. Chacun considère donc que, lors des trois premiers mois de gestation, toute furieuse envie de manger tel ou tel mets manifestée par la femme grosse risque de marquer à tout jamais le bébé. Il suffit de connaître ces principes pour prévenir ces catastrophes, comme on sait aussi que marcher pieds nus est mauvais pour la transpiration de la femme enceinte, dont dépend la lactation. Un tas de plantes, combinées par ailleurs à l'alimentation, se chargeront, comme le persil, le chou ou la pervenche, de garantir à la mère un lait d'excellente qualité.

Chacune s'efforce de respecter ces principes, tant on a peur des naissances monstrueuses. Les pages des registres de baptêmes donnent parfois les descriptions de nouveau-nés horriblement déformés. Enfants siamois, corps à deux têtes ou à quatre bras, comme en signale le curé de La Madeleine-d'Auterive (Haute-Garonne). « L'an 1784, le 28 may à six heures du matin […] Catherine Raynaud est accouchée de deux filles, unies l'une à l'autre depuis le nombril jusqu'à la lèvre inférieure. » On se hâte de baptiser deux jambes et l'on constate le décès rapide. Le corps est confié à un maître en chirurgie puis à l'Académie de chirurgie de Toulouse pour être examiné. On ignore, par contre, le sort « d'un garçon et d'une fille marqués de deux têtes, quatre pieds, quatre bras qui ne sont depuis l'estomac jusqu'au bassin qu'un seul corps » baptisés à Beaulieu-sur-Dordogne, le 3 juillet 1733.

Heureusement, la future mère peut se protéger efficacement en se procurant nombre de talismans et d'amulettes par l'intermédiaire du sorcier ou du curé. Mieux vaut évidemment les seconds qui ont le mérite d'être bénits, comme ces ceintures que saint François de Sales recommande aux femmes d'Annecy. Beaucoup portent des pierres plus ou moins précieuses, cachées dans quelque sachet. D'autres enfin font des pèlerinages à l'une de ces nombreuses fontaines miraculeuses dédiées un peu partout en France à la Vierge ou à sainte Anne, sa mère. Elles promettent « Bon secours », « Grâce », « Délivrance ». Il suffit de boire leurs eaux ou d'y faire quelques ablutions pour se sentir protégée durant les mois à venir.

Pour bien maintenir l'enfant dans le ventre de sa mère, nos aïeules ont également des recettes. Dans ses registres, le curé de Saint-Nizier-sous-Charmoy (Saône-et-Loire) pense utile d'en compiler une, en 1711. « Prendre sept onses de térébentine de Venise, deux dragmes de bol d'Arménie, deux dragmes de mastiques en larmes et en pouldre, deux dragmes de poudre de mirthe et pour deux sols de sang de dragon[1] bien pilé. Il faut avoir des estouppes et en faire deux emplastres de la grandeur d'une feuille de papier », et notre curé d'expliquer ensuite comment placer les deux emplâtres et de préciser que ce « remède est infaillible et esprouvé plusieurs fois en 1710 ».

Pour connaître le sexe de son enfant, faute d'échographie, non seulement la mère s'en remet à la lune et au soleil, mais encore à la couleur de son teint pendant la grossesse, mat pour un garçon, coloré ou basané pour une fille. Divers procédés de divination sont également employés. « Quand une femme porte un enfant et que l'on veut savoir si elle porte fils ou fille, disent les évangiles des Quenouilles, on doit mettre en son sommeil du sel sur sa tête sans qu'elle s'en aperçoive, et ensuite, devisant avec elle, faire attention au premier nom qu'elle prononcera. Si elle nomme un homme, elle aura un fils ; si elle nomme une femme, elle aura une fille. » La question est d'importance. Partout, les enfants mâles sont souvent plus estimés que les filles. Les garçons n'aideront-ils pas mieux leurs parents dans les travaux journaliers ?

Enfin, les mois passent, la grossesse approche de son terme. La future mère ressent les premiers signes de la délivrance prochaine. Les dernières heures s'annoncent, angoissantes. « L'attente d'un enfant a toujours un goût de mort », remarque l'historien Guy Cabourdin, car la femme sait qu'elle va risquer sa vie. Longtemps, en effet, 10 pour 100 des mères meurent en couches ou à la suite des couches ! Pour le bébé aussi, rien n'est gagné, le nombre

1. Le « sang de dragon » est le nom du salpêtre.

d'enfants mort-nés étant très élevé. Mais encore une fois, on ne peut que l'accepter.

Déjà les parentes s'affairent autour du lit, prodiguant des paroles rassurantes pendant que l'une d'elles s'en va quérir l'assistance des voisines. On allume le cierge de la * Chandeleur que l'on a sorti de l'armoire, celui-là même que l'on met au chevet des mourants, celui-là même qui est symbole de purification. Il règne dans la maison une ambiance de fête, mais de « fête inquiète », dit Martine Segalen. Parfois, c'est même carrément la panique, surtout lorsque arrive un personnage à la fois respecté et redouté : la sage-femme.

UNE FEMME QUI NE RASSURE NI LES MÈRES NI LES POULES : LA MATRONE

L'accouchement solitaire, survenant par exemple aux champs au moment du ramassage de l'herbe, est rare. Dans le passé, il est au contraire largement public. Il se déroule chez l'accouchée, quelquefois chez ses parents (en milieu plus bourgeois, au XIXe siècle, et seulement pour le premier enfant).

Cet accouchement est l'affaire des femmes. Le mari n'y assiste pas, mais reste à proximité. C'est lui qui va chercher le prêtre au presbytère si les choses prennent un mauvais tour. Pas d'autre homme, même compétent, ne saurait y être admis. D'ailleurs, seules les femmes mariées ou veuves peuvent être dans la pièce où repose l'accouchée. Les jeunes filles en sont formellement exclues. Bien souvent une sage-femme, ou du moins une matrone, est à la tête de cette escouade de femmes.

La matrone, ou encore la bonne mère, est l'ancêtre de la sage-femme qui n'apparaît quant à elle que tardivement. On entend, par sage-femme, quelqu'un de compétent et de qualifié. Au XVIIIe siècle, très rares sont celles qui peuvent se vanter de sortir de l'Hôtel-Dieu (de Paris) et garantir ainsi des connaissances. Aucune école n'enseigne l'art de l'accouchement, au point qu'une femme experte, Mme Du Coudray, scandalisée de l'ignorance de ses consœurs, rédige un traité complet sur ce sujet et, de 1759 à 1783, prend son bâton de pèlerin pour un tour de France de formation et d'enseignement des aspirantes accoucheuses. Malgré cela, les progrès sont lents principalement dans les campagnes où, jusqu'à une période très récente, on continue à accoucher chez soi, et plutôt que d'aller dans les maternités laissées aux misérables et aux sans-famille, on appelle le médecin du bourg voisin.

La matrone de village est généralement choisie parmi les femmes âgées et qui ont eu beaucoup d'enfants. Sa formation se limite la plupart du temps à avoir assisté une autre matrone. Devant donner le baptême aux enfants en danger de mort, il est capital qu'elle soit bonne catholique et vertueuse, ce dont l'Église s'assure. D'ailleurs c'est souvent le curé qui l'institue officiellement, à moins que celle-ci ne soit élue par l'assemblée des paroissiens après la messe du dimanche, comme c'est le cas en Lorraine. De toute façon, elle doit prêter serment sur les saints Évangiles.

Matrone ou sage-femme, le personnage est entouré d'une autorité évidente. La seule vue de sa panoplie n'a-t-elle pas longtemps eu le don de remplir de crainte et d'effroi ? En effet, le problème le plus fréquent qui se pose lors d'un accouchement est celui du passage de la tête du bébé dans le bassin maternel. Pour sortir l'enfant, la matrone exerce des pressions sur le ventre de la mère, ou bien elle s'aide d'un instrument pour tirer le corps de l'enfant, au prix d'un véritable martyre pour la femme, qui conservera des séquelles à vie. Parfois le bébé lui-même est à moitié déchiqueté. Parmi les instruments de la « bonne mère » le crochet d'une pelle à feu, celui d'une balance romaine ou d'une lampe à huile, sans désinfection préalable. Au moindre faux mouvement, l'instrument risque de riper et de déchirer le col de l'utérus. On comprend que leur seule évocation suffise à terroriser les accouchées.

Aux XVIIe et XVIIIe siècles apparaissent des instruments « d'art », comme le tire-tête à trois branches, puis les leviers et forceps, conçus pour « avoir l'enfant vivant », mais à condition encore de savoir les utiliser et de les employer au bon moment. La césarienne ou « accouchement sur le côté »

De la césarienne au tsar

Tout remonte à Jules César, et même encore plus loin…

Le grand empereur se nommait en réalité Caïus Julius Caesar, avec pour prénom Caïus et pour nom de famille Julius, du nom de la « gens » Julia, une « gens » étant une puissante famille de l'aristocratie romaine.

Pour ce qui était du troisième nom « Caesar », il s'agissait du surnom propre à une branche de cette « gens », surnom dû au fait que son ancêtre – on ignore à quelle génération celui-ci pouvait se situer par rapport à Jules – était né par incision (en latin « caedere »), opération que l'on nomme depuis une « césarienne ».

Conséquence de la gloire de Jules, son nom devint rapidement synonyme d'empereur et dénomma, avec celui d'un de ses plus illustres successeurs « Augustus », la dignité suprême : *Imperator Caesar Augustus.* C'est pour cela qu'au Moyen Âge, Charlemagne puis les souverains germano-autrichiens, se voulant successeurs des Romains, se dirent « empereurs » alors que les Russes, les Bulgares et les Polonais se diront *Czar* ou *Tsar* (dérivés directs de César) et que les Allemands auront un *Kaiser,* lui aussi de même étymologie.

est extrêmement lente à être mise au point et reste longtemps l'opération pratiquée en cas de désespoir. En obstétrique comme en médecine générale, la saignée de la femme enceinte demeure jusqu'au XVIIIe siècle le remède le plus pratiqué et le dilemme tragique « sauver la mère ou l'enfant » est résolu au cas par cas selon des critères pour le moins arbitraires.

Quoi qu'il arrive, la suprématie de la matrone reste longtemps inattaquable. À son arrivée, c'est elle qui décide de la pièce et du lieu d'accouchement. Elle exhorte la mère à ne s'asseoir ni se coucher jusqu'au dernier moment. Elle lui fait réciter ses prières. Pour accélérer le travail, il arrive même qu'elle la fasse promener sur une charrette par les chemins cahoteux. Elle vérifie aussi que l'on a bien préparé des linges, des bassins remplis d'eau, des toiles et de vieux chiffons qui serviront à essuyer les cuisses de la femme puis à nettoyer le sol ou le plancher. Le lit ou la paillasse doit être placé devant l'âtre, qui garantit tout à la fois chaleur et lumière. Devant le lit, elle fait placer une chaise renversée qui sert de dossier à son appareil gynécologique rudimentaire.

Ces problèmes réglés, notre fée du logis se précipite dans la cour de la ferme et y course une poule à laquelle elle tord le cou pour préparer un bon bol de bouillon à la parturiente et, pour se soutenir, elle se fait une bonne tasse de café ou à défaut (notamment avant son apparition dans les campagnes) s'enfile un bon verre de gnaule, pour ne pas dépérir, ce qui ne serait guère indiqué dans ces moments-là. Il faut se préparer, et de fait toute notre volière de femmes réunies caquette allègrement jusqu'à ce que l'héroïne donne des signes suffisamment éloquents pour les rappeler à ses côtés.

LORSQUE L'ENFANT PARAÎT... TOUTE UNE AVENTURE

Pour avoir à se préoccuper du sort de l'enfant qui naît dans la société traditionnelle, encore faut-il qu'il naisse vivant, car dans bien des cas, l'enfant paraît sans vie ou avec si peu qu'elle le quitte bien vite.

Beaucoup d'enfants naissent déjà morts, et, dans ces cas, les crochets de la matrone n'y sont pas toujours étrangers. Vers 1610, un médecin normand n'évaluait-il pas à près de cinq cents le nombre de leurs victimes annuelles à Rouen ?

On connaît évidemment mal les sentiments que peuvent ressentir alors les parents, tant accoutumés, jusqu'au début du siècle dernier, à ces morts. Ce qui semble le plus émouvoir c'est que les enfants meurent sans avoir pu recevoir le baptême. L'Église enseigne qu'ils se voient alors condamnés à errer dans les limbes et leur refuse de ce fait une sépulture chrétienne. Ils sont donc enterrés en terre anonyme, non consacrée, à l'extérieur du cimetière paroissial. Non seulement c'est l'opprobre pour les pauvres innocents, mais cette opprobre risque de retomber sur les malheureux parents.

On comprend dès lors pourquoi la seule compétence professionnelle exigée d'une matrone soit de savoir « ondoyer » un nouveau-né. Dès qu'un bébé paraît menacé à la naissance, la matrone, ou n'importe quelle personne de l'assistance connaissant le geste et la formule (l'eau et les paroles baptismales), se hâte d'ondoyer devant témoin l'enfant en danger de mort, ce que le curé du village aura soin de transcrire dans ses registres.

Par contre, que faire lorsque l'enfant ne présente pas le moindre souffle de vie ? L'Église, qui préfère finalement rassurer les fidèles, et qui ne rechigne pas à favoriser les miracles, propose alors souvent la formule du « sanctuaire à répit ». Ce nom bien savant a sans doute convenu à bon nombre de nos minuscules chapelles ou oratoires de campagne, où les parents du voisinage se hâtent d'apporter leur enfant mort, en quête d'un miracle, comme on le voit dans le nord et l'est de la France. C'est ce que fait Léonard Montereau, laboureur à Oudry (Saône-et-Loire), le 14 mars 1743. Sa femme a donné naissance à une petite fille née « de couleur noire et sans avoir donné aucun signe de vie. Lequel enfant on porta sur l'autel de Notre-Dame-de-Pitié en présence de… [suivent les noms de plusieurs témoins, dont la sage-femme] lesquels ayant prié la Sainte Vierge qu'il plût à Dieu […] accorder la grâce à ce pauvre enfant de recevoir le saint baptême, ledit enfant, apporté depuis le village des Brosses, distant d'une grande demi-lieue, roide et froid comme marbre et noir comme un chapeau, après les prières, a pris un teint vermeil et rouge, s'est sali et est devenu chaud et pour un plus grand signe et preuve du Miracle, [on lui a] vu remuer la lèvre inférieure et senti palpiter son petit cœur». L'enfant est donc baptisé. Miracle ou hallucination collective, peu importe, il échappe aux limbes.

Plus étranges sont les cas où les parents, embarrassés au contraire d'un enfant bien vivant, mais d'aspect chétif ou difforme, n'hésitent pas, comme cela se pratique dans la Dombes jusqu'à la fin du siècle dernier, à le présenter à tel ou tel saint, notamment à un certain saint Lévrier aux origines douteuses, en le vouant «à la vie à la mort». Ils lui infligent alors quelques bonnes épreuves dont il a peu de chances de réchapper. Culte horrible et inhumain s'il en est, mais qui semble n'avoir été pratiqué que lorsque l'enfant a déjà quelques mois, par des parents refusant d'accepter que leur rejeton pût être malingre ou handicapé. Sensibles à bien des histoires rocambolesques de sorciers ou de démons, beaucoup croient fermement dans ce cas être les victimes d'une odieuse substitution d'enfant.

De toute façon, un enfant naissant inanimé reçoit aussitôt les soins de la sage-femme qui, au XVIIIe siècle, se hâte de le tremper dans le vin chaud, de le frictionner de vinaigre ou encore d'eau de fleur d'oranger, pour lui remettre le cœur en route. Mais laissons ces cas douloureux, pour voir comment un enfant bien vivant fait son entrée dans la vie.

Quand, dans des positions souvent difficiles et tout à fait inconfortables, la mère donne la vie, le rôle de la bonne mère est loin d'être terminé.

La première opération consiste à couper le cordon ombilical, ras pour les filles, et de façon variable pour les garçons, proportionnellement, dit-on, à la longueur de son sexe. Seconde opération : jeter le « délivre » et là encore les coutumes et les traditions font que l'on doit l'enfouir en terre, souvent au pied d'un arbre particulièrement honorable, fruitier de préférence, pour bien augurer de la prospérité de l'enfant. En revanche, s'il arrive qu'une partie de la membrane fœtale reste collée à la tête du bébé, c'est là un sérieux gage de bonheur et de chance, à l'origine de notre expression « être né coiffé ».

Ensuite, la matrone se préoccupe de l'enfant. L'enfant lui plaît-il ? Sa tête est-elle bien faite ? Sinon, l'ossature étant encore fragile, notre sage-femme, dans bien des régions (Languedoc, Poitou, Normandie) n'hésite pas à remodeler le visage du nouveau-né. Certaines ne connaissant pas leur force, l'enfant se retrouvera parfois avec une tête quelque peu biscornue et un physique peu séduisant à l'âge adulte. Sous le Second Empire, la tradition semble perdurer, au point que les médecins la rendent responsable de certains troubles mentaux. Ces pratiques ne se limitent d'ailleurs pas aux visages ; les filles, par exemple, subissent souvent un allongement des tétons pour être plus tard de bonnes nourrices. Enfin, on a cure de ne jamais oublier de couper le filet de la langue pour faciliter la tétée du nourrisson. À tout cela s'ajoute en général un massage du corps pour assurer une bonne circulation sanguine, un premier bain, que l'on ne renouvelle généralement pas de sitôt. Le bébé est alors lavé avec un peu de beurre frais fondu ou de l'eau chaude additionnée d'eau-de-vie. Puis l'on procède à l'emmaillotage : l'enfant est solidement ficelé, autre façon de lui raffermir encore le corps.

Enfin, la sage-femme s'en va, sauf dans le cas d'un enfant illégitime qu'elle conduit elle-même immédiatement au curé pour le faire baptiser et à la mairie pour le déclarer. Le curé d'ailleurs ne s'y trompe pas et fait tout de suite la différence entre l'enfant amené par la sage-femme, enfant de l'amour, et celui amené par le père, enfant de l'hymen.

Pour toute rémunération, la sage-femme reçoit quelques piécettes en ville et quelques œufs ou une volaille à la campagne, voire aussi souvent un tablier. C'est qu'alors l'on n'est pas très riche et les allocations à la naissance n'existent pas. Bien que… Dès que la nouvelle de l'accouchement se répand, les femmes de la famille et du voisinage qui n'ont pas assisté à l'accouchement viennent visiter la nouvelle mère. Celle-ci, qui a parfois déjà quitté son lit pour reprendre son travail à la ferme, les voit arriver les mains pleines. Souvent, elles apportent un petit cadeau de leur ferme. Au nombre des poules offertes (ce n'est pas un geste courant) dans les Pyrénées, on mesure le degré d'estime d'une famille. « Pour ma naissance, ma mère a reçu dix poules » est déjà un beau palmarès que l'on claironne sa vie durant.

Chaque visiteuse y va aussi de son compliment : vœu de bonheur – « Lou boun Dio lou vous gardo », en Languedoc – ou compliment rassurant certifiant la conformité au modèle familial – « La pomme ne tombe pas loin de l'arbre » –, ou encore, en Alsace, « Tel champ, tels navets ». Enfin, si l'enfant est par bonheur le septième garçon d'une lignée de garçons ou la septième fille d'une lignée de filles, on s'extasie devant les dons qu'il en tirera. C'est un « marcou » !...

Ou se soucie alors peu du jour de la naissance que l'on oublie bien vite, faute de calendrier et de besoin réel de mesurer le temps. Et puis chaque ménage a tant d'enfants qui ne parviennent pas tous à l'âge adulte ! Ce détail ne compte donc guère aux yeux de nos ancêtres. À son mariage ou à sa mort, le curé notera dans son registre « âgé d'environ tel âge ». Tant pis pour les anniversaires ! De toute manière, il n'y aurait eu ni gâteau, ni bougies, ni cadeaux.

Par contre, une mesure d'urgence s'impose. Tous ceux qui ont touché au péché de chair sont réputés impurs par l'Église et donc en état de péché mortel, à commencer par l'accouchée et bien sûr l'enfant, une fois de plus menacé des limbes. Il est largement temps de se préoccuper de leur purification. Il faut, sans plus attendre, penser au baptême du nourrisson, et plus tard aux relevailles de sa mère.

Les curieux « bains de foule » royaux

Un « marcou » était un « marqué ». Marqué par le destin, pour avoir reçu une « marque », autrement dit un signe, comme cela avait été, selon la légende, le cas de saint Marcouf ou Marcoul. Lui-même septième garçon d'une famille nombreuse avait trouvé dans cette situation le pouvoir mirifique de guérir les personnes atteintes d'écrouelles, maladie scrofuleuse d'origine tuberculeuse, se manifestant par des fistules laissant de larges cicatrices sur la peau.

À leurs débuts, à la recherche de pouvoirs pouvant affirmer leur légitimité, les rois capétiens prirent l'habitude, au lendemain de leur sacre à Reims, de passer se recueillir sur le tombeau de ce saint, inhumé non loin de là, au prieuré de Corbeny, sur la route conduisant à Laon. On estimait que le saint, lors de cette visite, leur transmettait son pouvoir magique, qu'ils allaient ensuite utiliser pour guérir leurs sujets, en prononçant la formule rituelle « le roi te touche, Dieu te guérit ». De Louis X, en 1315, à Charles X, en 1825, tous agirent ainsi, avec un succès ne cessant de grandir : si François Ier « toucha » ainsi plus de 1 000 malades par an, Charles IX dépassa les 2 000, Louis XIII atteignit les 3 000, en 1620, et l'on dit que Louis XIV, en un seul jour, alla jusqu'au nombre record de 2 400 !

DEUX DANGERS DE LA NAISSANCE : BÂTARDISE ET ABANDON

Pendant longtemps il a été admis que tout seigneur peut librement séduire servantes, domestiques et paysannes qu'il croise sur son chemin. Il sait toujours avec quelle sérénade ou quel pâté de lièvre délicatement envoyé il va la rendre à sa merci. Il ne fait d'ailleurs qu'imiter en cela le roi, qui a une ou plusieurs maîtresses officielles. Les bâtards sont monnaie courante dans les familles nobles. Le duc de Clèves n'en a-t-il pas soixante-trois ? Personne ne s'en offusque et il est légal de leur donner des droits comme à des enfants légitimes, de les mentionner dans son testament, de les faire élever sous son toit avec ses autres enfants, voire même par sa propre épouse. Les régions du Sud comme le Béarn, le Périgord, le Quercy et l'Auvergne regorgent ainsi littéralement de bâtards.

Dès le début du XVIIe siècle, une réaction se fait sentir de la part des familles légitimes, qui limite largement les droits de ces enfants. Seul le roi conserve ses habitudes et ses privilèges. L'Église, condamnant l'adultère et le concubinage, les enfants illégitimes deviennent moins nombreux dans les familles aisées et se marginalisent dans les classes moyennes. À la fin du XVIIIe siècle, l'illégitimité ne représente que 2 pour 100 des naissances. Elle est par ailleurs sévèrement contrôlée.

En 1536, Henri II a publié un édit aux termes duquel les filles célibataires enceintes sont tenues de déclarer leur grossesse auprès d'un officier ministériel, généralement un notaire, afin de ne pouvoir, ensuite, se débarrasser impunément de leur nourrisson. Si cette loi, dans la mesure où elle fut respectée – ce qui n'a pas toujours été le cas –, a sauvé plus d'un enfant d'une mort dramatique, elle a sans doute augmenté considérablement le nombre des abandons. L'enfant illégitime, rejeté de la société et mal toléré, particulièrement à la campagne, est dorénavant abandonné par sa mère. À Paris, ce sont ainsi quatre à sept mille enfants qui connaissent ce sort chaque année, à la fin de l'Ancien Régime. Il est vrai que concubinage et illégitimité sont des phénomènes qui se développent surtout dans les couches populaires des villes industrielles, là où le mariage n'a plus la raison d'être stratégique et morale qu'il conserve en milieu rural. Les villes-usines du XIXe siècle connaissent le triste record de naissances naturelles et, par voie de conséquence, d'abandons. La vie des enfants abandonnés est à ce point précaire que leur taux de mortalité frôle souvent ou même dépasse les 80 pour 100 à la fin du XVIIIe siècle !

Ce n'est évidemment pas à la campagne que l'on trouve des enfants abandonnés. Les villageoises réduites à cette extrémité préfèrent aller en ville où elles peuvent, comme leurs consœurs d'infortune, laisser leur progéniture en un lieu où l'on pourra lui apporter des soins. Rares sont les abandons sur la voie publique, comme on peut en dénombrer à Lille au cours du XIXe siècle. À Paris, le bon M. Vincent a fondé en 1640 un hôpital spécifiquement destiné à les accueillir. D'autres grandes villes s'en sont ensuite dotées. Mais, la plupart du temps, c'est dans le tour d'un hospice que la mère dépose son enfant. Un tambour cylindrique permet de placer le bébé dans le mur d'enceinte. Il suffit ensuite de tirer une sonnette pour prévenir la sœur « tourière » qui arrive, fait pivoter le tambour et recueille l'enfant en entendant, au loin, les pas de sa mère s'éloigner dans la nuit.

Bien souvent, l'enfant est de ce fait dénué de toute identité et l'hôpital lui en forge une, plus ou moins simpliste, selon la couleur de ses vêtements, la saison, le lieu d'abandon ou tout bêtement le saint du jour. Voilà pourquoi beaucoup de familles portant un prénom comme patronyme ont souvent pour fondateur un de ces malheureux enfants trouvés. D'autres fois, le nom est moins anonyme, comme celui de Marie Desbarreaux, ainsi nommée à Autun parce que remise à travers les barreaux d'une fenêtre. Parfois, la mère, lorsqu'elle sait écrire, a soin de griffonner un papier de son écriture malhabile, précisant que l'enfant est baptisé ou demandant de le nommer de telle ou telle façon. Mais, dans les grandes villes, les cas sont si nombreux que l'on imagine, vers 1710, de « faire marquer lesdits enfants de quelque petite estampe, ou de leur faire percer l'oreille pour l'y attacher. Mais dans la crainte que cela ne produise quelque méchant effet [les administrateurs de l'hôpital de

Lyon préférèrent] deux médailles de plomb percées dans le milieu au travers desquelles on passe un cordon de soie ; sur un côté d'une des médailles sont imprimées les armes dudit hôpital et sur l'autre le numéro où est inscrit l'enfant ».

L'avenir de ces pauvres enfants est incertain. En 1790, Sébastien Mercier raconte qu'on cherche à en faire des soldats. Projet barbare, ajoute-t-il. Mais sont-ils en droit d'attendre un sort meilleur ? Si le bâtard, rejeté de la société, parvient à atteindre l'âge d'homme, c'est souvent pour grossir les rangs des miséreux et des errants. Si, abandonné à l'hôpital, il parvient à déjouer les mille et un dangers de l'enfance, un sort identique l'attend. La plupart de ces malheureux ne se marient jamais, n'ont jamais d'enfants et ne figurent donc guère parmi nos ancêtres biologiques.

UNE EXPÉDITION SOUVENT SIBÉRIENNE : LE BAPTÊME

Le bébé qui vient de naître n'a pas de prénom. Autour de lui, chacun se garde bien d'en prononcer car cela lui porterait malheur. D'ailleurs, il n'aura pas à attendre longtemps pour en recevoir un : le baptême approche. Il est urgent, on le sait, de le garantir contre les limbes où errent éternellement les âmes des enfants morts sans baptême, comme on se doit aussi de le purifier, autrement dit le laver du péché originel.

Les premiers baptêmes chrétiens ont été donnés à des adultes par immersion dans l'eau comme saint Jean-Baptiste l'a fait pour Jésus. Sous l'influence de saint Augustin, il est remplacé par un baptême par aspersion que l'on accepte de donner aux enfants, lors du concile de Carthage, en 418. Mais le fait d'admettre le baptême des bébés ne va pas sans poser bien des problèmes. L'Église, entre autres, ne cesse de lutter des siècles durant pour obliger les parents à le faire administrer dans les trois jours suivant la naissance. Le concile de Trente met semble-t-il définitivement bon ordre à cela et, dès la fin du XVIe siècle, tous les baptêmes que peuvent étudier les généalogistes sont célébrés très rapidement après la naissance, presque toujours le jour même ou le lendemain (sans doute lorsque l'enfant est né pendant la nuit), rarement le surlendemain, sauf peut-être pour éviter le vendredi. L'Église, d'ailleurs, ne plaisante guère : dans le diocèse de Toul, des parents négligents qui dépassent ce délai risquent de se voir ni plus ni moins excommuniés.

La première conséquence de cette précipitation est que l'on n'a jamais affaire à une cérémonie très organisée. Il est par exemple impossible d'y inviter les parents géographiquement éloignés.

La seconde est que, bien souvent, elle expose le nouveau-né à de nouveaux dangers. Il faut en effet fréquemment parcourir plusieurs kilomètres à pied pour se rendre à l'église de la paroisse, principalement dans les régions d'habitat dispersé. Et ce trajet s'effectue quelles que soient les conditions météorologiques. Pluie, vent, neige, gelée : rien n'arrête la petite famille en marche vers une église véritablement sibérienne en hiver, où c'est une eau glacée qui sera versée sur le front de l'enfant. La situation est d'autant plus fréquente qu'il y a, alors, des saisons propices aux naissances. Pendant les périodes d'interdit comme * carême et * Avent, nos ancêtres ne se marient pas et ne font pas l'amour. La majorité des conceptions a par conséquent lieu entre avril et juin, d'où une large majorité de naissances et de baptêmes entre décembre et mars. En plein hiver !

Naturellement, le bébé est langé et déjà protégé par des talismans. Pas de robe de baptême, sauf parfois le voile de mariée maternel, lorsque voile il y eut [1], qui tient lieu de talisman. En revanche, l'enfant porte souvent un bonnet, le « crèmeau », que l'on peut conserver à l'intention des sui-

1. Voir article p. 135.

vants. En principe aussi, tous les vêtements sont blancs et parfois ornés d'un nœud blanc pour les filles ou rose pour les garçons.

Ainsi équipé, le cortège part pour l'église. En tête se trouvent la sage-femme ou quelque voisine qui a aidé à l'accouchement et qui « porte l'enfant », puis le parrain et la marraine qui se donnent le bras, le père et éventuellement quelques autres parents, mais jamais la mère qui n'est pas encore « relevée » et ne saurait donc entrer à l'église. On a soin de prendre avec soi une cruche d'eau au cas où l'enfant décéderait en route, afin de l'ondoyer. On emporte quelquefois du pain et du sel que le prêtre bénira, et plus tard les dragées, que le parrain distribuera.

Mais qui sont justement ce parrain et cette marraine, parfois pris sur le trajet, voire requis à la dernière minute ? Au Moyen Âge, l'usage est de donner deux parrains et une marraine à un garçon, et inversement à une fille. Sans doute cela s'explique-t-il par le rôle que ceux-ci s'engagent à jouer envers leur filleul sachant que la mort peut les « faucher » à tout moment. Bien que le concile de Trente abolît cette habitude, elle se perpétue jusqu'au XVIIe siècle, le second parrain ou la seconde marraine étant alors souvent nommé le « babillard ».

Tout le monde ne peut être choisi comme parrain ou marraine. Il faut être catholique et de bonne vie, ce que le célébrant doit apprécier. C'est ainsi qu'en 1829, à Dammartin, dans les Vosges, l'abbé Gilbert refuse la femme Bogard, publiquement accusée d'avoir de mauvaises mœurs ; le curé de La Chapelle-la-Reine (Seine-et-Marne) refuse également une « coureuse de bals », ou encore celui de Lompret, dans le Nord, renvoie un parrain, acquéreur de biens nationaux sous la Révolution.

Le choix de ces personnes obéit ensuite à maintes considérations sociales, familiales et juridiques. Généralement, les parrains et marraines de l'aîné des enfants sont les grands-parents, avec une priorité pour le grand-père de la maison où vit le jeune ménage si les deux générations cohabitent. Viennent ensuite les autres grands-parents, les oncles et tantes, les cousins germains puis, pour les cadets, les frères et sœurs aînés. Arrivent aussi parfois quelque châtelain ou notable, curé, régisseur, duquel on espère toujours une protection ou une éducation pour l'enfant, si ce ne sont quelques sols sonnants et trébuchants, comme on peut souvent en relever dans les testaments.

Le principe est donc de choisir soit des personnes âgées (grand-parent, oncle et tante, maître, etc.) soit, lorsqu'il s'agit de jeunes, contemporains du nouveau-né, de les prendre dans la famille très proche ou au contraire dans un milieu socialement éloigné. Le but de tout cela est en effet de ne pas réduire au baptisé son futur choix matrimonial, puisque l'Église interdit formellement au filleul d'épouser sa marraine, et à la filleule son parrain, sauf à faire lever cet interdit par une dispense chère et spécifique appelée une « fulmination ».

De la même façon le sacrement du baptême crée une « parenté spirituelle » ou une « affinité » entre le baptisé et ses parrain et marraine en même temps qu'il en crée une entre eux. Il convient donc de les choisir de manière à leur éviter tout risque de commettre ce qui serait un péché mortel : l'inceste de compaternité.

Parrain et marraine sont entre eux compère et commère et ne doivent point se « connaître charnellement ». Dans ce cas, précisent les croyances populaires, ils ne pourront jamais entrer en Paradis, « sauf si le filleul ne fait pénitence de plein gré successivement pour l'un et pour l'autre ». La règle vaut également entre le père du nouveau-né et la marraine, comme entre la mère et le parrain. Si ceux-ci venaient à coucher ensemble, les évangiles des Quenouilles nous disent qu'il ne manquerait pas de « tonner et faire orage en terre ou en mer ». On appréciera au passage la discrétion de la nature qui, si elle le veut, limitera son mécontentement au monde marin, là où personne ne sera informé.

Autre raison enfin de choisir des parrains et marraines jeunes : dans le cas où ils le sont pour la première fois, c'est assurément une garantie de bonheur et de prospérité pour le baptisé. Mais pour eux aussi, être choisi est un honneur, honneur qui comporte cependant des devoirs d'assistance et d'aide à l'enfant en cas de disparition des parents. En Bretagne, ils sont tenus de leur assurer refuge et nourriture, et ce sont eux et non les parents qui, le jour de son mariage, le conduiront à l'autel.

Quant au choix du prénom, quels en sont les critères et qui s'en charge ? Disons d'abord que le nom de baptême est très longtemps considéré davantage que le nom de famille. Jusqu'au XIIe ou XIIIe siècle il est le seul sous lequel nos ancêtres étaient désignés, avant que n'apparaisse un surnom et que ce surnom ne se fixe et devienne héréditaire pour se transmettre comme « nom de famille[1] ». Le prénom reste, des siècles durant, unique. Ce n'est qu'au XVIIe siècle qu'une mode d'origine bourgeoise introduit un second prénom, parfois d'autres, habitude qui ne se répand guère dans les couches populaires avant le milieu du XIXe siècle. Les familles aristocratiques et de la grande bourgeoisie aiment souvent les multiplier à l'infini, tel ce couple de petits hobereaux picards qui dénomment leur fille, le 23 juin 1780 à Hailles (Somme) : Marie, Adrienne, Joséphine, Frédérique, Blanche, Éléonore, Aimée, Marceline, Arsène, Christine, Mélite, Zéphirine. Douze prénoms ! Les prénoms multiples compliquent la tâche des historiens des familles et des généalogistes, car, selon les régions, le prénom usuel peut être soit le premier soit le dernier.

L'Église a soin de contrôler l'éventail du choix. Seuls étaient admis les noms de saints inscrits au martyrologe ou au calendrier, auxquels s'ajoutent cependant nombre de dérivés (par exemple, pour Nicolas : Colas, Colin, Colinet…), parfois bel et bien admis pour prénoms. De même, la plupart des prénoms sont souvent donnés indifféremment à un garçon ou à une fille. Il n'est qu'à songer au connétable

1. Pour comprendre comment sont nés et se sont transmis nos noms de famille, voir *Laissez parler les noms !* de Jean-Louis Beaucarnot, Lattès, 2004.

Anne de Montmorency, et j'ai, pour ma part, rencontré au gré des archives un Pierre-Marguerite, un Catherine-Etienne, et, en Morvan, nombre de garçons prénommés du seul prénom de Marie. En fait, ce qui importe avant tout est alors le saint que l'on veut donner comme protecteur à l'enfant. Aussi, faute d'équivalent féminin ou masculin, n'hésite-t-on guère à l'employer pour l'autre sexe.

D'autre part, je n'étonnerai personne en disant qu'autrefois comme aujourd'hui les prénoms ont toujours obéi à des modes. Les Mérovingiens affectionnent les prénoms d'origine germanique terminés en « -ert » : Caribert, Clérembert. Le bas Moyen Âge préfère les Guillaume, Hugues, Jehan (forme savante de Jean). La fin du XIXe siècle est baptisée le « temps des Jules » avec ses brochettes de célébrités, politiques ou non, répondant à ce prénom, mode contemporaine à celle des prénoms féminins en « -a » : Julia, Augusta, Louisa. Le XXe siècle connut celle des Michel dans les années 30-50, celle des prénoms en « ic » (Éric, Frédéric, Cédric) des années 60, auxquels ont succédé ceux terminés en « -ien » : Julien, Sébastien, Damien. Mais le point culminant a été atteint par le prénom Nathalie donné à 8 à 9 pour 100 des filles françaises nées entre 1966 et 1969. Certes, il a fallu la chanson de Gilbert Bécaud et la télévision pour le diffuser. Mais du temps de nos aïeux, où les médias n'existaient pas, les modes n'en parvenaient pas moins à s'imposer.

Du Moyen Âge au XIXe siècle, les prénoms masculins les plus répandus sont Pierre, Jean, François, Antoine et Etienne. Louis, emprunté par les rois capétiens à leur prédécesseur comme dérivé de Clovis, n'atteindra jamais leur popularité. Pour les filles, on retrouve à peu près les prénoms précédents féminisés, Anne et Catherine en plus. Jeanne reste de loin le plus fréquent, Marie demeurant rare jusqu'à la fin du XIXe siècle, c'est-à-dire jusqu'à la révélation à Lourdes de l'Immaculée Conception. À tout cela s'ajoutent les prénoms régionaux ou locaux : les Léonard pléthoriques en Limousin, les Yves en Bretagne et les

Nicolas dans l'Est. Dans chaque région, les églises qui leur sont dédiées sont innombrables.

Pourquoi tant de nos rois se prénommèrent-ils Louis ?

Là encore, pour une histoire de légitimité !

N'oublions pas que les Capétiens étaient en quelque sorte arrivés sur le trône en usurpateurs, après avoir évincé les derniers Carolingiens, descendants de Charlemagne. Ils avaient de ce fait, à leur début, grand besoin d'affirmer leur légitimité, ce qu'ils ont d'abord fait, comme on l'a vu, en s'octroyant des pouvoirs magiques, avec la guérison des écrouelles[1]. Ce qu'ils continuèrent à faire, aussi, en récupérant le prénom de Louis.

Louis, en effet, est la traduction du nom bas-latin Ludovicus, lui-même adaptation d'un plus ancien Clodivucus, qui n'était autre, quant à lui, que la latinisation… du prénom Clovis. Autrement dit Louis était la forme « relookée » et remise au goût du jour du nom du fondateur du royaume des Francs.

En fait, toute dynastie, autrefois, avait son prénom-phare, héréditaire, comme Charles pour les Carolingiens, Foulques chez les comtes d'Anjou ou Thibault chez ceux de Champagne. Comme les ancêtres des Capétiens s'étaient de leur côté transmis celui de Robert. Ce n'est donc pas par hasard que nos rois décidèrent d'abandonner ce dernier pour, après quelques hésitations, opter au XIIe siècle pour Louis, qui s'installa de façon héréditaire, ne laissant parfois place à d'autres (Philippe-Auguste, Philippe III) que parce qu'un fils aîné, prénommé Louis, n'avait pas vécu jusqu'à la mort de son père…

1. Cf. page 69.

Le prénom du nouveau-né n'est en réalité guère choisi en fonction de la mode. Il est en principe donné par les parrains et marraines, qui bien souvent lui donnent en fait le leur, d'autant que fréquemment – et ce ne semble pas être un hasard –, parrain et marraine ont le même prénom, au masculin et au féminin. D'autres fois, ils décident, pour rendre honneur au père, de donner à l'enfant son propre prénom ou bien ils optent pour le prénom du saint patron de l'église. C'est ainsi que les « Avoie » ont souvent été baptisées dans une des paroisses dédiées à cette sainte très honorée à Meulan. Mais comme celle-ci est surtout implorée pour aider les enfants à marcher on a bien pu choisir sa protection pour un bébé aux pieds d'apparence fragile.

D'une façon ou d'une autre, chaque famille arrive à avoir ses prénoms traditionnels, souvent multipliés à l'infini. Le petit Claude étant parrain de son frère cadet, nous aurons « Claude l'aîné » et « Claude le jeune ». J'ai plusieurs fois ainsi recensé trois frères appelés Jean, quatre sœurs nommées Claudine. Par la suite on trouve toujours le moyen de s'arranger avec des surnoms, voire en changeant de prénom dans la vie courante. Une seule petite réserve : certains parents évitent de redonner à un enfant le même prénom que son prédécesseur lorsque celui-ci est mort jeune car cela pourrait lui porter malheur.

Enfin, le nouveau-né est baptisé, selon les formules rituelles en latin, au nom du Père, du Fils et du Saint-Esprit. L'acte de baptême est rédigé par le curé en double exemplaire. Les présents sachant signer y apposent leur signature plus ou moins maladroitement. Les cloches carillonnent à toute volée. Les sonneurs, souvent des jeunes, y mettent d'autant plus de cœur que les sonneries retentissantes portant bonheur à l'enfant, le parrain saura les en récompenser. Car les cloches, elles-mêmes baptisées [1], sont porteuses, ce jour-là, d'un tas de messages d'avenir. On y est si attaché que lorsque le curé veut sanctionner un baptême célébré trop tardivement, il interdit de les sonner.

Le parrain et la marraine sortent de l'église en distribuant soit des dragées – si l'on peut s'en procurer –, soit

1. Voir article p. 221.

des piécettes, – si l'on est riche. Avant de prendre le chemin du retour, le cortège ne se résout généralement pas à quitter le centre du village sans faire le tour de ses auberges. On raconte même que ces libations ont fait quelquefois oublier des marmots sur un banc de café, où le père est revenu les chercher à moitié titubant.

À la maison, un repas est prévu plus ou moins riche et consistant, selon la fortune du pot. Bien souvent, les proches y contribuent en nature. La mère n'y assiste en aucun cas. La marraine vient lui présenter solennellement son bébé, baptisé et nommé.

L'accouchée reste ainsi chez elle pendant quarante jours. Non seulement elle ne peut quitter sa maison, mais encore quantité d'autres faits et gestes lui sont rigoureusement interdits : reprendre les rapports sexuels, plus encore partager la couche de son mari qu'elle souillerait, aller chercher de l'eau au puits qui se tarirait, demander du feu à une voisine qui allaite car son lait s'épuiserait, toucher au pain, aliment sacré[1], et bien sûr aller à la messe ou même à l'église. Pendant toute sa période de grossesse, cela lui était déjà interdit dans certaines régions. Car la mère porte en elle la souillure de la relation sexuelle qui a engendré son enfant. Si son bébé en a été lavé par le baptême, elle est encore impure et doit, à l'imitation de la Vierge Marie, attendre quarante jours pour réintégrer la société, tant chrétienne que profane. Ce jour-là, elle se rendra à l'église accompagnée de quelque voisine et, agenouillée sur le parvis un cierge allumé en main, attendra que le prêtre vienne la bénir et réciter des psaumes. Elle assistera alors à sa première messe, messe d'action de grâces pour remercier Dieu de sa maternité. Elle apportera souvent un pain qu'elle fera bénir et partagera avec son curé. Enfin, après de nouvelles prières, elle rejoindra sa maison où elle retrouvera sa place et sa vie quotidienne dans leur plénitude.

Ces relevailles sont sans doute tombées en désuétude à

1. Voir article p. 315.

la fin du XIXe siècle, mais on peut toutefois recueillir aujourd'hui encore quelques témoignages attestant leur pratique, assez rare, jusque dans les années 40-50, le plus souvent en milieu rural. Cette cérémonie réhabilite la femme accouchée. À peine rentrée chez elle, elle s'empresse d'en ressortir pour rendre leurs visites aux voisines. Les bavardages vont bon train. La nouvelle mère revit enfin.

LA CURIEUSE INDUSTRIE DES NOURRICES : QUAND ON POUVAIT GOÛTER LEUR LAIT

La nourrice, de nos jours, nous apparaît comme un personnage de roman. Elle a pourtant bel et bien existé et n'a pas toujours joué un bon rôle. En effet, l'allaitement mercenaire a longtemps été l'objet d'un commerce assez malsain.

Dès le Moyen Âge, on l'a vu s'organiser à Paris. Des « recommandaresses », sorte de maquerelles de l'allaitement, tiennent dans la capitale des bureaux de placement pour servantes, assistées de « meneurs » jouant les recruteurs et les convoyeurs dans les provinces proches. Tout ce monde agit sans la moindre morale et en pleine anarchie, jusqu'à ce que le roi crée en 1769 un bureau général, unique et rigoureusement surveillé, véritable monopole seul habilité à fournir les nourrices. Sur quelque 21 000 enfants nés chaque année dans la capitale, à peine 1 000 sont nourris par leur mère et un peu plus par une nourrice logée au domicile des parents. Les autres sont envoyés chez une femme à la campagne, plus ou moins loin de Paris. Ce sont précisément ceux-là qui posent problème. D'une part les conditions de convoyage sont pitoyables. Chaque jour des charrettes chargées de nourrissons traversent Paris et roulent sur des routes défoncées avec des cahots qui ont tôt fait de précipiter pardessus bord de malheureux bébés, écrasés parfois par les roues. D'autres sont « livrés » dans des hottes portées à dos d'homme, où ils peuvent également trouver la mort, gelés en hiver ou étouffés par leurs langes et par le nombre en été. Le roi profite de son intervention pour préciser que les meneurs doivent « se servir de voitures bien conditionnées, dont le fond sera en planches, suffisamment garni de paille neuve, les ridelles exactement closes par des planches bien assemblées, ou par des nattes de paille ou d'osier toujours entretenues en bon état, et couvrir leurs voitures avec une bonne toile sur des cerceaux, et assez grande pour envelopper les bouts et côtés ». Il stipule également que des nourrices doivent être assises dans la charrette pour veiller sur les bébés le temps du voyage.

Loin d'hésiter à confier leurs enfants à de telles organisations, les Parisiens font au contraire progresser très vite l'usage de la mise en nourrice. Rencontrée surtout dans les classes aisées, cette pratique se généralise dans la moyenne et petite bourgeoisie pour gagner artisans et petits commerçants. Les explications en sont multiples et tiennent beaucoup aux mentalités. Il serait abusif de conclure ici à une absence d'amour parental de nos ancêtres.

Selon les idées de l'époque, allaiter un enfant ne manque pas d'enlaidir la mère, et la bienséance lui interdit de se livrer à une telle pratique. Mais ces raisons ne sont pas les seules. Tout d'abord un tabou pèse depuis très longtemps – depuis les temps bibliques – sur les relations sexuelles pendant la période d'allaitement. Confier l'enfant à une nourrice dégage donc *ipso facto* les parents. Dans les milieux plus modestes, l'exiguïté des logements rend les cris du nouveau-né insupportables aux parents, et souvent au père. Par ailleurs la femme d'un artisan ou d'un boutiquier participant au travail de son époux doit se séparer de son enfant. À cette époque, il est de plus hors de question d'élever l'enfant au lait animal. Nul ne doute, en effet, que ce breuvage ne manquerait pas de lui communiquer la bestialité et les propriétés de l'animal en question, tout comme une nourrice étrangère présente le risque qu'il ne dégénère parce qu'avec son lait il prendrait son tempérament, son caractère et ses mœurs.

La solution pourrait être d'entretenir une nourrice chez soi car il suffit d'aller en choisir une au bureau central, dans une salle où cinquante à soixante femmes braillent à qui mieux mieux pour vanter leurs mérites nourriciers. Le choix pourrait être fait avec le conseil d'un médecin prêt à examiner la femme et à goûter son lait pour en apprécier l'âge et la qualité, donnant droit alors à un certificat avec la mention « goûté et approuvé ». Mais entretenir une nourrice chez soi est cher et encombrant.

On préfère donc nettement, après l'avoir ainsi choisie, après avoir vu le certificat de bonne moralité délivré par son curé, lui remettre l'enfant avec sa layette, à quoi l'on a soin d'ajouter un extrait baptistaire pour le cas où il viendrait à décéder pendant son séjour. L'enfant est ainsi élevé à la campagne, loin de la pollution urbaine, aspect qui semble déterminer les parents de l'époque et justifier à leurs yeux cette séparation. « Ce n'est point dans l'air épais et fétide de la capitale, ce n'est point au milieu du tumulte des affaires, ce n'est point au milieu de la vie active ou trop dissipée qu'on y mène que l'on peut accomplir tous les devoirs de la maternité, remarque Sébastien Mercier en 1790. Il faut la campagne, il faut une vie égale et champêtre pour ne point se détruire en donnant son lait à ses enfants. »

Et voilà l'enfant embarqué à plusieurs lieues du domicile familial, et souvent voué aux pires calamités.

Les négligences des nourrices sont effrayantes. Certaines pratiquent leur métier sans grande conscience. Nombre d'entre elles nourrissent en réalité plusieurs enfants, à commencer parfois par le leur, qu'elles n'ont pas sevré comme elles le prétendent. À lui alors le bon lait maternel, et pour l'autre du lait de vache ou de chèvre dans une corne de vache, percée en guise de filtre. D'autres, rentrant en courant des champs, se voient accusées de lui donner du lait « tout échauffé ». Sans parler de celles qui lui octroient quelque « suçon » en guise de coupe-faim dont l'effet est parfois mortel. On ne cesse de recenser des négligences criminelles provoquant souvent la mort du marmot, dévoré par une truie, étouffé dans son berceau par un chat venu dormir sur lui, brûlé vif par une brindille sautée de l'âtre et qui a atterri dans son berceau, ou encore victime d'une congestion pour avoir été trempé dans l'eau glacée de quelque fontaine miraculeuse. L'air de la campagne, certes, pourrait être profitable à l'enfant. Mais que penser de celui respiré dans le bouge insalubre où s'entassent souvent la nourrice et sa famille ? Certains historiens évaluent à près de 90 pour 100 le taux de mortalité des enfants mis en nourrice à la fin de l'Ancien Régime. Il n'est qu'à consulter les archives des paroisses rurales pour en rencontrer à tout moment au XVIIIe siècle, sans compter ceux dont le décès est caché aux parents par une femme malhonnête qui veut continuer à toucher ses gages !

Dès le début du XIXe siècle, on assiste à une réaction contre cette déplorable habitude. Certains médecins, tentant de convaincre les mères d'allaiter elles-mêmes, prétendent que le « lait rentré » de la femme qui n'allaite pas se répand dans ses membres et occasionne de multiples désordres. Un certain abbé Besnard déclare même connaître « une dame qui est devenue sourde dès sa première couche par l'effet de son lait qui [...] se porta derrière les oreilles ».

On va donc bientôt préférer la « nourrice sur lieu » à la « nourrice à emporter ». Les experts comme le docteur Monot donnent désormais des conseils précis quant au choix : préférer les filles de la campagne auxquelles l'air pur et les travaux des champs assurent vigueur et santé, les choisir entre vingt et trente-cinq ans, si possible primipares, veiller à ce qu'elles aient une belle carnation et un teint frais, une haleine douce et sans odeur, enfin des filles présentant au physique comme au moral mesure et absence d'excès. On continue à pratiquer un examen médical et un examen du lait. Pour en apprécier la couleur, la consistance, l'odeur et la saveur, « le médecin saisira le mamelon à sa base et le pressera entre deux doigts », conseille le *Diction-*

naire encyclopédique des sciences médicales en 1879. Si ces critères sont rassemblés et si cet examen se révèle positif, la nourrice peut faire son entrée au domicile familial.

On voit alors apparaître la nourrice des romans, la nourrice qui, dans une maison de grand standing, a d'emblée une place enviable dans la hiérarchie des domestiques. Bien payée (jusqu'à 100 F par mois, somme alors considérable), elle est très bien nourrie, avant tout pour respecter la santé de l'enfant, et, dans le parler populaire, le « morceau de la nourrice » désigne alors le meilleur morceau. Bien habillée enfin, elle a troqué à son arrivée sa coiffe provinciale et ses sabots de paysanne pour des vêtements fins et variés (coiffe à rubans blancs, pelisses d'été et d'hiver, robes, tabliers). Tous les domestiques doivent la servir et agir selon ses caprices. Un cocher la conduit chaque jour au jardin public, accompagnée, dans les grandes maisons, d'un valet et d'une camériste pour l'assister à tout moment. On comprend comme ce métier peut être symbole de réussite pour plus d'une campagnarde, d'une réussite d'autant plus facile désormais que le chemin de fer relie sa région à la capitale.

Pourtant, bien avant les déplacements ferroviaires, le Morvan et le Nivernais ont fourni les nourrices les plus recherchées. Celles du roi de Rome et du duc de Wurtemberg viennent du même village de Dun-les-Places, près de Château-Chinon. Les petits-enfants de Louis-Philippe tètent eux aussi des nourrices « bourguignottes », tout comme le fils de Napoléon III et plus tard une des filles du futur président de la République, Félix Faure. Dans le canton de Montsauche, dans la Nièvre, vers 1860, 68 pour 100 des femmes qui accouchent partent nourrir un enfant à Paris et 15 pour 100 en prennent un chez elles ! Très recherchées, elles savent en profiter pour en faire une véritable industrie.

La jeune Morvandelle n'hésite pas à se faire « mettre en lait » lorsqu'elle n'est pas mariée. Lorsqu'elle l'est, elle confie son bébé à quelque « mémère » locale qui l'élèvera au lait de vache ou de chèvre, et s'en va en ville pour y « porter son lait ». « Si notre petit vient à mourir, comme le confie l'une d'elles à son mari, ne me le fais pas écrire, ça pourrait me faire perdre mon lait », autrement dit perdre son travail et sa position de petite reine de la maison bourgeoise. Car c'est la fortune et la réussite qui sont en jeu. Combien de Morvandelles les ont ainsi trouvées, comme Marie Comte épouse Duvernoy, mariée à seize ans, et entrée vers vingt ans chez les Rothschild pour y nourrir la petite Diane.

Petite histoire des Rothschild

On peut dire que l'histoire des Rothschild est passée par quatre grands « temps forts » :

- en 1577, dans le ghetto juif de Francfort, leur ancêtre, Isaak, est le premier de sa famille à se voir dénommer selon le nom de l'enseigne de leur maison « zum roten Schild » (à l'écu rouge),
- en 1806, lorsque à l'approche des armées napoléoniennes, le landgrave Guillaume IX de Hesse confie sa fortune à Mayer-Amschel Rothschild, jeune financier dont il avait fait la connaissance grâce à leur passion commune pour la numismatique et les monnaies anciennes,
- en 1815, lorsque, grâce à l'utilisation de pigeons voyageurs, Nathan de Rothschild, banquier à Londres, a pu être informé avant tout le monde de l'issue de la bataille de Waterloo et réussir alors le plus magistral coup de filet de l'histoire, à la bourse de Londres, où chacun était encore persuadé de la défaite anglaise,
- en 1816, lorsque la famille a été anoblie par l'empereur d'Autriche, avant que ses membres ne soient faits barons héréditaires, en 1822.

Leur mission accomplie, elles reviennent souvent au pays, le temps de concevoir et d'accoucher, et repartent pour la capitale. Enfin, vers trente-cinq ans, elles rentrent définitivement et, avec leurs économies, se font parfois construire une de ces coquettes petites maisons que l'on appelle parfois aujourd'hui encore une « maison de lait ».

Et elles sont solides, ces « maisons de lait ». La preuve en est qu'elles sont toujours là, au temps où crèches et baby-sitters ont depuis longtemps remplacé les nourrices.

LA PREMIÈRE ENFANCE : DE LA GRAISSE SOUS LE MENTON

De longs mois durant, le nouveau-né est complètement boudiné, corseté, immobilisé par le maillot, selon la mode du temps. Il porte jusqu'à trois bonnets, une quantité de langes pour faciliter et absorber la transpiration, une chemise, une camisole. Couches, langes et bandelettes, en spirale et en croisillon, ont pour but de bien affermir le petit corps encore frêle, d'éviter que ses jeunes membres ne soient tordus en les maintenant droits le long du torse. De plus cet attirail maintient sa tête bien droite par rapport au buste. Les oreilles sont plaquées contre la tête. Langer un enfant est une opération longue et minutieuse, moins souvent renouvelée que le changement des couches industrielles d'aujourd'hui. Les paillasses d'antan se chargent d'absorber les urines, et les langes souillés sont souvent séchés et remis sales, une manière comme une autre de favoriser la formation d'anticorps. Outre que ce maillot rigide fortifie le squelette, il est réputé protéger contre la rigueur du temps car, même en plein été, le bébé risque de prendre froid – on dit alors que « poulet et bébé ont toujours froid » – ; de plus, il permet de porter facilement l'enfant.

La toute première enfance se passe dans un berceau, à condition que la famille en possède un. Jusqu'au XVIIIe siècle, en milieu populaire, c'est tout au mieux un tronc creusé où l'enfant tient à peine en largeur, nouvelle précaution pour bien diriger la croissance du corps. Au XIXe, on voit apparaître les berceaux à patins, permettant de balancer l'enfant en lui chantant quelque berceuse, selon la mode et la région, comme la fameuse « canchon dormoise » du *P'tit Quinquin* dans le Nord. Lorsque la famille n'a pas de berceau, il dort bien souvent avec la mère, voire les deux parents ou un des grands-parents. Pour éviter qu'il ne soit étouffé, certains parents prennent la précaution de dormir tête-bêche lorsqu'ils ont l'enfant avec eux.

Dans la journée, l'enfant voit du pays. Sa mère l'emporte fréquemment aux champs dans une hotte, sur son dos, voire dans un de ces « bissacs », où l'on peut en transporter deux en même temps. Mais il lui arrive aussi d'être enfourné dans une espèce de sac ou de boîte suspendu au mur en l'absence de la mère et nombre de nourrices sont accusées de laisser ainsi des enfants des heures entières. Le suspendre en hauteur présente ici l'avantage de protéger l'enfant des divers animaux, chats, chiens, poules, cochons qui ont à tout moment accès à la maison et risquent de lui causer bien des torts.

Pendant une année entière, l'enfant reste donc immobile, sans que l'on s'occupe beaucoup de lui ou qu'on lui offre quelque jouet, si ce n'est, à l'extrême limite, un hochet fait d'une mie de pain séchée dans une coquille de noix. Sa mère ou sa nourrice l'allaite selon qu'il réclame et où qu'elle se trouve, aux champs comme à la maison. Le sevrage commence à la poussée des dents. La nourrice s'enduit généralement les seins d'une pâte imprégnée de moutarde ou de poivre, pour lui en faire passer le goût et mange force persil afin de tarir son lait. Parallèlement, elle l'habitue aux bouillies puis passe très vite au pain, car la graisse au menton, gage de bonne santé chez le nourrisson, est donc affaire d'honneur pour toute mère qui se respecte.

Mais encore faut-il que l'enfant soit parvenu à ce stade. Au XVIIIe siècle, un enfant sur quatre meurt avant l'âge d'un an. Les progrès seront lents puisqu'on estime qu'en 1880 encore 17 pour 100 des bébés meurent avant leur premier anniversaire. Outre les négligences et les accidents déjà vus à propos des nourrices – bébés étouffés, morts de froid, etc. – d'autres menaces pèsent alors sur le jeune enfant : il peut se brûler ou se noyer malgré la peur du feu et de l'eau qui lui est inculquée à grand renfort de croque-mitaines en tout genre. Il y a aussi un manque d'hygiène évident. Les enfants vivent avec des poux, censés attirer à l'extérieur les humeurs vicieuses et boire les mauvais sangs. Le bonnet remis le jour du baptême et imprégné au saint chrême reste sur la tête des semaines durant, et plus tard les cheveux ne sont jamais coupés avant l'âge de cinq ou six ans. Lorsqu'au XIXe siècle on commence à pratiquer l'allaitement artificiel, les tétines des premiers biberons (en verre ou en porcelaine) ne sont bien sûr jamais lavées. On se défend mal des différentes maladies. Contre la teigne, par exemple, on ne sait qu'étendre de la cire tiède sur le crâne. Enfin, les risques d'épidémies contre lesquelles la médecine n'a pas de remède sont innombrables. La variole fait des ravages chez les enfants de un à quatre ans jusqu'à la diffusion de la vaccination de Jenner au XIXe siècle. La rougeole entraîne souvent des complications fatales. Les troubles digestifs, les diarrhées peuvent être mortels. Le rachitisme est fréquent et occasionne des carences dramatiques, pour n'être soigné qu'au début du XXe siècle par des débauches d'huile de foie de morue. Quant à la diphtérie et au croup – nom donné à l'une de ses étapes – ils provoquent régulièrement des hécatombes infantiles.

Pour conjurer les maladies, l'enfant porte des talismans : chapelets d'ail, graines de pivoine rouge que l'on a soin, pour combattre la rougeole, de faire macérer une journée entière dans du vin rouge. On pend à son cou des dents de chien ou de loup, censées favoriser la percée des siennes, qui peut elle aussi déboucher sur des complications parfois mortelles. À tout moment l'enfant est immergé dans l'eau miraculée de quelque fontaine ou source. Certes, des saints sont invoqués lors de chaque maladie : saint Martin pour le carreau, saint Paul pour les convulsions alors tant redoutées, saint Médard contre les vers, saint Blaise contre le croup et les maux de gorge. Mais que faire de plus ? Lorsque au milieu du XIXe siècle apparaît le médecin de campagne, on ne le fait pas venir pour examiner un enfant puisque celui-ci ne peut lui décrire ni ce qu'il ressent ni le siège de la maladie.

Il semble bien que la mort des jeunes enfants ait été longtemps considérée comme une fatalité, une loi de la nature. Les prêtres eux-mêmes omettent une fois sur deux, estiment généalogistes et démographes, de la consigner dans les registres paroissiaux. Cela veut-il dire que l'amour parental est moins fort ? Sans doute à l'égard des jeunes enfants. « Hélas ! c'est un ange au Paradis ! », se lamente le père ou la mère avec résignation. Mais combien de fois, pour des enfants plus âgés, on voit les parents réagir violemment devant leur disparition. « Je suis hors de moi-même, je descends en criant et en hurlant. Je vais trouver mon père lui annoncer mon malheur et mon désespoir. [...] Je courais, je criais, je pensais à la douleur de ma femme lorsqu'elle apprendrait la nouvelle », raconte dans ses mémoires Charles-Nicolas Dognon, notaire à Charny-sur-Meuse. Ce chapitre est intitulé « Mort de mon fils, de mon petit ami, de mon gros, de mon Nonon, de mon petit Nicolas-Luc ». L'enfant a trois ans et la scène se déroule en 1790. Les témoignages d'amour filial dans les classes populaires et rurales d'autrefois sont introuvables mais il ne faut pas en conclure pour autant à l'absence de tendresse des parents.

Le sevrage apparaît donc comme un cap dans la vie de l'enfant qui se déroule ensuite pour ainsi dire toute seule. En effet l'enfant grandit sans qu'on s'inquiète de lui. Il vit avec les adultes, le plus souvent avec les vieux. Ce sont eux qui lui apprennent à parler à l'aide de comptines et d'onomatopées. De la même façon ils lui apprennent à compter. Pour aider l'enfant à faire ses premiers pas, on utilise des promenettes ou encore des « tintebins » (tiens-toi bien), sortes de déambulatoires à roulettes qui obligent, pour plus de sécurité, à équiper les bébés de bonnets rembourrés pour prévenir les chutes. D'autres fois, on le dirige avec une « lisière », qui a la forme d'une laisse ou de bretelles ; la lisière permet aussi de l'attacher lorsque l'on cesse de le surveiller. Le sevrage coïncide avec l'abandon du maillot. Garçon ou fille, le bébé portera désormais une robe unisexe jusque vers 1910-1920. L'âge de la première culotte sera l'âge de raison, celui où commence la seconde enfance.

L'ÂGE DE RAISON ET DES CULOTTES : À L'ÉCOLE OU PAS ?

L'âge de raison marque le passage du monde de l'enfance au monde sinon des adultes, du moins de la société. L'enfant quitte l'entourage uniquement féminin et la maison pour aider ses parents dans leurs travaux. Ce changement se manifeste tout d'abord par un changement vestimentaire : il est désormais vêtu comme les grandes personnes, c'est-à-dire avec un costume approprié à son sexe, même si ce costume consiste en quelques guenilles déjà largement élimées. C'est ainsi que les garçons reçoivent des culottes, au grand désespoir de certains médecins moralisateurs qui les condamnent vigoureusement. « Ces culottes [...] empêchent l'air extérieur de frapper les testicules ; ils n'en sont ni rafraîchis ni dans l'état de repos convenable. Ces testicules amollis, dilatés et sanguins, au lieu d'être froids, libres et calmés, qui ne devraient pomper que peu de sang, sont irrités, pressés et échauffés comme dans une serre chaude par des vapeurs acres et distillantes. C'est donc aux culottes qu'il faut attribuer la cause de ce que les petits garçons se trouvent avoir déjà de la semence à l'âge de dix ou douze ans, au lieu de quatorze ou quinze. » Et ce savant docteur de craindre « la malheureuse manie de s'énerver de corps et d'esprit », bien mauvaise occupation pour des enfants.

En fait d'occupations, les enfants d'autrefois n'en manquent guère, et des plus laborieuses. Rares, très rares sont les jouets, excepté quelques morceaux de bois taillés et transformés en sifflet ou en moulin à eau. Au reste, les plus jeunes jouent avec des chats, ou encore attrapent des grillons ou des cigales. Les plus vieux se bagarrent entre bandes de hameaux ou de quartiers différents dans le plus pur style de *La Guerre des boutons.*

La majeure partie de leur temps est donc, déjà, largement consacrée au travail. Dès l'âge de six à sept ans, le gosse est envoyé dans les prés pour garder les troupeaux d'oies ou de moutons. Dans le Massif central, il va au « couderc », pré en altitude, pour y garder le cochon. « Avant cinq heures, raconte le vieux Tiennon à Émile Guillaumin dans *La Vie d'un simple,* maman me tirait du lit et je partais, les yeux gros de sommeil. Un petit chemin tortueux conduisait à la pâture. [...] La rue était creuse, toujours assombrie et un peu mystérieuse, si bien qu'une crainte mal définie m'étreignait en la parcourant. Il m'arrivait d'appeler Médor, qui jappait en conscience derrière les brebis fraîchement tondues, pour l'obliger à marcher tout près de moi ; et je mettais ma main sur son dos pour lui demander protection. »

À la pâture, pour beaucoup de ces petits bergers et bergères, la journée est souvent longue, difficile et angoissante. Surtout lorsque la forêt voisine a la réputation d'être infestée de loups que l'on entend parfois hurler pendant la nuit. Et cette fois-ci, point de croque-mitaine... Combien de personnes âgées se souviennent d'authentiques histoires de loups, racontées par leur père qui les avait lui-même vécues étant enfant, à la fin du XXe siècle. Dans les Vosges, en Lorraine, ou jusqu'en Limousin en bordure de la forêt des Cars, les loups étaient bel et bien là, tapis sous les feuillages, prêts à fondre sur le troupeau. La vie dure et laborieuse des petits campagnards aide à comprendre comment le travail en atelier des jeunes enfants de la révolution industrielle, qui durait souvent huit à dix heures par jour, pouvait être facilement accepté. On les avait toujours fait travailler à la campagne, à la différence qu'ils y respiraient l'air pur et non les exhalaisons fétides des ateliers.

On peut se demander si nos ancêtres vont ou non à l'école et ce qu'ils y apprennent. Mais, au fait, l'école existe-t-elle ? Pas plus que Charlemagne, Jules Ferry n'a

« créé » l'école qui existe déjà sous l'Ancien Régime. Rarement confiée à un « maître d'école », aussi appelé « recteur d'école », engagé ou approuvé par les habitants, elle est organisée par l'Église, et c'est le curé, ou quelque laïc pour les plus petits, qui mêle au catéchisme des rudiments de lecture et parfois d'écriture.

Avec des moyens limités, tout au plus un vieil abécédaire, un Évangile et un recueil de prières, il enseigne dans la sacristie ou au presbytère. Les cours sont parfois interrompus par la visite à un malade qui reçoit les derniers sacrements ou par une messe. Cet enseignement est réservé aux garçons. Quelques vieilles femmes se chargent éventuellement des filles à qui elles ont davantage le souci d'enseigner comment « besogner de l'aiguille » que les lettres de l'alphabet. Enfin, ces écoles ne sont guère suivies assidûment. Les élèves les plus réguliers fréquentent l'école tout au plus cinq mois par an pendant huit à dix ans, de la Toussaint à la Saint-Georges, le 23 avril, c'est-à-dire en dehors des périodes de gros travaux nécessitant leur présence aux champs. À ce rythme, les fils de Français moyens de l'époque sont peu instruits. Ceux qui le deviennent suivent des cours particuliers, toujours avec un curé, notamment lorsque la famille en compte un parmi ses membres[1]. Voilà pourquoi, dans bien des régions rurales d'avant la Révolution, savoir écrire est un signe de notabilité. La plupart du temps, le généalogiste ne trouve, au bas de l'acte de baptême ou de mariage, que la signature du prêtre accompagnée de la formule « lesquels ne sachant signés, de ce enquis » (de quoi je me suis enquis), à moins que l'un ou l'autre n'ait tracé « sa marque », c'est-à-dire une croix, symbole du serment sur la sainte Croix de Jésus. Ceux qui apposent une signature reproduisent souvent plutôt de malhabiles bâtons comme peut en faire aujourd'hui un enfant de classe préparatoire. Seuls les gens lettrés tracent leur nom d'une écriture assez sûre, en le faisant suivre d'un

1. Voir article p. 165.

paraphe compliqué qui se voulait décoratif et personnalisé. En effet, dans ces anciennes signatures, le nom est à peu près calligraphié, et c'est le paraphe qui révèle l'individualité. Ainsi on peut connaître le niveau culturel et social de ses ancêtres d'après l'analyse de la signature. Des enquêtes faites sur ce sujet déterminent de larges décalages entre la fréquence des signatures chez les hommes et chez les femmes, mais aussi des différences selon les régions.

Le sexe des lettres

Je n'étonnerai personne en disant que le mot *alphabet* vient d'*alpha* et *bêta*, qui sont les noms des deux premières lettres de l'alphabet grec, et que c'est donc une nouvelle fois par recherche d'érudition qu'on l'a préféré au mot *abécédaire,* qui avait eu pourtant longtemps cours.

Quoiqu'il en soit, notre alphabet, emprunté à Rome, a évidemment connu, au fil des siècles, quelques accidents de parcours, avec la longue confusion de certaines lettres, comme le U et le V. Jusqu'à ce qu'un imprimeur strasbourgeois décide de les distinguer, en 1629. La lettre V avait en effet une double identité, étant à la fois voyelle et consonne et il en était de même, pour les lettres I et J, jusqu'à la fin du XVIIIe siècle. Voilà, entre autres raisons, pourquoi ces lettres (I et J, comme U et V), se suivent dans notre alphabet.

Savez-vous enfin que si les anges, dit-on, n'ont pas de sexe, nos lettres en ont en revanche bel et bien un, étant soit masculines, soit féminines, ou encore, pour certaines, les deux à la fois ? C'est effectivement le cas de sept d'entre elles, à savoir : f, h, l, m, n, r, s, ce qui devrait nous faire normalement parler d'*une h muette*, d'*une l mouillée* ou d'*une s finale*...

C'est en région parisienne, en Normandie, en Picardie, en Champagne et Lorraine que l'on rencontre les plus forts taux d'alphabétisation (entre 30 et 70 pour 100 des hommes vers 1690, entre 60 et 90 pour 100 un siècle plus tard).

Au XIXe siècle, avec l'aide de l'État, la scolarité va assez nettement évoluer. En 1847, on compte 63 000 écoles publiques ou privées, mais les méthodes d'enseignement restent vétustes et compliquées, et l'assiduité laisse à désirer. Pour les enfants d'alors, l'école est aux antipodes de la vie quotidienne. On y parle français ou latin alors qu'ils s'expriment en patois ; on y enseigne des choses abstraites et, même si l'enseignement est gratuit, la scolarité est compliquée pour les élèves et coûteuse pour les parents. Chaque élève doit, en effet, apporter une bûche pour chauffer la pièce où enseigne le maître en hiver et, en toute saison, du papier – une denrée chère – et deux plumes d'oie. Les plumes d'oie sont taillées selon des normes précises et le type d'écriture souhaité. L'opération compte huit phases et, pour les retailler, il existe des rafraîchissoirs de plumes d'oie. Les différentes manières de les tenir ou de poser la main sont également codifiées. Tout cela fait l'objet de traités aussi complexes que savants et dont les termes ne sont pas toujours compris par leurs jeunes lecteurs.

Les punitions physiques ne sont pas de vaines paroles dans ces anciennes écoles. Plus encore, ce sont les mémoires qui sont soumises à rude épreuve. Ainsi, dans le secondaire comme dans le primaire, tout s'apprend par cœur selon le principe des questions et réponses, comme pour les anciens catéchismes.

De vieux manuels scolaires de collégiens du XIXe siècle, retrouvés récemment dans mon grenier, me fournissent des exemples que je ne résiste pas à donner. Vers 1832, pour un enfant de onze à douze ans, l'étude de l'histoire de France consistait à apprendre les généalogies et les haut faits des soixante-neuf rois ayant régné de Pharamond à Louis XVIII.

Question : « Dites-nous quelque chose des mariages de Philippe Auguste. »

Réponse : « Philippe eut trois femmes. La première fut Isabelle, fille de Baudoin, comte de Flandre et de Hainaut. La seconde fut Ingelburge… » Quatorze lignes de texte sont ainsi à apprendre par cœur sur ces épouses, leurs parents et leurs enfants. Le ton est tour à tour naïf et prude. À propos de Frédégonde, on demande à l'enfant : « Faites-nous connaître les crimes de cette femme scélérate. » Il est plus tard grandiloquent : « Racontez-nous les derniers instants de Louis XVIII. » Suit la réponse : « La santé du roi s'étoit depuis quelque temps altérée d'une manière sensible. Le 13 septembre 1824, un bulletin du premier gentilhomme de la Chambre informa que l'état où se trouvoit Sa Majesté faisoit concevoir les plus vives alarmes. » Suivent dix-huit lignes décrivant les adieux du roi à sa famille et sa mort très chrétienne.

Pour achever d'embrouiller les mémoires de nos aïeux venait encore la liste des quarante princes gouvernant les principautés allemandes, avec leurs prénoms, dans l'ordre : Alexis-Frédéric-Chrétien, prince d'Anhalt-Bernbourg, Auguste-Chrétien-Frédéric, prince d'Anhalt-Coethen, etc. Pour chacun d'eux, on demandait leurs dates de naissance et de mariage, les noms et prénoms de leurs épouses et l'état civil complet de leurs enfants ainsi que les lits dont ils sont issus lorsque leur père s'est remarié. Que d'efforts de mémoire ne demande-t-on pas aux élèves d'alors ? À quoi cela peut-il leur être utile ? Ils apprennent les généalogies des dieux grecs et les sept merveilles du monde dans les menus détails, les mesures des temples antiques – « De 63 pieds du midi au septentrion, il était haut de 25 coudées et avait 36 colonnes en son enceinte », – sans oublier les noms légendaires des quatre architectes.

La leçon se termine par une tirade sur Jeanne d'Arc dans laquelle la Pucelle raconte elle-même sa vie au duc de Bedford :

Sous un rustique toit Dieu cacha mon berceau.
Non loin de Vaucouleurs, quelques prés, un troupeau,
Des auteurs de mes jours composaient la richesse ;
[...]
Et, bergère comme eux, j'errais sur les montagnes.
Chantant le nom de Dieu qui bénit les campagnes.

Ainsi de suite, pendant cent huit vers. S'il en manque un, gare aux verges du maître. L'enfant doit apprendre à craindre et à glorifier Dieu et ses saints, à connaître ses lois et les rois qu'il envoie, et surtout à bien parler. La rhétorique est alors l'atout le plus sûr d'un curriculum vitae.

DE LA MYTHOLOGIE GRECQUE À LA MYTHOLOGIE RÉPUBLICAINE : LES PLUMIERS DE JULES FERRY

Napoléon Ier s'est intéressé au problème scolaire, mais il s'est surtout contenté de transformer les lycées en casernes, en y introduisant le tambour et la discipline militaire. Il préconise que chaque jour, dans chaque collège de France, chaque professeur fasse en même temps la même leçon. Le tambour sonne les heures, à commencer par le lever des pensionnaires, à cinq heures trente, et jusqu'à la prière du soir et le coucher à vingt et une heure quinze. Il a un peu oublié l'enseignement primaire, mais, après tout, seule une élite doit avoir une instruction solide pour fournir les cadres de l'État et de l'armée. L'instruction n'est guère nécessaire aux soldats et aux hommes de troupe.

L'Empire a donc laissé subsister les vieilles écoles improvisées dans des locaux de fortune, où les progrès seront lents à s'imposer. L'apparition du tableau noir vers 1840-1850 est contemporaine du passage de la plume d'oie à la plume d'acier qui, à 6 sous la pièce, reste longtemps un objet de luxe.

Seule une révolution peut changer ce système lourd et bancal et cette révolution, c'est Jules Ferry qui la fait. À la salle Molière à Paris, le 10 avril 1870, il est vivement applaudi lors d'une déclaration fracassante : « Je me suis fais un serment, dit-il, entre toutes les nécessités du temps présent, entre tous les problèmes, j'en choisirai un auquel je consacrerai tout ce que j'ai d'intelligence, tout ce que j'ai d'âme, de cœur, de puissance physique et morale, c'est le problème de l'éducation du peuple. » Ce qui pourrait n'être que de simples paroles en l'air d'homme politique démagogue devient l'acte de naissance de notre Éducation nationale. Jules Ferry apporte à la nouvelle République qui va naître quelques mois plus tard un extraordinaire atout, un formidable outil, un moyen de pénétrer et de s'imposer jusque dans les régions les plus reculées. Il lui fournit un arsenal, une véritable mythologie lui permettant de faire face aux forces conservatrices et concurrentielles représentées par l'église et le château. En réglementant et en prolongeant l'obligation scolaire en France, Ferry assied définitivement la République.

Premier élément de ce nouvel arsenal : le ou les bâtiments scolaires. Garçons et filles ne sauraient être mélangés ou avoir des professeurs d'un autre sexe. L'école se construit attenante à la mairie. La lutte entre le curé et l'instituteur commence. L'instituteur, souvent secrétaire de mairie imprégné des idées républicaines, tient à donner une image de dignité à sa fonction et manifeste son anticléricalisme.

Deuxième élément : le décor et les objets. Tableaux noirs, pupitres, plumiers personnalisés et plumes sergent-major ou lance, bonnets d'âne, bons points et images, lignes à copier en punition, retenues, deviennent le lot quotidien de tous les enfants.

Troisième élément : l'enseignement. Toujours un peu abstrait pour bien des élèves, les programmes restent lourds et les auteurs de manuels s'encombrent peu de psychologie enfantine. Le « par cœur » reste considéré comme la meilleure et la seule méthode. Il en va autrement pour les livres de lecture, le plus célèbre, le fameux *Tour de France de deux enfants*, est vendu à plus de six millions d'exemplaires entre 1877 et 1961. Il martèle inconsciemment les valeurs républicaines dans les cerveaux des petits

Français. Les héros, André et Julien, sont deux jeunes enfants d'Alsace-Lorraine, province perdue à cause d'un tyran, que la carte de France, accrochée au mur de chaque école représente en violet, couleur de deuil. Tous deux quittent Phalsbourg pour visiter la France décrite comme une nation belle et forte, prête à prendre sa revanche sur les Prussiens. De ville en ville, ils apprennent à reconnaître les vertus de la République et les réalisations industrielles comme l'énorme marteau-pilon de M. Schneider au Creusot. L'un des enfants est athée et l'autre déiste, ce qui leur permet d'utiles conclusions sur les spectacles qu'ils rencontrent. La morale est omniprésente, à une époque où des heures entières lui sont réservées dans les programmes.

À bien des égards, l'institution scolaire est un providentiel outil de propagande pour la République. Grâce à l'école, une même langue est parlée partout. Le glas des patois et des dialectes a sonné. L'instituteur met parfois au point un système draconien. Le premier élève surpris à employer un mot local est réprimandé et reçoit sur son bureau en guise de punition un morceau de bois, un vieux chiffon ou une simple pomme. Cet objet, c'est « la honte ». Au cours de la journée, l'objet, au fil des fautes, passe d'un pupitre à un autre. Sera puni, le soir, l'élève sur le bureau duquel il se trouvera à l'heure de la sortie. C'est ainsi que l'habitude de parler la langue de ses pères a peu à peu disparu. Mais comment faire autrement, si l'on veut que le tous les habitants du pays parlent enfin la même langue et, compte tenu de l'importance de l'alphabétisation et de l'enseignement primaire d'alors, n'est-ce pas aussi une façon d'assurer une certaine « égalité des chances » ?

On ne peut enfin terminer ce chapitre sur l'école sans évoquer la très officielle cérémonie de la distribution des prix. Autrefois, elle avait servi à attribuer des places d'honneur à la messe et consistait, bien souvent, en de simples concours de rhétorique qui se déroulaient en public le jour très capétien de la Saint-Louis. À l'école républicaine, elle est le point culminant de l'année scolaire, la consécration des efforts et du zèle de l'élève. Le maire et la municipalité au grand complet y assistent, avec tous les flonflons possibles, à commencer par ceux de l'orphéon lorsque la commune en compte un, qui, pour chaque prix d'honneur, joue quelques accords de quadrille ou de marche militaire. Ce grand jour suit et entérine l'indispensable certificat d'études, avec ses inévitables problèmes de robinets et de trains qui se rattrapent ou se croisent. Les vacances d'été commençant le 1er puis le 15 juillet – l'année scolaire démarrant au 1er octobre –, la distribution des prix forme alors avec le 14 juillet deux jours de fêtes en l'honneur de la République, deux jours de fêtes publiques unanimement reconnues. Des nos jours, la tradition a disparu et on peut se demander si la distribution des prix fut victime de mai 68 ou du stylo-bille.

DE LA CULOTTE AU PANTALON : « LE PLUS BEAU JOUR DE LA VIE »

Comme le 14 juillet[1] dut longtemps rivaliser avec la * Fête-Dieu et le * 15 août pour devenir la fête nationale, le certificat d'études s'inscrivit bien vite comme rite de passage, rival de la première communion. Il ne lui manque qu'un banquet familial pour prendre le pas sur elle.

On raconte que Napoléon aurait dit à Sainte-Hélène que le jour de sa première communion avait été le plus beau de sa vie. Pourtant, à la fin du XVIIIe siècle, la cérémonie est moins fastueuse que par la suite. C'est au XVIe siècle, avec le concile de Trente, que l'âge des communiants est fixé : en principe douze ans pour les filles et quatorze pour les garçons, l'âge de « discrétion », c'est-à-dire où l'on est capable de « discerner ». Dans leurs registres, les curés

1. Voir article p. 253.

tiennent parfois des listes de communiants, comme ils énumèrent celles des confirmés. Ils sont dénombrés souvent par centaines et sans limite d'âge, lors du passage de l'évêque. À l'époque, l'enfant doit bien sûr aller demander pardon de ses offenses en se confesser avant de communier. En dehors de la réception du sacrement, c'est à peu près le seul cérémonial que l'occasion implique. Ce n'est en effet qu'au XIXe siècle que la première communion est véritablement fêtée.

D'un côté, la cérémonie religieuse s'officialise et grandit. Cierges, encens, homélie, tout concorde à la rehausser et à lui donner un air de fête solennelle. La messe dure facilement trois heures, sans oublier les vêpres et la procession de l'après-midi. Les enfants font une retraite préalable de plusieurs jours, avec un classement de ceux qui connaissent le mieux leur catéchisme, classement qui se retrouve dans l'attribution des places à l'église pour le grand jour. Chaque famille fait l'achat d'un cierge dont la taille et l'ornement sont ni plus ni moins que le reflet de son image sociale. Ainsi, les plus riches vont acheter les cierges chez le cirier de la ville voisine, où ils sont beaucoup plus gros que ceux vendus par M. le curé ou par la fabrique.

Un jeûne de douze heures précède la première communion. Mille et une recommandations sont données aux enfants pour ne pas laisser tomber l'hostie ou ne pas la laisser coller au palais. La communion fréquente n'est alors pas encouragée par l'Église et n'est souvent pratiquée que lors de certaines fêtes bien précises.

Cette journée est empreinte d'une signification sociale toute particulière car elle correspond au commencement d'une nouvelle existence. En effet, la première communion marque l'entrée dans l'adolescence, l'apprentissage de la vie professionnelle et de la sexualité. Elle est bel et bien un rite de passage. Maints détails sont là pour en témoigner.

Comme le passage de l'état de bébé à celui d'enfant, du monde féminin et domestique à celui du quotidien et des adultes avait été marqué par l'abandon de la robe des garçons pour la culotte, la première communion est, de la même façon, le jour où le garçon reçoit son premier pantalon[1], voire plus tard son premier costume. Pour lui c'est aussi le jour de la première toilette qu'il ne renouvellera sans doute pas de sitôt, mis à part les baignades d'été lorsque le cœur lui en dit et que le temps le permet. Les filles, de leur côté, sont débarbouillées comme elles le seront le jour du mariage.

Petite histoire des culottes...

Nos ancêtres lointains, notamment les Gaulois, avaient, on le sait, d'abord porté des *braies,* dont nous avons hérité les termes « braguette » (d'abord « brayette », signifiant à l'origine « petite braie », qui désignait à ses débuts une sorte de poche rapportée) et « débrayé » (signifiant hors des braies »).

Ils portèrent ensuite des « hauts de chausses », allant du bassin jusqu'au-dessus du genou, ainsi nommés par opposition aux « bas de chausses », partant de dessous le genou pour aller aux pieds, et qui devinrent nos « bas », tout court, avant que nos « chaussettes » (petites chausses) n'arrivent. Pendant ce temps, les « hauts de chausse » étaient devenus quant à eux des « culottes », pour partir du « cul », mot alors employé sans la moindre connotation de vulgarité.

Ces culottes furent ensuite concurrencées par le pantalon (mot arrivé d'Italie) qui, après avoir, telle notre combinaison, habillé « du col aux pieds », devint un « haut de chausses » plus étroit, qui s'imposa dans les milieux populaires, pour laisser les culottes aux bourgeois et surtout aux aristocrates. De là naquit, à l'époque révolutionnaire, le « sans-culotte » qui portait bel et bien un pantalon et n'allait donc nullement cul nu par les rues... Il n'en avait pas moins de l'aplomb et du « culot », pour être, comme tout individu « culotté », c'est-à-dire bien pourvu... de couilles au cul...

1. Voir encadré *Petite histoire des culottes...* p. 92.

Parfois elles reçoivent leur première jupe et voient leurs cheveux relevés en chignon. Vers la fin du XIXe siècle, avec le culte de l'Immaculée Conception, apparaîtront, parallèlement aux robes de mariée, les costumes blancs des communiantes, transformant pour quelques instants des souillons en véritables princesses.

Assez tôt s'est dégagée côté garçons la coutume du « camarade », aussi appelé le « cousin » de communion, que les filles imitent vers 1870. Marchant côte à côte dans le cortège, les deux adolescents se sentent liés à vie par une solidarité très forte. Chacun sera témoin et garçon d'honneur au mariage de l'autre, parrain de son premier enfant, comme il tiendra plus tard le cordon ou le cierge d'honneur le jour de son enterrement. Malheur, par contre, à l'enfant qui, du fait du nombre impair des communiants, reste seul dans le cortège. Se retrouver « de caffe », selon l'expression consacrée, est sans aucun doute de mauvais augure. Nombre de mères n'hésitent pas à supplier le curé de retarder d'un an la communion de leur enfant pour éviter que cela se produise. À l'issue de la cérémonie, enfin, l'impétrant reçoit un diplôme ou un cachet du curé, et toute la famille part pour le repas de fête qui s'impose peu à peu, cadeaux à l'appui. À l'origine, on n'offre que des objets pieux et bénits par le curé : missel, chapelet, etc. Plus tard vient l'habitude de la montre-oignon dans les milieux aisés. L'enfant interprète parfaitement tous ces gestes. Les garçons savent que le temps de dénicher les oiseaux est révolu, comme les filles celui des marelles. De nouvelles activités s'ouvrent à eux. Ils ont vécu séparés et dans l'ignorance sinon le mépris réciproque. Ils vont désormais avoir régulièrement l'occasion de se retrouver.

APPRENDRE UN MÉTIER ET APPRENDRE À DANSER

L'âge de la première communion et du certificat d'études marque pour les garçons le temps de passer aux choses sérieuses. Lorsque l'exploitation familiale est suffisamment grande pour continuer à le nourrir, le fils va travailler avec le père dans les champs et effectuer dorénavant les mêmes travaux que les hommes. De même, le fils d'artisan est déjà familiarisé avec le travail de son père depuis quelques années, car il est inconcevable, alors, de laisser un enfant inactif ou oisif. Il est arrivé à l'âge de l'apprentissage qui se déroule soit chez son père soit volontiers chez un confrère des environs. L'événement donne alors lieu à un contrat notarié par lequel le maître s'engage à apprendre le métier à son apprenti tout en lui assurant le lit et le couvert.

Cela se passe ainsi partout et dans tous les métiers. C'est le cas de mon ancêtre Léger Deligny, venu seul de Gisors à Paris en 1699, à pied et balluchon sur l'épaule, et dont j'ai pu retrouver le contrat d'apprentissage chez un maître rôtisseur-traiteur, entendez par là un restaurateur ; c'est le cas de Toussaint Guillaumou, envoyé par son père chez un de ses confrères cordonniers de Toulouse à l'âge de treize ans.

L'entrée en apprentissage sera souvent le départ de plusieurs générations dans le métier. Autrefois, en effet, presque tous les métiers se transmettent ainsi de père en fils, du plus simple artisan au conseiller du roi, en passant par le notaire ou le bedeau. Le problème se pose en d'autres termes lorsque le gamin ne peut pas travailler avec son père, pour cause de décès prématuré de celui-ci, ce qui est assez courant.

Dans ce cas, un apprentissage chez un artisan n'est pas toujours facile. Bien souvent, l'alternative se réduit entre le travail en atelier dans les villes, particulièrement dans les métiers du tissage dans le Nord ou le Lyonnais au XVIIIe siècle, puis dans les mines ou les centres métallurgiques au XIXe – voici les galibots de Zola –, ou le travail de main-d'œuvre à la campagne, grossissant la population des nombreux journaliers, manœuvriers, brassiers, comme on les appelle selon les régions.

Pour trouver un travail dans une ferme, il suffit d'aller à la louée, sorte de foire aux domestiques où les candidats peuvent trouver un employeur. Traditionnellement, il s'en tient deux par an. La première, à la Saint-Jean ou à la Saint-Barnabé, propose un louage pour les moissons et les labours d'automne. La seconde, à la Saint-Michel fin septembre ou à la Saint-Martin le 11 novembre, permet de se louer à l'année. Ce sont en général de véritables fêtes, qui valent souvent trois jours chômés, avec bals, jeux et déballages des camelots. Selon les régions, le garçon à louer se signale par un épi de blé à son chapeau ou à sa blouse, une branche de noyer ou une feuille de châtaigner. Certains annoncent également leur spécialité : le charretier porte un fouet autour du cou, le farinier un sac vide, le berger une touffe de laine. Les filles, elles, candidates servantes dans les fermes, ont un bouquet de fleurs à leur corsage, ou tout simplement une rose.

Le maître à la recherche d'un valet accoste celui qui lui plaît, tenant compte évidemment de la force physique que promettent ses bras ou son dos. On discute les gages jamais très élevés – pour ne pas dire symboliques –, les avantages en nature : hébergement, repas, voire paires de bas ou de chaussettes fournies par le maître, et quelques jours de congés, nommés estives ou hyvernes dans certains pays de langue d'oc. Marché conclu, le maître offre un repas ou une chopine au garçon qui s'intégrera bientôt dans la hiérarchie des domestiques de la ferme : berger, valet, premier valet, charretier.

Les filles qui ne se louent pas aident leur mère aux

travaux des femmes : jardinage, basses-cours[1]. Le reste de leur temps est mis à profit pour préparer et broder leur trousseau de mariage qui compte tant de pièces qu'il faut plusieurs années pour le confectionner.

À seize ans, filles et garçons entrent complètement dans le monde des adultes. Ils peuvent désormais participer aux noces, aux * danses, aux fêtes comme celle des * mais ou de la * Saint-Jean. Les garçons accèdent à un certain nombre de jeux : en Savoie, ils ne peuvent jouer aux quilles qu'à partir de cet âge. Ils rejoignent également les diverses assemblées de jeunes gens, bachelleries en Poitou et en Berry – on retrouve le « bachelor » anglais, désignant le célibataire –, bravades en Provence et en comté de Nice, pabordes en Roussillon, etc. Ils ont fait leurs preuves au plan professionnel. À cet âge, certains sont déjà en train de faire leur tour de France. Il leur reste à prouver leur virilité. Il y a bien les bonnes bagarres entre troupes de paroisses voisines et rivales, les chansons paillardes chantées à tue-tête au cours des * charivaris, les mille occasions de la vie quotidienne de démontrer sa force physique, mais il demeure au-dessus de tout cela une occasion privilégiée et qui semble taillée sur mesure à cet effet : l'heure d'être * conscrit a sonné.

« AVIS À LA BELLE JEUNESSE » : LE TEMPS DE FANFAN LA TULIPE

Un verre, ça va. Deux verres, bonjour les drapeaux ! aurait-on pu dire sous Louis XV. En ce temps-là, l'entrée dans l'armée est une bien curieuse aventure qui passe souvent par le cabaret.

À côté de milices et de troupes régionales tirées au sort de façon assez arbitraire, l'armée est principalement fournie

1. Voir article p. 148.

en hommes par des personnages hauts en couleur : les sergents recruteurs. À Paris, ils arpentent en permanence le quai de la Ferraille ou de la Mégisserie, battant le pavé, précédés d'un tambour, pour dénicher les paysans ou les vignerons de passage et les dégoûter de leur état. Ils placardent aux murs ce qui sera la première affiche publicitaire de l'histoire : « Avis à la belle jeunesse ».

En général, les affaires ne marchent pas trop mal. Paris et les autres villes du royaume abritent suffisamment de marginaux pour que nos hommes fassent des recrues. D'autant qu'ils savent promettre à tous ceux qui sauraient leur procurer de beaux gars de généreuses récompenses. Bon an mal an, au XVIIIe siècle, ils trouvent ainsi environ 40 pour 100 de leurs soldats.

Dans les campagnes, ce sergent recruteur ne passe pas inaperçu. Vêtu de son uniforme rutilant, une aigrette guerrière à son bonnet, il improvise une estrade avec quelques planches qu'il décore de drapeaux, fait rouler le tambour et présente une sorte de soldat mannequin qui ébahit tout le monde. Il a des bourses gonflées à souhait à sa ceinture et un « habit à la française » dans lequel les gars rêvent de se pavaner pour séduire les filles : culotte à pont et guêtres serrées au mollet, collet, revers, parements et retroussis de couleurs vives. Variable selon le régiment et tranchant sur le blanc de l'uniforme, la tenue est aussi convaincante que le discours. Enfin, deux barriques de vin savent venir à bout des hésitants. En deux, trois ou quatre verres, un engagement est signé. Notre homme est incorporé le cœur content. Le recruteur n'a-t-il pas promis à « la belle jeunesse de France », aux « grivois de bonne volonté » – grivois est alors pris dans son sens premier de soldat –, ne leur a-t-il pas promis argent et vie de plaisirs ? D'ailleurs, le marché conclu, le garçon n'a-t-il pas déjà reçu largement de quoi boire avant le départ ? Voilà comment, un jour de foire ou de marché, un brave paysan change de vie.

Il va alors intégrer un régiment, propriété d'un colonel, car en ce temps-là le colonel possède son régiment comme l'abbé son abbaye. On y entre après une brève visite médicale d'incorporation. Elle se fait en chemise afin de ne pas incommoder l'entourage par les odeurs que dégagent les corps peu accoutumés au savon.

Connaissez-vous les « colonels à la bavette » ?

À l'origine, le *sergent* n'était ni plus ni moins qu'un « serviteur », le *brigadier* commandait une *brigade,* autrement dit une petite troupe, et le *caporal,* comme le *capitaine* se trouvaient respectivement à la tête (en latin « caput ») d'une dizaine d'hommes pour le premier et d'une centaine pour le second.

Le *commandant* commandait un bataillon (ou un *escadron*, autrement dit, étymologiquement, un bataillon rangé en « carré ») et le *colonel* une « troupe en colonne ». À celui-ci, on adjoignit un *lieutenant-colonel*, dont la vocation était tout simplement de « tenir lieu » de colonel, ce qui était parfois bien utile.

Sous l'Ancien Régime, en effet, les régiments étaient des biens patrimoniaux, que l'on pouvait, tout comme les « offices » (notaires, conseillers du roi...)[1], à la fois acquérir et recevoir en héritage. Il en résultait que l'on pouvait se trouver face à des colonels âgés de cinq ou six ans (on parlait alors de « colonels à la bavette »), qu'il fallait donc bien remplacer en attendant que leur âge leur permette d'assumer correctement leurs fonctions.

Le *général* n'est autre que l'abréviation de « capitaine général » et enfin le *maréchal* – qui, comme on le sait, n'est pas un grade, mais une distinction – vient quant à lui de l'ancien mot franc « marhskal », désignant le garçon d'écurie, lequel mot se trouve également à l'origine de notre *maréchal-ferrant.*

1. Voir p. 165.

On vérifie la taille sous la toise, puis les dents, car un bon soldat doit avoir une denture saine pour déchirer les cartouches.

Cette formalité accomplie, le nouveau soldat prend un surnom que lui donne son chef pour mieux le distinguer sans effort de mémoire. Selon sa place dans les lignes, le voici Fleur d'Épine, Brin d'Amour, La Tulipe où la Jeunesse. S'il vient à mourir ou à déserter – ce qui n'est pas rare –, son remplaçant reprendra son nom. Suit l'apprentissage des armes et de la discipline, souvent particulièrement rigoureuse. Pour la plus légère faute, on peut dans certains régiments se voir infliger quinze coups de plat de sabre sur ses parties charnues. C'est là qu'on commence à déchanter.

Entre les guerres, la solde est maigre et le soldat doit souvent vivre de rapines. Beaucoup de recrues à qui l'incorporation a permis d'échapper à la potence se livrent aux pires exactions. La réputation de l'armée en souffre et les bourgeois interdisent certains lieux publics « aux chiens, aux filles [entendez de mauvaise vie] et aux soldats ». Partout sous l'Ancien Régime l'armée est détestée. Faute de caserne, les villageois sont souvent obligés de loger les soldats. Les cahiers de doléances de 1789 s'en plaignent et demandent sa réforme, voire même quelquefois sa suppression.

Qui pourrait croire alors que quelques années plus tard un complet revirement aura lieu ? La Révolution et Valmy réconcilient pour un temps la France avec son armée. En 1791, pour repousser les troupes étrangères, on assiste à des levées spontanées d'hommes au son de la cloche de l'église. Le maire, sur une estrade tricolore, joue le même rôle qu'autrefois le sergent recruteur. Et puis, n'y a-t-il pas souvent, dans le pays voisin, tel ou tel gars, tel ou tel fils de cordonnier ou de laboureur qui s'est déjà couvert de gloire sur un champ de bataille ? L'enthousiasme est général. On sait que l'on se bat désormais pour soi.

Cependant cet enthousiasme s'essouffle rapidement. L'armée est insatiable. En 1793, il faut 300 000 recrues pour mater le soulèvement vendéen. Les protestations commencent. Les réquisitions s'organisent autour des conseils de révision auxquels beaucoup de nos ancêtres tentent d'échapper. Contre menue monnaie les uns obtiennent du sorcier du village un baume qui les immobilise durant quelque temps. Les autres, recourant à divers acides, à de l'encens, voire à de la poudre d'arsenic, déclenchent des caries dentaires. Sans compter ceux qui se précipitent à l'église pour se marier, car la loi les exemptera. C'est le cas, par exemple, du Berrichon Jean-Baptiste Sassin qui n'hésite pas à épouser une vieille fille laide et sans attrait dans le seul but d'échapper à la levée. Mais tous n'ont pas ces ressources et beaucoup se voient désignés par le maire ou les notables, plus ou moins arbitrairement, avec parfois quelque vengeance personnelle à la clé. Ils envoient, sur les chemins de France et d'Europe, des milliers de « pieds poudreux » qui vont découvrir le monde. Les étapes journalières étant longues et la nostalgie pesante, leur chef loue souvent les services d'un violoneux ou d'un joueur de musette ou de hautbois qui les accompagne jusqu'à la ville voisine. Le soir, le bivouac au milieu de la puanteur, de la vermine et des poux est une expérience nouvelle. Mais ce sera toujours, pour les héros qui en reviennent, particulièrement pour les vétérans des armées de Napoléon souvent recyclés en cabaretiers ou en aubergistes, l'occasion d'évoquer de fabuleux souvenirs lors des * veillées d'hiver.

La vieille armée de métier a définitivement disparu. En 1798, le général Jourdan fait passer une loi instaurant le service militaire obligatoire. En 1804, un système de tirage au sort est mis en place. Il durera jusqu'en 1889 pour ne plus servir, jusqu'en 1905, qu'à désigner l'arme où servira le conscrit. Enfin, de 1802 à 1872, s'instaure même un curieux aménagement : celui du remplacement. Voilà le cadre dans lequel le service militaire connaîtra ses plus grandes heures et fera vraiment figure, dans le monde de nos ancêtres, d'un véritable rite de passage.

ENTRE LE « BIDET » ET LE « LAURIER » : QUAND LES CONSCRITS TIRAIENT AU SORT

Vers la fin de l'année, les « gars de la classe » se réunissent un dimanche à la sortie de la messe. Il en est ainsi chaque semaine. En tenue de conscrit, ils se retrouvent au café du village pour organiser les réjouissances de cette grande année qui compte rudement dans leur vie : être conscrit, c'est être un homme et le montrer à la communauté tout entière.

Ils ont hérité des attributs rituels de la classe précédente partie « faire son temps » depuis quelques mois. Selon les régions, ils ont ainsi reçu un drapeau ou un balai, comme c'est le cas en Forez, ou encore une perche ou un pain – objets au symbolisme phallique évident – sans oublier un clairon, une trompette, une vielle ou tout autre instrument rustique. En chemin, ils s'accompagnent de chansons et de mélopées qu'ils n'ont pas à apprendre tant ils les ont entendues dans les bouches de leurs aînés.

Munis de cet arsenal, ils commencent les tournées. En tout premier lieu, la visite aux « conscrites ». Conduits par leur « président », marchant devant en tenant la canne du tambour major au symbolisme tout aussi limpide, ils se rendent au domicile des filles de la classe. Chacune d'elles fait bon accueil à son conscrit et lui donne un cadeau, en général poule ou lapin.

Les conscrites sont « retenues » pour participer avec eux à diverses fêtes. Ensemble, ils vont allumer le bûcher de sa majesté * Carnaval et celui des feux de la * Saint-Jean. Ils se retrouvent aux * veillées, aux grands * pèlerinages locaux, sans oublier les * bals des différentes fêtes, dont ceux de la « vogue » ou de la * fête patronale. Bien que les filles d'alors soient étroitement surveillées dans leurs fréquentations masculines, leur rencontre avec les conscrits est parfaitement admise, sans doute du fait que les mariages à âges égaux sont assez rares dans nos terroirs. Les « filles de la classe » ont bien souvent déjà des amoureux plus âgés, qui acceptent d'ailleurs parfaitement de les voir jouer ce jeu.

Après la tournée des conscrites, qui a lieu en principe juste après le Nouvel An, les conscrits repartent pour une seconde tournée, peu avant carnaval. Cette fois-ci, ils passent dans toutes les maisons. Selon leurs moyens, les gens leur donnent du saucisson, du lard, des œufs, de l'eau-de-vie, des légumes, des volailles, parfois même de l'argent pour les plus riches ou pour les parents ou parrains d'un des gars de la classe. En échange, les donataires reçoivent des cocardes tricolores, des bouquets ou quelquefois des brioches. Enfin, on ne quitte jamais une maison sans trinquer à la santé de ses habitants, le maître en profitant pour évoquer les souvenirs impérissables de son « temps » désormais bien loin et, avec quelques couplets à l'appui, chacun vante sa descente. Savoir boire est preuve de virilité, et toutes les saouleries des tournées de conscrits sont par avance assurées de la complète indulgence populaire. On sait bien que la jeunesse ne dure jamais longtemps.

La gaieté des conscrits non plus, hélas, car bientôt le jour tant redouté se profile à l'horizon, celui où l'on va en bande, à pied, au chef-lieu de canton, tirer au sort et passer sous la toise.

Après avoir assisté à la messe dans sa paroisse, chaque délégation communale débarque en claironnant sur la place publique du chef-lieu. La grande tenue de conscrit est volontiers composée d'un pantalon jaune et d'un habit bleu, d'un chapeau haut de forme agrémenté de rubans, offerts naturellement par la belle. Le lieu est en pleine effervescence. Les uns se dévisagent entre bandes rivales de communes voisines et ennemies, les autres regardent d'un œil ébahi les camelots et leur déballage. C'est le moment où, sans l'avouer, on serre dans son poing l'amulette qui doit permettre d'échapper à l'armée : os ramassé dans un cimetière à minuit, feuilles de glaïeul, grains de sel, aiguille ayant servi à coudre le linceul d'un mort, ou encore, amulette suprême, un morceau de la délivrance maternelle, conservé à cette unique fin par la mère prévoyante. Certains – ils ne s'en sont pas forcément vantés – sont allés en pèlerinage implorer quelque saint, le « servir » comme on dit dans le Nord et, pour cela, les saints « militaires » comme Maurice, Michel ou Sébastien sont les plus sollicités. Enfin, un gendarme en grande tenue sort de la mairie et appelle les gars selon leur commune, puis par ordre alphabétique.

Le moment de tirer au sort est venu. Une dernière prière et la main calleuse plonge dans une urne remplie de petits papiers roulés comportant un numéro. Selon les cas, c'est un bon ou un mauvais, celui de la chance ou celui d'un long exil de sept à huit ans. Il faut dire que les bons numéros ne sont pas les mêmes pour tous : pour l'État, ce sont ceux qui incorporent, pour les conscrits, ceux qui libèrent.

Le principe est le suivant : s'il faut 107 conscrits pour le canton, on prend les numéros 1 à 107, et on en met quelques-uns en réserve pour le cas où ceux désignés se verraient réformés. Celui qui tire le n° 1 est généralement surnommé le « bidet », c'est-à-dire l'âne. Celui qui tire le plus gros numéro, donc le plus certain de ne pas partir, est appelé le « laurier ».

Vient ensuite l'heure du conseil de révision, véritable test de virilité tant, dans l'esprit populaire, aptitudes sexuelle et militaire vont de pair. Il commence par le passage sous la toise pour voir si l'on atteint bien la taille minimale de un mètre cinquante-quatre ou un mètre cinquante-six, selon l'époque et les besoins de l'armée en hommes. Au début, le conscrit est mesuré nu, couché sur le sol, sur une toise graduée horizontalement. À partir de 1829, cette pratique est jugée inconvenante et au surplus peu rigoureuse. On passe alors à la toise debout. Si l'on a voulu tout à l'heure échapper au tirage au sort, il n'est, pour beaucoup, plus question de risquer une réforme qui mettrait leur virilité en question.

Pourtant, le risque est grand lorsqu'on sait, en observant les archives (1872), qu'un tiers des conscrits a des problèmes physiques graves : 5 pour 100 mesurent moins d'un mètre quarante-cinq, 9 pour 100 sont phtisiques ou rachitiques, 4 pour 100 boiteux ou atteints de hernies, 3 pour 100 sont bossus ou ont des pieds bots ou plats, 2 pour 100 ont des troubles de la vue ou de l'ouïe et 1 pour 100 sont édentés.

Ce sont alors souvent des tricheries en sens inverse, comme le jeu de cartes placé sous les chaussettes auquel avait autrefois recouru le maréchal Davout pour pouvoir entrer dans l'armée.

Le verdict tombe enfin sous la forme d'un de ces trois arrêts : « Bon pour le service », « ajourné » ou « réformé ». Et sur la place publique, chaque spectateur, du père à la promise, sait à quoi s'en tenir dès que son conscrit sort de la mairie.

Les réformés, mine basse, retirent les rubans de leurs chapeaux pendant que les engagés entendent gémir leur promise. C'est un tohu-bohu général. Chacun conserve son numéro qu'il fera souvent encadrer comme souvenir. Pour l'instant, il l'épingle à son chapeau. Souvent, quelque camelot lui vend une belle image imprimée par Pellerin, à Épinal, où, dans un décor agrémenté de Mariannes ou de scènes militaires colorées, il compose le numéro que le gars a tiré. Il lui propose encore d'autres cocardes marquées de slogans du type « Bon pour le service » ou mieux « Bon pour les filles » pendant que, dans un grand tintamarre, le « bidet » est promené sur un âne, comme on sait le faire aussi pour les maris cocus[1].

Enfin, il n'est pas rare d'assister à des batailles rangées entre les bandes de deux communes, l'une s'estimant défavorisée au profit de l'autre lors du tirage au sort. Michel

---

1. Voir article p. 157.

Bozon rapporte ainsi le cas, en Haute-Vienne, d'un véritable pugilat entre les gars des communes de Cognac-le-Froid et de Saint-Laurent-sur-Gorre.

Au cri de « Vive la classe », on se transporte à l'auberge pour y boire aux frais de ceux qui ont tiré de bons numéros et la rentrée se fait tard dans la nuit, toujours dans le bruit et la boisson, voire avec parfois quelque scandale à l'appui. En 1851, les gars de Bray-sur-Seine décident ainsi de faire un détour par le bordel local. Mais c'est compter sans le scrupuleux garde champêtre qui s'oppose à ce qu'ils pénètrent en un tel lieu avec les couleurs de la République. Qu'ils y entrent soit, mais l'un d'eux, à tour de rôle, doit rester à l'extérieur pour tenir le drapeau.

Dès le lendemain, les fils de familles aisées se préoccupent de trouver un remplaçant. De 1802 à 1872, le système permet en effet d'éviter au malchanceux de partir s'il peut payer son remplacement par un garçon plus chanceux que lui, un de sa classe ou d'une classe précédente. Le service militaire est ainsi redouté par les uns comme une entrave à la vie familiale et professionnelle, alors que d'autres en font un moyen de réussite. Pour plus de sécurité, ces contrats sont souvent passés devant notaire. Les tarifs sont élevés : 3 000 F contre sept ans de service en 1865, soit environ quatre années de salaire d'un mineur ou cinq d'un ouvrier agricole. Le remplaçant prolonge souvent ces périodes en acceptant plusieurs contrats successifs. Les tractations sont d'autant plus aisées que, dans nos provinces, des hommes en font un véritable métier. Ainsi, à l'époque des conseils de révision, c'est-à-dire en mars-avril, on peut lire dans *Le Courrier de la Lozère* des avis du type : « Faites remplacer votre fils ! » « Le sieur Seguin, perruquier à Mende, sous l'arcade de la préfecture, a l'honneur de se recommander à la confiance des pères de famille et de leur offrir ses services. Il tient à leur disposition un grand nombre de remplaçants à des prix modérés. » À Lyon, un maître d'armes de son état n'hésite pas quant à lui à ajouter « facilités de paiement ». Avoir un remplaçant dépend donc des ressources familiales qui, dans les campagnes, varient selon le temps et les bonnes ou mauvaises récoltes. Ceux qui refusent de partir et n'ont pas les moyens de se faire remplacer fuient dans les bois ou prennent les chemins ; ils sont alors recherchés comme déserteurs.

Le temps passant, les gars soumis reçoivent un beau matin de novembre ou décembre leur feuille de route. Avant de partir, on prend, après 1900, des « photos de classe ». Le balai ou le drapeau est remis à la classe suivante, et dans le centre de la France, on pend au plafond de l'auberge une bouteille de vin ou de liqueur enrubannée avec diverses inscriptions patriotiques ou grivoises. Le conscrit la dépendra avec force libations à son retour, à moins qu'elle ne tombe toute seule durant son absence, ce qui serait bien évidemment signe qu'un malheur lui est arrivé.

Vient l'heure des adieux, et c'est le départ pour un grand voyage qui est pour beaucoup le seul de leur vie. À pied, puis par le train, on rejoint la caserne, parfois même Paris ou plus exactement le fort de Vincennes. Il faut bien mesurer ici ce que représente alors le fait de quitter le canton. On s'imagine aller à la découverte de contrées étrangères où l'on s'attend presque à trouver des petits hommes verts. Pensez aux conscrits de 1830 que l'on envoie en Algérie ou à ceux qui partent plus tard pour le Tonkin… !

Dès son arrivée, le soldat se fait « tirer le portrait » sur ivoire, puis, lorsque la photographie sera diffusée, sur papier qu'il envoie à tous ses proches. S'il sait écrire, il correspond avec la famille et la promise, qu'il craint toujours de se voir souffler par ceux qui sont restés. Le décompte des jours n'en finit plus. Même si de sept ans le temps de service est réduit à trois en 1889, on attend avec impatience le temps de la « quille », ainsi nommé en référence au nom du bateau qui ramenait autrefois en France les forçats ayant purgé leur peine à Cayenne.

Au retour, banquets et fête accueillent les beaux militaires, toujours prêts à conter leurs exploits. L'année « sacrée », celle qui a précédé leur départ, est désormais bien loin et son souvenir semble bien fade et infantile en comparaison de ceux qu'ils rapportent des pays lointains, de ces pays curieux où les hommes mangent avec des baguettes ou dont les pachas équipent leurs chevaux de selles en or.

Deux bateaux particuliers : *La Quille* et le *Corbeillard*

Si l'on sait que le terme « bidasse », désignant le garçon effectuant son service militaire, est né en 1913, lorsque le comique troupier Bach créa sa chanson « L'ami Bidasse », appelée à devenir un « tube » avant le nom, on ne sait pas où cet auteur le trouva. Tout ce que l'on peut dire est qu'il ne s'agit pas d'un nom de famille, ce qui peut laisser supposer qu'il a été forgé sur le mot « bidet », compte-tenu de son emploi les jours de tirages au sort.

Quoi qu'il en ait été, tout bidasse se respectant mettait autrefois à profit son dernier mois sous les drapeaux pour sculpter une « quille », symbole de sa libération prochaine, elle-même ainsi désignée. Pourquoi la « quille » ? On a dit que ce terme avait pour origine le nom du bateau qui ramenait autrefois les bagnards de Cayenne... Mais faut-il vraiment chercher jusque-là, lorsque l'on regarde le profil de l'objet, phallique à souhait, et donc en totale harmonie avec tout le folklore des conscrits… ?

Il n'empêche que certains noms de bateaux avaient des destins particuliers, comme celui du *Corbeillard*, qui transportait à l'origine vivres et gens entre Corbeil et Paris (d'où son nom) et qui pour avoir, durant une épidémie de peste, au XVIIe siècle, été utilisé pour évacuer les cadavres de la capitale, s'est retrouvé à l'origine de notre… corbillard.

Mais le temps des rêves et de l'aventure est terminé. Tout au plus, à la veillée ou aux champs auprès de leurs bœufs, siffleront-ils parfois, à peine nostalgiques : « As-tu vu la casquette, la casquette, as-tu vu la casquette du père Bugeaud ? » Lorsque le soleil tape dur les jours de moisson, ils racontent que le général Bugeaud avait eu l'idée d'une casquette à deux visières, une pour le front et une pour la nuque. Alors, on boit un bon coup, et chacun reprend le refrain : « As-tu vu la casquette, la casquette, as-tu vu la casquette du père Bugeaud ? »

COUCHER « EN TOUT BIEN TOUT HONNEUR » : LE TEST DE LA FERTILITÉ

Que fait donc M. le Curé de Notre-Dame-de-Boisset (Loire) chaque dimanche après-midi après les vêpres en cette année 1850 ? Que regarde-t-il du haut du clocher de l'église à l'aide d'une lunette d'approche ? Il observe d'un air furieux les réunions entre les gars du pays et les bergères, réunions qui n'ont rien d'innocent. Au début du XXe siècle, une autre anecdote fait état des rencontres que l'on peut faire les soirs d'été sur les routes de Vendée. De chaque côté de la route, au bord des talus, d'énormes parapluies violets cachent aux regards indiscrets les étreintes des amants.

En 1805, un témoin raconte que, le samedi soir, dans le pays de Montbéliard, les gars vont en groupe rendre visite à une belle qui choisit l'un d'eux pour passer la nuit. Deux siècles plus tôt en Piémont, on appelle « albergement » ces visites des garçons aux filles. « Celles-ci, après avoir conclu un pacte pour conserver leur pudicité, et ne rencontrant pas d'opposition de la part de leurs parents, ne leur refusent pas : elles s'en remettent follement à leur loyauté, seule à seul dans le même lit, ayant cependant gardé leur chemise. Là, malgré le vain obstacle de la chemise, il arrive très fréquemment que la fureur sexuelle force ce pacte ridicule et les verrous de la virginité, et que deviennent femmes celles qui peu de temps avant étaient encore vierges. »

On n'en finirait pas d'énumérer les exemples de ce genre, de ce que nos ancêtres appelaient souvent « coucher en tout bien tout honneur ». En Corse, le concubinage prénuptial est extrêmement fréquent, comme l'est en Pays basque le « mariage à l'essai ». Ainsi, à Saint-Pée, les jeunes filles qui passent leurs journées dominicales à l'église passent les nuits suivantes avec les gars. Le concubinage bat-il déjà en brèche le mariage ? Évidemment non. Ces comportements doivent être replacés dans le contexte social et moral de l'époque.

Tout d'abord, les filles ne laissent pas si facilement « aller le chat au fromage ». Par ailleurs, « emprunter un pain sur la fournée » n'est pas alors formellement condamné par la *vox populi*. Dans nos campagnes, les gars aiment bien « essayer les filles » avant de les épouser. Dans un temps où les liens du mariage sont indissolubles, mieux vaut savoir où l'on va et surtout s'assurer de la fertilité de sa future épouse quitte, pour accélérer le processus du mariage, à demander ensuite la dispense des deuxième ou troisième bans à l'église. Statistiquement, on sait qu'aux XVIIe et XVIIIe siècles les premiers enfants d'un couple ont été conçus avant son mariage dans environ 10 à 14 pour 100 des cas. Si les naissances illégitimes sont rares, c'est que la jeune fille mise enceinte dans ces circonstances n'est pas abandonnée. La virginité n'a pas encore la valeur qu'elle prendra un siècle plus tard, surtout avec le culte de l'Immaculée Conception. Chacun connaît les lois de la nature et les gère de son mieux. Chaque père sait que « filles et vignes sont difficiles à garder : il y a toujours quelqu'un qui passe et qui voudrait en tâter ». De la chasteté des garçons, on ne se soucie guère : « Serre tes poules, dit l'adage, car j'ai lâché mes coqs. » Les plus à craindre sont finalement les valets de ferme, véritables loups dans la bergerie et que l'on surveille étroitement. Pour le reste, chacun s'en remet plus ou moins à la nature.

M. le Curé grince donc des dents et peste sans arrêt. Il se souvient comme l'Église a dû lutter pour imposer le sacrement de mariage au début du Moyen Âge, puis, à la Renaissance, contre la pratique des mariages clandestins. Il ne cesse de rappeler que la seule façon d'éviter le péché de chair est de se marier, comme il doit rappeler aux gens mariés que la seule fin du mariage est la procréation. Il est un temps pour chaque chose et le passage de l'un à l'autre se fait par le mariage.

D'ailleurs, tout le monde ne doit-il pas se marier ? Les célibataires, à ses yeux, sont des gens facilement suspects. Mais en réalité, les célibataires, rares, sont des marginaux. Avant la Révolution, le célibat n'est pas un état social possible. Toute vie, tant économique que sociale, est basée sur le couple. Excepté les malades mentaux ou certains handicapés physiques, les rares célibataires se voient automatiquement isolés, surtout dans les villes. Quant aux filles, leur nombre ayant toujours été sensiblement supérieur à celui des garçons, on trouve quelques esseulées devenues bonnes de curé, servantes de ferme ou de château, sans compter toutes celles qui se dirigent vers les monastères. Les vieilles filles caricaturales vont surtout apparaître au XIXe siècle, parallèlement au développement en ville du concubinage ouvrier dû à la fois à la baisse de la pratique religieuse et à la disparition des considérations matérielles ou patrimoniales.

Dans le monde ouvrier la procédure du mariage est différente de celle de la campagne. L'homme rencontre sa femme dans un bal ou dans l'escalier, et c'est l'affaire qui court. Si l'on a quelque argent, on invite les amis dans une guinguette. Jamais le mariage ouvrier, lorsqu'il est pratiqué, n'atteint les complexités du mariage rural. Il est vrai que l'enjeu n'est pas comparable et que l'on ne choisit pas un mari ou une femme selon les mêmes critères.

« ÊTRE PARENT OU PAS » TELLE EST LA QUESTION

« Si tu le peux, marie-toi dans ton village, et si tu le peux dans ta rue, et si tu le peux dans ta maison », conseille un adage ancien.

Autrefois, le choix du conjoint n'est jamais laissé au hasard. Le mariage n'est pas l'affaire de deux personnes, mais de deux familles et d'un groupe social tout entier : celui du village. Certes, il existe en France divers types de structures familiales d'où ressortent des règles plus ou moins souples selon des processus juridiques et sociologiques fort complexes. Cependant il est d'usage de se marier dans son milieu. Les âges, les standings familiaux comme les professions doivent être appareillés. Une fille de cordonnier ne saurait pas aider un vigneron au travail de la vigne et vice versa. De la même façon, on répugne à épouser un étranger, et l'on sait qu'à ces époques quelques kilomètres suffisent pour se voir considérer comme tel. Jusqu'au début du XIXe siècle, 70 pour 100 des garçons épousent une fille de leur paroisse alors que les filles, qui sortent moins, s'y marient à 90 pour 100 ! Proportions encore plus fortes dans certaines régions montagneuses ou retirées. Se marier avec un gars d'une autre commune est longtemps sanctionné par la communauté des jeunes qui oblige le marié à leur offrir à boire, quand ils ne le « bizutent » pas avec des pratiques comme le * charivari. On ne plaisante pas sur ces questions !

La plupart des paroisses d'antan recensent assez de filles et de garçons pour que chacun puisse y faire son choix. Mais les choses se compliquent lorsque l'on transgresse les interdits édictés par l'Église dans sa lutte contre l'inceste. Or, en ces temps-là, l'Église a de l'inceste une définition particulièrement large qui entrave à tout moment les amourettes villageoises. Si elle se contentait de bannir les unions entre proches parents, voire entre cousins germains, on ne s'en plaindrait pas, car de tels mariages sont peu estimés. « Mariages entre parents, courte vie et longs tourments », dit-on en Gascogne et en Provence, et partout l'on raconte qu'ils ne donnent que des enfants débiles, monstrueux ou souffreteux. Mais l'Église va beaucoup plus loin. En effet, elle interdit le mariage jusqu'au septième degré de parenté jusqu'au concile de Latran, puis, du XIIe siècle à 1917, jusqu'au quatrième degré. De ce fait, un homme ne peut alors épouser aucune de ses cousines issues d'issus de germains, c'est-à-dire aucune des arrière-petites-filles des frères et sœurs de chacun de ses huit arrière-arrière-grands-parents. Concrètement, à ce degré et aux degrés intermédiaires, il en comptabilise facilement plusieurs centaines, soit près des deux tiers des filles du village qui lui sont de ce fait interdites. À toutes ces parentés, l'Église ajoute celles par affinité qui, contrairement aux précédentes, résultent non du sang mais d'une alliance. Un veuf, par exemple, ne peut épouser ni ses cousines ni celles de son épouse à commencer par ses sœurs. Enfin est pareillement prohibée l'union avec un « parent par l'esprit ». On a vu que le * baptême donnait à l'enfant, conjointement aux parents par la chair, des parents nouveaux en la personne du parrain et de la marraine. La logique de ce système poussée jusqu'au bout interdit donc tout mariage entre le parrain et la marraine d'un même enfant, entre le parrain et la mère de son filleul, entre le parrain et sa filleule, etc.

C'est dans ce contexte que notre homme doit trouver une épouse ; or, s'il veut respecter les bonnes habitudes de se marier « ni trop loin ni trop près », autrement dit ni avec une étrangère ni avec une proche parente, il risque fort de rester célibataire. Heureusement, l'Église accorde assez facilement une dispense moyennant quelque menue obole, surtout pour les degrés éloignés. Le cure défend la cause auprès de l'évêque en invoquant l'étroitesse du lieu, l'âge avancé de la fille, ou encore l'intérêt des familles et le fait que le mariage sollicité permettrait, en ramenant un pré ou un puits dans la corbeille de la belle, de rétablir une paix rompue depuis plusieurs générations dans un même hameau.

Pourquoi dit-on cousins « germains » ?

Il n'y a pas en fait que les cousins qui peuvent se voir qualifier de « germains » et l'on parle tout aussi bien de frères « germains » et de sœurs « germaines ». Qu'entend-on par là ?

Le mot n'a rien à voir avec l'ancien peuple des Germains, habitants de la Germanie, désignés ainsi à l'origine par les Romains, d'après un mot latin signifiant « primitif ».

Il n'a rien à voir, non plus, avec nos prénoms Germain et Germaine, popularisés très tôt par saint Germain-l'Auxerrois, ainsi surnommé d'après sa cité d'origine.

Le terme, en fait, vient plus simplement du mot « germe » et était presque un pléonasme, en ce qu'il désignait des frères et des sœurs (comme on trouve, en espagnol, ses équivalents *hermano* et *hermana),* en référence au même germe qui les avait fabriqués. Pas complètement un pléonasme, puisque permettant de différencier les cas de frères et sœurs ayant même père et même mère (justement dits « germain(e)s) » des demi-frères et demi-sœurs, nés seulement d'un même père ou d'une même mère.

Les premiers se sont vus nommer « consanguins » et les seconds « utérins », en témoignage des connaissances ou plutôt des ignorances anciennes, faisant penser que le père transmettait à lui seul la vie (le sang) et que la femme ne faisait que prêter son corps (via son utérus) comme réceptacle.

L'agrandissement du patrimoine foncier a évidemment longtemps été une des grandes préoccupations des paysans en matière de mariage, autant que le souci d'échapper au célibat et d'avoir une femme et des enfants pour aider à l'exploitation familiale. Dans chaque famille donc, les anciens mémorisent tous ces réseaux de parentés et d'alliances quand ils ne retiennent pas, comme dans certaines régions, toute une série d'informations sur les dots versées par telle ou telle famille à telle ou telle autre, afin de pouvoir, par de subtiles chaînes de mariages, récupérer celle versée à telle maison lors d'une union célébrée trois générations plus tôt. Ils savent où l'on peut se marier pour faire une union assortie comme ils savent encourager dans certains cas des « mariages en gendre » – épousailles d'une héritière chez qui l'on va s'installer pour y succéder aux parents. Souvent ils poussent aussi les jeunes à des mariages doubles. Le fait qu'un frère et une sœur épousent une sœur et un frère économise généralement la dot. Épouser la sœur de la femme de son frère permet de rester en pays de connaissance et semble en principe assurer la concorde entre les deux sœurs devenues belles-sœurs et fréquemment appelées à vivre sous le même toit.

Dans certaines régions ces traditions se maintiennent jusqu'à la fin du XIXe siècle tant elles se révèlent fortement ancrées dans les familles et dans les professions.

De tout temps, les règles des mariages princiers ont aussi imposé ces pratiques. Les exemples les plus frappants étant ceux de Louis XIV et Marie-Thérèse, qui étaient deux fois cousins germains et avaient les mêmes quatre grands-parents. Le précédent comte de Paris, dont les grands-parents étaient tous les quatre des petits-enfants de Louis-Philippe, avait épousé une descendante de ce même roi. Il en va souvent de même dans les familles nombreuses connues ou inconnues, pour lesquelles l'intérêt patrimonial prime avant tout. En 1872, un mariage Rothschild unit deux cousins dont les quatre parents portent le même nom, phénomène tout de même assez rare mais qui existe également dans des familles beaucoup plus obscures. Ainsi en 1822, dans mon Morvan a été célébré le mariage d'un Duverne avec une Duverne, veuve d'un autre Duverne. Non seulement les quatre parents sont tous nés Duverne, mais le maire, le curé et le notaire qui reçoivent les actes portent le même nom et sont de proches parents. Dans cette famille, pas moins de vingt-deux mariages entre parents de même nom ont été recensés.

Dans de nombreuses professions en ville, à commencer par Paris, on se marie « entre soi ». J'ai pu ainsi retrouver parmi mes ancêtres des lignées de rôtisseurs, de maréchaux-ferrants, de charrons, de notaires et même de bedeaux. Même chez les bourreaux – dont je ne descends pas – était unanimement rejetés de la société, ils n'avaient d'autre ressource que d'épouser la fille d'un collègue, qui de ce fait était presque toujours une parente. Les dynasties tristement célèbres comme celles des Jouenne et des Sanson sont là pour le prouver.

Dans les régions isolées, l'habitude s'est perpétuée pendant longtemps. Lorsque l'Église limite l'interdit de parenté au degré de cousin issu de germain en 1917, la Corse, la Bretagne, les Alpes, l'Auvergne, les Pyrénées ont ainsi continué à consommer bon nombre de dispenses de parentés et ce, jusqu'à la dernière guerre.

Mais où l'amour est-il donc dans toutes ces histoires de mariage ?

L'AMOUR CONTRE LA RAISON UNE SEULE RECETTE : L'HERBE A CHATS !

Jacques Ménétra[1] a vingt-sept ans, il est maître vitrier à Paris. Encore célibataire, il a, comme on dit alors, brûlé la chandelle par les deux bouts. Un soir, un ami plus âgé lui fait gentiment la morale et lui dit qu'il connaît une fille aimable et sage et qui a quelque avoir.

---

1. *Cf. Journal de ma vie*, Jacques-Louis Ménétra, compagnon vitrier, cité en bibliographie.

« Je crois que ce fut la première fois, raconte Ménétra, que je pensai sérieusement à me mettre sous les liens de l'hymen. Je lui demandai de faire l'entrevue de la personne dont il m'annonçait tant de bien. L'entrevue se fit. L'objet me plut, et je convins. Nous fûmes bientôt d'accord. Il y avait six concurrents et je l'emportai sur tous ces aspirants. »

Autre témoignage, toujours à Paris, de Sébastien Mercier, en 1790. Chez les bourgeois, le garçon vient le dimanche après vêpres faire une partie de « mouche ». Il s'arrange pour perdre et demande la permission de revenir. La fille fait « la petite bouche », ce qui prouve son désir de le revoir. Le dimanche suivant, c'est une promenade à quatre. Bientôt l'affaire est conclue.

Chez les gens socialement plus élevés le même témoin cite le cas où la femme de chambre apprend à la jeune fille de la maison que ses parents ont décidé de la marier et que le soir même on doit signer le contrat. Les personnages de Molière ne sont pas loin.

Mode urbaine ? Pas du tout. Le 12 septembre 1872, un petit propriétaire terrien de la Nièvre cherche à établir son neveu avec la fille d'un de ses voisins. Il expose la situation de son protégé à l'occasion d'un jour de foire, demandant si l'on « accepterait pour gendre un jeune homme, bien de sa personne, âgé de vingt-neuf ans, ayant des sentiments religieux, devant avoir une soixantaine de mille francs de ses parents, et comme occupation présente une ferme à exploiter dans laquelle il possède un cheptel ». En face, on accepte « de voir ». Le jeune homme vient en visite, sous le prétexte d'affaires. Il aperçoit, quelques minutes seulement, la jeune fille de vingt et un ans. On prend quelques renseignements complémentaires sur lui auprès du curé ou du notaire. Ces renseignements s'avérant satisfaisants, la mère lui écrit : « Monsieur. Après avoir réfléchi, mon mari et moi, à la demande que vous nous avez adressée au sujet de notre jeune fille, je viens vous dire que nous agréons cette demande et que nous vous recevrons chaque fois qu'il vous sera agréable de venir. » Le 30 octobre, l'heureux soupirant va chercher son billet de confession chez le curé et le 5 novembre, il a la bague au doigt.

En 1909, les parents d'une de mes arrière-grands-mères, résidant alors à Mauriac dans le Cantal, reçoivent la lettre d'une de leurs anciennes amies de Châtillon-en-Bazois. La jeune femme leur signale qu'elle a un jeune oncle célibataire de trente-deux ans qui pourrait convenir à leur fille. Elle se propose d'organiser une rencontre. Avec l'accord des parents, le rendez-vous est pris pour l'été à La Bourboule. On échange quelques mots et la demande suit. On se revoit pour les fiançailles, pour le mariage d'une parente, et c'est bientôt leur tour, tout juste un an après.

Plus récemment, en 1930, les parents de Georges connaissent une vieille dame qui a une petite-fille. À l'occasion d'une messe de mariage à la Madeleine, on organise une rencontre « fortuite ». Il pleut. Georges offre à la jeune fille de l'abriter sous son parapluie et quelques pas rue Royale marquent le début de cinquante années de vie commune.

Tous ces mariages arrangés, qui semblent naître en ville pour devenir de règle dans toute la bourgeoisie tant urbaine que rurale, laissent-ils une place à l'amour ? Oui, dit-on alors, car l'amour naît plus tard, au fil de la vie quotidienne.

Comment faire autrement dans cette société où la virginité est jalousement préservée, mais où l'on a toujours hâte d'établir sa fille avant qu'il ne lui arrive un « accident » Aussi avant qu'elle ne soit trop vieille car, on le répète souvent, « marchandise trop longtemps gardée perd de son prix » ?

À la campagne, où la virginité compte moins, épouse-t-on pour cela davantage par amour ? Cela ne semble être ni un idéal ni une nécessité. Le physique, par exemple, n'est guère considéré. Une belle fille, selon les proverbes régionaux, est réputée fainéante, rude et rebelle, enfin mauvaise tête. On dit qu'« une jolie fille a sept défauts », et « qui cherche une rose trouve souvent une bouse », sans oublier que « belle rose devient gratte-cul ». On préfère nettement la loyauté, le courage et l'honnêteté. « Fille oisive, à mal pensive » et « femme qui sort beaucoup à la rue tient sa maison comme un fumier », dit-on encore en Gascogne. Finalement, une femme belle complique la vie et la sagesse veut que l'on sache s'en garder.

Pour séduire, on s'en remet donc volontiers à « l'herbe à chats », un certaine plante couramment récoltée qui a la réputation de rendre amoureux. En Vendée, la jeune fille voulant se faire aimer d'un garçon doit lui faire manger un gâteau où elle aura fait entrer quelques gouttes de son sang. Mais comment savoir, là encore, si ces recettes étaient utilisées pour favoriser des mariages d'argent ou, au contraire, des mariages « d'inclination ». Finalement, comme l'a dit Martine Segalen, l'amour, autrefois, semble bien avoir été le « privilège des pauvres ».

QUAND ARRIVE LE « CROQUE-AVOINE » : CODE AMOUREUX ET RÉPONSES CODIFIÉES

Dès l'âge de treize à quatorze ans, les filles ont un loisir tout trouvé : le trousseau. À tout instant, des années durant, elles vont coudre, broder, froncer, amidonner. Chacune, craignant d'être laissée pour compte, prie sainte Catherine, va en pèlerinage visiter Notre-Dame, effeuille la marguerite ou interroge les coucous ou les coccinelles, jette des épingles dans l'eau de quelque fontaine, sacrée de préférence… Le galant, parfois, tarde à se présenter, car évidemment c'est à l'homme qu'il appartient de faire les premiers pas. Il tarde d'autant plus que, sous l'Ancien Régime, tout au moins aux XVIIe et XVIIIe siècles, on se marie tard. Souvent les garçons sont « placés » en apprentissage ou comme valet ou charretier chez quelque parent plus aisé. Devant attendre le décès des leurs pour avoir de quoi s'établir, ils ne se décident qu'à vingt-sept ou vingt-huit ans, voire plus, et choisissent une fille de trois, quatre ans de moins, se méfiant des trop gros écarts d'âge. En un temps où la contraception est inconnue, le mariage tardif a un excellent effet régulateur. Il évite à la femme de dépasser les quinze grossesses[1] et permet également, en attendant, de mieux repérer les partis « épousables » en fonction des règles établies.

Quand vient le temps du choix parmi les conjoints possibles, chacun se connaît bien. Parent ou non, on s'est côtoyé depuis l'enfance et l'on se rencontre encore régulièrement aux champs, aux foires, aux pèlerinages, aux fêtes et aux veillées. On connaît la réputation de chacun et de chacune. En public, on n'ose pas trop se parler, mais on se rattrape du regard. Les filles, souvent, se montrent en groupe, marchant bras dessus bras dessous par trois ou quatre. Celles du milieu, se sentant plus protégées, n'hésitent pas à aguicher les gars.

Les cérémonies de mariage sont des occasions de rencontrer l'âme sœur. « Qui va à la noce va chercher une fiancée », déclare-t-on en Alsace. De fait, tout est prévu pour cela. Les « couples d'honneur » sont minutieusement choisis et chargés de probabilités matrimoniales, au point que si l'on est déjà engagé secrètement, l'on doit refuser cet honneur. De même la mariée, ôtant sa couronne, en distribue les épingles aux jeunes filles. Ne pas en donner à l'une d'elles serait considéré, non comme une manœuvre vexatoire, mais comme une malveillance destinée à lui ôter des chances de se marier.

D'une façon ou d'une autre, les « galants » arrivent donc toujours à leurs fins. Ils « courent » ou « blondent » les filles et les belles. Puis, l'affaire prenant corps, des couples se constituent. On cause, on se guette, on se suit : là encore les mots varient. Seuls, à l'abri des regards des parents, on se promène en se tenant par le petit doigt. On

1. Voir article p. 141.

flirte, dirait-on aujourd'hui, sans savoir que ce mot anglais tient son origine dans l'expression française « conter fleurette ».

Le code amoureux peut étonner. Il tient plus souvent de la gymnastique ou de la boxe que de l'érotisme. On se frotte les hanches, on se crache dans la bouche, on se donne des bourrades, comme en Bretagne, ou on se tord le bras. Mais ces fréquentations sont souvent longues et l'on comprend mieux pourquoi certains « chats » sont tentés « d'aller au fromage[1] ».

Arrive le temps de la demande. L'hiver est une saison propice car « l'oie est au pot et le cochon au saloir », et les veillées permettent de mieux faire connaissance. La demande vient du jeune homme ou de son père, mais parfois l'intermédiaire d'un « professionnel » est requis. Chaque village a ses entremetteurs spécialisés, souvent recrutés parmi les bergers ou les tailleurs d'habits car ces derniers, travaillant à domicile, ont l'occasion de passer dans les maisons prendre et livrer les commandes. Notre homme, appelé selon les régions « merlet », « marieur » « kouriter » en Bretagne, « accordeur », « ambassadeur », « couratier », « menadour », mais aussi curieusement « croque-avoine » ou « coupe-jarret », s'équipe d'un bâton blanc – écorcé – enrubanné, ou d'un rameau de genêt, et va se présenter chez les parents.

Une demande ne saurait être refusée. Certes, on évince les mauvais candidats mais, dans nos villages, l'étiquette et la susceptibilité sont très exacerbées et on fait en sorte d'éviter des paroles définitives. Les parents recourent donc à tout un langage codé pour se faire comprendre sans donner de réponse. Prier ou non de s'asseoir, rouler ou dérouler son tablier, mettre ostensiblement un ustensile à l'envers, éteindre le feu ou le tisonner, offrir un repas maigre ou un repas gras (omelette ou viande), comme encore tendre une « caissate » (casserole en lorrain) vide au demandeur sont

1. Voir article p. 118.

des actes que chacun sait parfaitement interpréter. On peut alors se retirer sans avoir été offensé ou rester et poursuivre les discussions qui seront encore longues avant que l'on ne scelle l'accord en se frappant dans les mains ou en choquant les verres.

De ce jour-là, le futur est admis à visiter sa promise chez elle, à lui faire officiellement de menus cadeaux : foulards, mouchoirs... comme aussi à venir aider son futur beau-père lors des gros travaux d'été. Une suite de rites et de comportements, tantôt graves, gais, burlesques ou grivois, vont ainsi se succéder jusqu'au jour du mariage.

L'AFFAIRE QUI COURT ET L'ARMOIRE QUI S'OUVRE

Pendant que les promis échangent des baisers, quelquefois plus, et les cadeaux de fiançailles – « bagues et joyaux » pour la fiancée, fine chemise de chanvre pour le marié, chemise dans laquelle il se mariera et dans laquelle aussi il sera enterré quand viendra « l'heure des heures » –, pendant que les promis « font l'amour » au sens ancien du terme, les pères discutent affaire. On visite les fermes et on négocie les dots.

Bientôt, on publie les bans, pour lesquels une dispense[1] est parfois requise. Ceux qui, au village, connaîtraient des empêchements, en particulier pour cause de parenté ou d'affinité, doivent se manifester. Rares sont ceux qui s'y risquent car ils craignent de se voir rapidement traduits en justice pour abus de procédure.

Le futur, de son côté, enterre sa vie de garçon, ce qui, quelquefois, donne lieu à des scènes théâtrales. Dans le

1. Voir article p. 118.

Vivarais, on ne parle pas à demi-mot et on n'hésite pas à le placer dans un cercueil auquel on met le feu pour qu'il en sorte au milieu des flammes.

Bandits et banlieues : quel rapport ?

Publier les « bans » d'un mariage n'a jamais voulu dire réserver les sièges…

Même si nos ancêtres ignoraient l'orthographe, le « banc » sur lequel on s'assied n'a jamais été confondu, autrefois, avec le « ban » que l'on publiait.

Aux temps féodaux, le « pouvoir de ban » était le droit de légiférer et d'organiser, à l'origine par proclamation. Le « banvin » était ainsi la proclamation de l'ouverture officielle du marché du vin nouveau, comme le « ban des vendanges » en fixait le calendrier. Le four et le pressoir « banaux » étaient ceux appartenant au suzerain et qu'il était obligatoire d'utiliser. Qui était hors la loi était dit « hors ban » ou *forban* et se voyait *banni* et alors volontiers appelé *bandit.* L'espace géographique sur lequel s'exerçait ce pouvoir de police générale était appelé le « ban », et ce terme fut notamment longtemps employé en Alsace et en Lorraine, où l'on trouve encore Le Ban de la Roche. De lui vient aussi notre « banlieue », désignant à l'origine un espace d'une lieue, tout autour de la ville et sur lequel celle-ci exerçait son « droit de ban », espace qui lui était donc rattaché du point de vue administratif.

Le seigneur, de même, requérait l'aide, lors d'une guerre, de tous ses vassaux, en publiant, pour les vassaux directs, le « ban », et pour les autres « l'arrière-ban », où aucun d'eux n'aurait pu s'asseoir…

La veille ou l'avant-veille du mariage, le notaire est convoqué pour rédiger le contrat.

Les époux s'engagent à se marier « au plus tôt devant Dieu, selon le rite de la sainte Église apostolique et romaine ». On précise les droits et apports de chacun, éventuellement l'engagement à résider chez les parents de l'un d'eux pour y « vivre à même pain et même pot », y travailler ensemble et leur obéir en toutes choses. On fixe le montant de la dot, révélateur de l'aisance familiale. En Creuse, bien souvent, c'est la mariée elle-même qui se l'est constituée en vendant ses cheveux à un marchand ambulant qui les revendra au perruquier. Voilà pourquoi, en cette région, les mariées portent volontiers un bonnet bien serré le jour de la noce.

Dans le contrat, on énumère aussi les « ors », dons de bagues et de bijoux, et enfin le trousseau. Une grande partie de la parenté est déjà réunie pour lui donner toute la solennité nécessaire, à la grande joie des généalogistes d'aujourd'hui que son énumération comble de satisfaction en leur offrant une véritable photographie du groupe familial. Toute une assemblée qui accepte le mariage et opine du bonnet à la lecture du contrat, voire à chaque élément constitutif du trousseau.

Ce trousseau, une véritable malle au trésor, est livré aux jeunes époux la veille, le jour ou le lendemain des noces, sur un char fleuri, parfois à dos de mulet, mais toujours au milieu des chants et des rires. Avant de devenir au XIXe siècle une de ces belles armoires qui restent dans les familles, la pièce principale du trousseau est presque toujours un coffre décoré des initiales des mariés sculptées dans le bois et enjolivées de quelque entrelacs, cœur ou dessin symbolique et de bon augure. Ce coffre de bois est dit, selon les milieux, « de chêne, ferré et fermant à clef » ou simple « caisse sapine ». Il contient tout le trousseau énuméré au contrat : chemises de chanvre, bas, vaisselle (écuelles de bois, de terre ou d'étain, gobelets, cuillères), linceuls c'est-à-dire draps, mis à part les « deux linceux de toile bâtarde » (les autres étant de « grosse toile ») destinés à recevoir en leur temps les dépouilles mortelles de chacun des époux.

Si le linge abonde toujours, comme on peut le voir le jour de la * lessive, s'y ajoutent souvent ce que l'on nomme parfois le « fardeau », avec le plus souvent un lit, mais aussi parfois des mesures de grains pour aider le jeune ménage ou le futur beau-père à ensemencer son champ au printemps ou à l'automne prochain. J'ai trouvé plusieurs fois consigné un « mestier à tisser », sans doute pour proposer au gendre une plus saine occupation que de courir les cabarets. Enfin, quelques présents supplémentaires révèlent les ressources des familles : une cavale (une jument, en Lorraine), une ouaille (une brebis) ou une vache et son suivant (son veau).

L'assemblée présente installe le coffre ou l'armoire en un endroit d'où on ne les bougera jamais plus, tout comme le lit que le curé du village vient parfois bénir avant le jour des noces.

Les invitations à la noce sont faites à domicile par les mariés. En moyenne, l'on compte entre vingt et cinquante personnes, voire quatre-vingts à cent dans les familles aisées. En Bretagne, on monte cependant jusqu'à plusieurs centaines d'invités, au point que la réunion ne peut pas, comme ailleurs, avoir lieu dans la salle commune ou une grange décorée de draps et de bouquets de fleurs des champs. On s'installe alors dans un pré, près de la ferme, et chacun doit apporter son couvert. Les sièges sont modelés dans la terre quelques jours plus tôt par une disposition habile de tertres et de fossés, comme le montrent quelques cartes postales du début du siècle.

Dans ces mariages, en guise de cadeau, chaque invité apporte souvent son écot en nature : viande salée, volailles, gâteau, mais en prime, la joie et la bonne humeur : le lendemain, c'est le grand jour.

ON SE MARIE EN DÉBUT DE SEMAINE ET LA MARIÉE N'EST PAS EN BLANC !

Au fil de l'année, les choses se sont précisées. Fouettée à * Noël symboliquement et de façon simulée, la « garce » (féminin de gars, pris alors dans un sens non péjoratif) a été élue par un gars au * 1er mai, par le truchement de quelque branche de charme ou d'aubépine, parfois pesée fin * mai à la sortie de la messe, elle a enfin, en tant que fiancée, sauté avec son fiancé au-dessus des braises du feu de la * Saint-Jean d'été[1]. Il ne reste plus qu'à fixer le jour du mariage.

Le vendredi est exclu car c'est jour de deuil et de jeûne en souvenir de la mort de Jésus-Christ. Le prêtre refuserait catégoriquement de donner sa bénédiction pour avoir été, dit-on, le jour ou Judas avait vendu le Christ. Le dimanche, de son côté, est traditionnellement réservé au culte, et le clergé a suffisamment à faire avec les messes, petites et grandes, et les vêpres, pour aller y ajouter des épousailles. Contrairement à ce que nous connaissons aujourd'hui, la fin de semaine est donc boudée au profit des trois premiers jours. Le mardi est regardé comme de bon augure, et le jeudi évité, sans doute parce que les festivités se prolongeraient jusqu'au vendredi. De plus, on dit que les mariages du jeudi font les mariés cocus.

Le jour choisi est obligatoirement un jour « ouvrier ». Impossible de se marier un jour de fête, ni d'ailleurs un des jours où l'on honore la Vierge Marie (* Chandeleur, Visitation, etc.). Il en va de même pour les mois. Formellement interdit pendant les temps de pénitence (frappés d'abstinence sexuelle) de l'* Avent et du * carême, le mariage est aussi évité en mai et en été. La raison de la défaveur de mai est assez floue. Ce mois étant devenu le mois de Marie

1. Voir à ce sujet les articles du « Roman vrai d'une année ».

au XIXe siècle, il ne pouvait donc pas avoir d'incidence auparavant. Il semble cependant que, de tout temps, on se soit méfié des noces de mai. « Noces de mai, noces mortelles », « en mai, les méchants se marient », « mariages de mai ne fleurissent jamais », « les mégères s'épousent en

De toutes les couleurs

Presque tous les noms de nos couleurs viennent du latin, comme *blanc* et *noir, jaune, rouge, vert, rose, violet.* Sauf *orange*, qui vient du mot persan « nàrandj », et fut rapidement utilisé pour désigner le nouveau fruit, d'abord appelé « pomme orange », et sauf *bleu*, qui seul est issu de l'ancienne langue franque. Pourquoi ? Difficile de le dire…

Ce qui est plus étonnant, c'est que l'on connut, au Moyen Âge, un autre éventail d'appellations, qui furent utilisées en héraldique, pour décrire les blasons, et qui procèdent de tout autres origines :

– le « bleu » y est nommé « azur », d'après un mot arabe (lazaward), dont le « l » avait été pris pour un article. Logique : n'oublions pas que le blason s'est surtout développé au temps des Croisades, pour permettre aux combattants de mieux s'identifier lors des batailles,

– le vert y est appelé « sinople », en référence à la couleur de la terre de Sinope, région d'Asie Mineure.

– le noir y est nommé « sable », en référence non pas à celui des plages, mais au mot russo-polonais « sabol »,

– le rouge enfin y est nommé « gueules », en référence dit-on, aux peaux des gosiers de martres, que l'on aurait alors coutume d'utiliser pour représenter cette couleur sur les boucliers.

mai », affirment à tour de rôle une légion de dictons à travers le pays. En revanche la volonté d'éviter les mois d'été est simplement due au fait que ce sont ceux des gros travaux de fenaison et de moisson et qu'il est impossible d'y prendre le temps de s'amuser. Autrefois à la campagne les mariages ont donc lieu surtout en janvier et en février, entre « les Rois » et le carême, et en novembre, après les derniers travaux de vendange, de labour et de semailles et avant le temps de l'Avent. Étant donné le choix limité de dates, les mariages se font parfois en série. Ainsi à Plougastel, le curé bénit-il jusqu'à trente ou quarante couples le mardi suivant l'Épiphanie, le Mardi gras et le mardi de Pâques.

Sauf à se marier en catimini, il faut s'assurer que le calendrier permet de prendre son temps car la cérémonie dure en général plusieurs jours : deux dans la plupart des provinces, trois dans le Hurepoix, en Beauce et en Cornouailles, quatre en Alsace, en Armagnac et dans les Côtes-du-Nord, et jusqu'à huit jours dans les Landes. Il est vrai que les rituels et les coutumes sont si nombreux et si élaborés dans leur symbolique, qu'il faut bien tout ce temps pour les accomplir correctement.

Dès le matin de la noce retentissent aubades et coups de fusil qui reviendront à tout moment de la journée et tout le long des déplacements, jusqu'à ce que ces derniers, sans doute suite à la triste connotation prise lors de la guerre de 1914-1918, soient peu à peu abandonnés.

Avant le départ du cortège a lieu la toilette de la mariée. L'opération, longue et savante, est présidée par la couturière car jamais mariée ne s'aviserait de coudre elle-même sa robe, signe de malheur certain. De plus, avant les années 1870-1880 marquées par le culte de l'Immaculée Conception, aucune mariée n'est vêtue de blanc. La tradition de la robe blanche se répand après l'apparition de la Vierge ainsi vêtue à Bernadette Soubirous dans la grotte de Lourdes. Elle est vite diffusée par les grands magasins et les multiples catalogues et gagne en un temps record les campagnes les plus reculées. Auparavant, la mariée porte des vêtements de couleurs très variables selon les régions et la richesse de sa famille. Sa robe est de couleur vive, surtout rouge ou bleue, et toujours recouverte d'un tablier de couleur ou quelquefois blanc – alors que celui de la femme mariée est obligatoirement noir – encore appelé « devantier » et symbole du travail ménager.

Au Moyen Âge, les premières mariées s'étaient rendues à l'église cheveux au vent en signe de pureté. Les valeurs s'inversant souvent au fil des temps, on a vu apparaître la couronne. Épinglée par les filles d'honneur, elle est constituée de fleurs choisies pour leurs vertus magiques ou symboliques, essentiellement la rose et le romarin, avant que ne naisse, avec la robe blanche, l'habitude des fleurs d'oranger. De même, dès 1840-1850, est introduit le voile blanc, signe d'union avec Dieu, en référence à celui que portait la Sainte Vierge le jour de son mariage avec saint Joseph. La ceinture, enfin, est souvent mise par le père ou le parrain. Quant à la chaussure (sabot, galoche ou soulier bas), elle est toujours chargée de symboles, et plusieurs jeux, au cours de la journée, consisteront à essayer de la dérober.

Équipée, voilée, bouquetée, couronnée, la mariée, souvent en larmes pour marquer ses regrets de quitter la maison paternelle, prend la tête du cortège. Selon les régions, elle est au bras de son père, de son parrain, d'un proche parent ou du premier garçon d'honneur. Le cortège, plus ou moins long, s'égrène alors sur les chemins, presque toujours précédé du vielleux, du fifre, du joueur de biniou ou de violon. Parfois, la route qui mène au village est barrée par quelque « barrière » constituée de troncs d'arbres entassés ou de simples rubans. Ce curieux rituel semble vouloir marquer la progression dans les étapes de la cérémonie.

Le mariage à la mairie, introduit en 1793, permet à M. le Maire de s'affirmer vis-à-vis du curé. Profitant de cette occasion, il prononce souvent un discours grandiloquent sur le travail et l'honnêteté. À l'église, M. le Curé accueille les époux et les conduit à l'autel. Il bénit les alliances et recueille les consentements, avant l'échange des anneaux. L'assistance observe soigneusement la façon dont la mariée se laisse faire, chacun sachant qu'un doigt recourbé pour rendre plus difficile le passage de l'alliance est signe qu'elle entend à l'avenir gouverner son mari. Cet anneau, d'ailleurs, est différent du nôtre, non pas lisse, mais au contraire agrémenté d'un ou deux cœurs, ou constitué de deux fils de métal tordus l'un autour de l'autre. On bénit encore des « treizins », pièces de métal ou d'or, ou une médaille de mariage avec noms et dates gravés sur la tranche ainsi que des paroles vertueuses comme « La religion les unit », cadeaux faits par le marié à sa femme. Puis le cortège se rend dans la sacristie pour procéder aux signatures du registre paroissial, sous réserve, bien sûr, de savoir écrire.

À la sortie de l'église, des jeux accueillent les mariés. On vide, symboliquement des vessies de porc remplies d'eau. Des concours et des farces, sans oublier la tournée des auberges, font partie du cérémonial mais, pendant tout ce temps, comme pendant tout le reste de la journée, la mère de la mariée a soin d'affecter de pleurer, tout comme sa fille doit se garder de rire, car cela encore serait pour elle de mauvais augure.

LA NUIT DE NOCES : L'AIGUILLETTE EST-ELLE NOUÉE ?

Le repas de noces est digne de sa réputation. Il est si abondant que bien souvent on doit le diviser en deux. Après les viandes salées, l'oie, le canard et la dinde, le tout fortement arrosé de vin, a lieu une pause consacrée à des divertissements. Vol du soulier, enlèvement de la jarretière, bris de vaisselle, don aux mariés d'un colis contenant un poupon sont autant de coutumes qui ont parfois encore cours dans les folklores régionaux contemporains et dont la valeur symbolique est évidente. Vient ensuite le gâteau de noces dont la première part est offerte à la première fille d'honneur en gage de prompt mariage. S'ensuivent le bal, puis le départ des mariés.

Selon les régions, lors de ce départ se déroulent de curieux scénarios. En Bretagne, il est hors de question que les nouveaux époux passent la nuit ensemble. S'ils le font c'est platoniquement devant la noce assemblée qui chante à tue-tête toute la nuit pour les empêcher d'avoir certaines pensées. Mais de façon plus draconienne les coutumes de cette province veulent que la mariée respecte les « nuits de Tobie », couchant seule et parfois sous bonne garde, pour offrir la première nuit à la Sainte Vierge et la seconde à saint Joseph.

Dans la plupart des régions, on s'embarrasse moins de ces saintes intentions, et les époux, dès la première nuit, s'acquittent de leur devoir conjugal. À l'aube, cependant, ils reçoivent une curieuse délégation familiale leur apportant, servie dans un vase de nuit, une soupe de vin blanc et de chocolat ou de lait appelée « rôtie », « rebelhon », « bouillon », « trempée », et fortement épicée à la cannelle ou au poivre, sans doute pour redonner de l'ardeur au mari. Dans une bousculade, la foule fait irruption dans la chambre nuptiale et inspecte les draps pour vérifier que la mariée était bien vierge et que le mari possède toutes les qualités d'usage. C'est la confirmation que le sorcier ne lui a pas « noué l'aiguillette » sur la commande d'un amoureux éconduit. Car, au fond de l'église ou à travers le trou de la serrure, le sorcier sait pour cela regarder le marié et nouer derrière son chapeau une cordelette ou un fil réputé empêcher la consommation du mariage. L'époux, au courant des usages, prend donc bien soin, lorsque le curé lit l'Évangile, de mettre un pied sur la robe de la mariée pour empêcher le sort de « monter ». Son honneur est en jeu si, au lendemain des noces, le drap nuptial ne comporte pas quelques traces de sa virilité. Ce drap, retiré du lit, est parfois exposé à la fenêtre de la chambre, signe parfaitement intelligible de l'agrégation du nouveau couple à la société des adultes et des mariés qui domine toute la vie du village.

Ce constat étant fait, les festivités n'en sont pas closes pour autant. Une messe est alors célébrée à la mémoire des défunts des deux familles, que l'on tient à associer à l'événement. Puis les nouveaux époux simulent volontiers des travaux pour confirmer leurs qualités professionnelles, comme souvent, la veille, au retour de l'église, la mariée a dû balayer la maison en public.

Enfin l'on ne cesse, durant tout le temps de la fête, de répéter les observations et les pronostics enregistrés : « Mariage pluvieux, mariage heureux » et une foule de variantes basées sur les signes météorologiques, suivis d'autant de prévisions sur la fécondité du couple. Car, M. le Curé l'a bien rappelé : il s'agit maintenant de croître et de multiplier, et si, à la prochaine * Saint-Jean d'été, les plus anciens mariés de l'année sont encore sans enfant né ou à venir, leur dernière chance est d'allumer le bûcher rituel.

PAS DE « REDINGOTES ANGLAISES » : PERNICIEUX EXEMPLES ET FUNESTES SECRETS

La stérilité est toujours ressentie comme une humiliation. La femme stérile, honteuse, se perd en dévotions auprès des saints favorisant la fécondité. Le couple sans enfants se sent maudit. Beaucoup de garçons, on l'a vu, n'hésitent pas à tester la fertilité de la femme convoitée avant de l'épouser. Sous l'Ancien Régime, le mariage d'une fille qui avait « fait Pâques avant les Rameaux » ne choque personne et ceux qui ont été plus sages – ou plus chanceux – se voient contraints de donner des preuves au matin de la nuit de noces. L'aiguillette n'est donc pas nouée. La vie sexuelle du couple a commencé.

Planning familial ? *Birth control ?* Tout cela est inconnu de nos ancêtres, tout comme le sont ce que l'on appelle à leurs débuts les « redingotes anglaises ». La femme mariée doit s'attendre à se retrouver régulièrement enceinte, à intervalles plus ou moins rapprochés. En cas d'allaitement, elle peut espérer espacer les accouchements de vingt-cinq à vingt-huit mois. Sinon, la cadence moyenne est de dix à seize mois. À condition qu'elle échappe à la forte mortalité postnatale, la femme, jusqu'au XVIIIe siècle, donne naissance à dix ou seize enfants en moyenne, parfois à plus de vingt sans tenir compte des jumeaux.

Chacun y trouve son compte. L'Église, tout d'abord, qui donne pour finalité au mariage l'acquittement de la dette conjugale et le combat contre la tentation et l'adultère, considérant comme péché tout accouplement, même entre un mari et sa femme légitime, dont le but ne serait pas d'engendrer. N'oublions pas que le nombre d'enfants est considéré à l'époque comme un gage de prospérité, en tant que main-d'œuvre gratuite.

Chaque couple a donc beaucoup d'enfants, même si la mortalité infantile est élevée. La vie sexuelle est pleinement assumée. Si la vigueur vient à baisser, on a recours à des aliments réputés aphrodisiaques comme les châtaignes, les poireaux, les pommes de pin, sans oublier la fameuse « herbe à chats » aux pouvoirs si reconnus. Le couple doit simplement se conformer au calendrier des pratiques sexuelles recommandé par l'Église : « Il est à propos, rappelle un confesseur à ses ouailles, que vous vous absteniez en certains temps, pour vaquer plus librement à la prière [...]. Mais principalement, je vous exhorte de vous en abstenir aux jours de pénitence, comme pendant le * carême, les jours de jeûne, aux grandes solennités, aux jours que vous recevez la sainte communion. » À la campagne les périodes de grands travaux sont également des périodes d'abstinence, ce qui explique les forts taux de naissances en hiver, entre décembre et mars.

À la fin du XVIIIe siècle, on note que les couches sociales élevées cherchent cependant à contourner les lois de la nature. Mais l'Église veillé. Les curés sont invités à s'immiscer lors des confessions dans la vie privée de leurs ouailles, sans toutefois, a-t-on soin de leur préciser, donner des idées à ceux qui n'en auraient pas eu. Il faut savoir questionner habilement.

Partout en France, le clergé traque donc les « funestes secrets et les pernicieux exemples », que rien n'empêche cependant de se répandre. De l'aristocratie qui en connaît les pratiques dès le XVIIe siècle, ils gagnent la bourgeoisie à la fin du XVIIIe siècle, puis les milieux ouvriers et artisanaux au siècle suivant, pour triompher dans les campagnes dès le début du XXe siècle. « Pas plus d'un veau à l'herbage », commence-t-on à dire dans la Normandie de 1880.

Même s'il existe, le préservatif n'est pour le moins pas démocratisé… Le seul moyen de limiter les naissances a longtemps été de retarder l'âge du mariage[1]. Mais, de plus en plus conscient des inconvénients des familles nombreuses au plan patrimonial avec le morcellement des héritages, on a recours à des secrets « inconnus à tout animal autre que l'homme » et que l'Église condamne. Ainsi des positions sont recommandées, dont celle que l'on nomme « elle au-dessus » et qui est censée favoriser le rejet de la semence masculine. On a recours également à des drogues et on pratique le *coitus interruptus*.

Par les « pernicieux exemples », c'est plutôt l'avortement qui est sous-entendu. Depuis le Moyen Âge, l'Église excommunie tous ceux qui y touchent de près ou de loin, et parfois même jusqu'à l'apothicaire qui a vendu les drogues dont la femme a usé pour « périr son fruit ». L'excommunication, quand ce n'est pas la mort ! Guy Cabourdin cite l'exemple d'une femme de Aydoilles, dans les Vosges, condamnée à la pendaison, en 1612, pour s'être fait avorter. À la même époque, une veuve de Blamont, en Meurthe-et-

1. Voir article p. 128.

Moselle, qui s'était, elle aussi, fait avorter, est exposée au carcan un quart d'heure, puis pendue « après avoir eu les mamelles tirées d'une tenaille ardente ». Mais combien de cas passent inaperçus tant les recettes sont nombreuses : eau

Petite histoire du préservatif

Où et quand est né le préservatif ? Réponse : sans doute en Égypte, plus de 3 000 ans avant Jésus-Christ, sachant que les tout premiers, utilisés bien sûr par les soldats, avaient vraisemblablement été fabriqués à partir de boyaux ou de vessies de moutons…

L'objet semble pourtant avoir été longtemps oublié, pour réapparaître en Chine et au Japon, au Xe siècle après Jésus-Christ, où il est alors fabriqué à base de papier huilé ou d'écailles de tortues, pour n'arriver en Europe, qu'au XVIe siècle, lorsque le « mal de Naples »[1] se répand dramatiquement. Il se présente alors sous la forme d'un fourreau d'étoffe fine, trempé dans une décoction d'herbes ou humecté d'un peu de salive, avant d'être fabriqué en soie, puis en velours, et de se voir agrémenté d'un petit ruban de couleur, destiné à permettre de mieux le maintenir en place. C'est ainsi qu'il aurait été utilisé par Louis XIV et Casanova !

Il faudra cependant attendre le XIXe siècle, pour que les progrès du caoutchouc, par la technique de la vulcanisation, et ensuite l'apparition du latex, en fasse l'objet que nous connaissons, nommé couramment « capote », autrement dit « capuchon », par les soldats, et l'on ne sait trop pourquoi « noisette », par les colporteurs qui en assuraient jadis la vente dans les campagnes.

1. Voir p. 145.

d'hysope, armoise, serpolet, sabine, coloquinte, rouille de cloche sont réputés pour leur efficacité, ainsi que les breuvages à base de soufre ou de safran. À cela s'ajoutent nombre de préparations que proposent les sorciers, les saignées de chirurgiens complaisants, les manipulations par les sages-femmes avec des instruments qui parfois mutileront à vie, enfin, tout simplement, chez nombre de misérables, les coups de pied dans le ventre assénés par un mari refusant de nourrir une bouche supplémentaire, sans oublier les infanticides postnataux, plus ou moins cachés sous l'apparence d'accidents. Malgré les condamnations civiles et religieuses, les avortements sont incontrôlables car ils se passent dans la clandestinité.

LE MOYEN ÂGE AVAIT SES SAUNAS, ET LES BORDELS LEURS FILLETTES

Même si le couple est encouragé à largement profiter du lit conjugal avec la bénédiction de l'Église pour acquitter la dette naturelle, une vie sexuelle parallèle et des pratiques plus ou moins déviantes ne sont pas exclues. Le clergé d'ailleurs traque les pécheurs dans les confessionnaux pour les punir et on se rend vite compte que notre siècle n'a pas le privilège du scandale.

Chacun sait que la prostitution est le plus vieux métier du monde. Au Moyen Âge déjà, ribaudes et filles publiques sont nombreuses dans les grandes villes où l'on trouve souvent plusieurs « bourdeaux ». Appelés aussi « châteaux-gaillards », « maisons des fillettes » ou « bonnes maisons », ils ont pignon sur rue et connaissent une fréquentation régulière. À partir du XVIe siècle, la syphilis, un fléau alors comparable au S.I.D.A., s'abat sur l'Europe. Les troupes de Charles VIII l'ont rapportée des villes d'Italie qui se livrent aux pires débauches, entre autres Rome et Naples. Les soldats mercenaires d'origine étrangère rejoignant leur pays après leur démobilisation, l'Europe tout entière est bientôt contaminée par ce que les Français appellent le « mal de

Naples » et les Italiens « le mal français ». Mal devant lequel la médecine du temps reste pratiquement impuissante.

Les « fillettes », cependant, continuent à exercer leurs talents et les siècles passent sans modifier le statut des maisons closes dans les villes jusqu'à la loi « Marthe Richard ».

Une autre institution n'a cependant pas résisté au temps, même si elle semble renaître aujourd'hui sous un aspect légèrement différent, ce sont les étuves. Les étuves, probablement introduites en France au retour des croisés, sont les bains publics des villes médiévales. On y prend des bains « mixtes » dans de grands cuveaux de bois circulaires ou ovales, tout en s'y faisant servir son repas sur une planchette flottante. Des chambres sont ensuite proposées, avec éventuellement une chambrière faisant également office de masseuse avant le nom. Jusqu'à leur disparition dans le courant du XVIIe siècle, ces établissements sont nombreux – on en recense vingt-sept à Paris, en 1292 – et souffrent d'une fort mauvaise réputation, pleinement justifiée. Certains jours sont réservés aux femmes seules qui ne veulent pas être agressées et, en dehors de ces heures, on raconte que l'on « oyait crier, hutiner, saulter, tellement qu'on était étonné que les voisins le souffrissent, la justice le dissimulât et la terre le supportât ». On dit que la reine Isabeau de Bavière, femme du roi Charles VI, avait l'habitude de récompenser les artisans travaillant pour elle en leur offrant des « abonnements » pour aller « s'estuver ».

À part les « maisons closes » qui se déplacent quelquefois à la campagne en envoyant leurs ambassadrices au cabaret du village le jour de la foire, ces établissements sont principalement installés dans les grandes villes. Les étuves ne troublent donc guère la vie de nos aïeux campagnards ni la conscience de leur curé. Ce qui les obsède bien davantage sont deux péchés réputés particulièrement « abominables » parce que contraires à la nature : la bestialité et l'homosexualité.

La bestialité, aux dires des anciens prêtres, est une pratique plus régulière qu'on ne l'avoue. La honte est en effet si grande qu'on ne s'en confesse guère « qu'à la mort et à l'occasion des jubilés ». Dans la hiérarchie des pénitences ecclésiastiques, elle arrive en bonne place avec sept années de pénitence au carême. Les jeunes bergers à qui l'on a soin, à l'ombre du confessionnal, de poser d'habiles questions, toujours avec prudence « de peur de leur apprendre peut-être des péchés qu'ils n'ont jamais connus ni eus », sont les plus suspectés. On les interroge incidemment sur leur vache, leur jument ou leur ânesse, et on les observe soigneusement.

Le péché le plus réprouvé reste sans conteste celui de l'homosexualité. Les homosexuels d'antan ne sont pas des « gays » mais des « boulgres », mot à l'origine de nos « bougres » et « bougresses » dont le sens initial vient du mot « bulgare ». Au Moyen Âge, en effet, une secte aux mœurs dévoyées avait été expulsée de l'Empire romain d'Orient et s'était réfugiée en Bulgarie. Dès lors, la répression est organisée par l'Église comme par le pouvoir laïc. Les dévoyés sont condamnés aux flammes du bûcher expiatoire. Il en sera ainsi jusqu'à la fin de l'Ancien Régime. Un des derniers condamnés à ce supplice est un moine accusé de tentatives physiques sur la personne d'un enfant, en 1783. Au reste, le snobisme s'en mêle parfois déjà. En 1678, quelques jeunes gens de haute naissance, dont le comte de Guiche, le neveu de Louvois et un Gramont, décident ainsi de fonder une société secrète dont la règle est l'abstinence totale à l'égard des femmes, et dans laquelle chaque candidat doit, pour être admis, être « visité » par les « grands prieurs ». Les rejoignent aussitôt le comte de Vermandois, fils de Louis XIV et de Mme de La Vallière, et le prince de Conti, neveu du Grand Condé. Le roi fait fouetter son fils en public et l'exile mais n'ose trop châtier les autres. Comment pourrait-il se priver de ceux qui comptent au nombre des meilleurs stratèges de son armée ?

ESPACE MASCULIN, ESPACE FÉMININ : « JAMAIS FEMMES NI COCHONS NE DOIVENT QUITTER LA MAISON »

« Il y a un principe bon qui a créé l'ordre, la lumière et l'homme ; il y a un principe mauvais qui a créé le chaos, les ténèbres et la femme », déclara Pythagore voilà quelque vingt-six siècles.

« La femme a été mal étudiée. Nous avons des monographies complètes sur le ver à soie, sur les hannetons et sur les chats, et nous n'en avons pas sur la femme », écrit sentencieusement un certain Mantegazza, au début du XXe siècle, en guise d'introduction à un ouvrage intitulé *Physiologie de la femme*.

C'est sur des millénaires que se lit donc l'histoire de la misogynie. Comment s'étonner, dès lors, de la situation de nos aïeules du « bon vieux temps » ?

Dans la France d'autrefois, hommes et femmes vivent rarement ensemble. Chacun a ses activités propres, son domaine, son espace où il est le seul maître. « Les femmes à la maison, comme les chiens, et les hommes à la rue, comme les chats », dit-on en Gascogne. « Jamais femmes ni cochons ne doivent quitter la maison », dit-on encore. La femme règne en maîtresse souveraine sur l'intérieur de sa maison et dirige les fonctions domestiques. Tout un éventail d'activités lui sont réservées.

À la maison, elle est gardienne de l'âtre. C'est elle qui tisonne le feu, fait la soupe et cuit le pain. Elle a la haute main sur le jardin, les légumes et les fruits, et sur le lait. Elle trait les vaches et fabrique fromages et beurre. Elle gère les espaces proches de la maison : basse-cour, porcherie. De tout temps, elle a le monopole de l'eau : le puits, la fontaine, le lavoir sont des mondes exclusivement féminins, comme le sont, bien sûr, également les moments de l'* accouchement et de la * naissance. De plus c'est à elle qu'incombe l'éducation des enfants.

Au contraire, l'homme travaille à l'extérieur. Plus robuste, il assume les gros travaux. Le champ est son univers, comme le sont aussi certains lieux : cabaret, forge, auberge, où une femme ne doit pas se risquer. C'est le mari qui participe à la vie publique. Lui seul va au moulin faire moudre le grain et vendre les bêtes à la foire. Lorsque la femme va au marché vendre ses volailles ou ses œufs, elle se réserve un espace spécifique. Le mari seul participe à la vie communautaire officielle. À partir du XIXe siècle et jusqu'à une période récente, il est le seul à voter. Sur la place du village, il lui est permis et même recommandé de s'arrêter pour bavarder, alors que la femme ne fait que passer le regard baissé. Jamais elle ne doit rester immobile en dehors de sa maison. La femme sort d'ailleurs rarement de chez elle. Elle assiste aux mariages et à la fête patronale, mais est, en tant que mère, exclue des * baptêmes et, comme on le verra, des * enterrements.

Dans beaucoup de régions de France, la femme apparaît comme la servante de l'homme. Elle ne mange pas à table avec les hommes. Elle les sert et reste debout, en retrait, dans un coin de la pièce. Pourtant, on ne peut dire qu'elle se sente humiliée, car, dans la société d'autrefois, chacun a sa place, sa fonction, selon le sexe comme selon l'âge. N'a-t-on pas vu les enfants garder les troupeaux dans les prairies et les vieillards s'occuper des nourrissons ?

Depuis la petite * enfance, hommes et femmes sont séparés. On leur enseigne la répartition des tâches en fonction des capacités physiques. N'est-il pas normal que le fuseau soit réservé à la femme et la charrue au mari ? Le balai est un peu le « sceptre » de la femme, et elle en est fière. Ne fait-on pas passer à la jeune mariée rentrant de la bénédiction à l'église le « test » du balayage de la maison conjugale ?

À l'église les uns se placent à droite et les autres à gauche, ou encore les uns sont debout, au fond, et les autres assises, en avant. Chacun a son espace et l'on peut finalement interpréter le service des hommes à table comme l'affirmation du « royaume féminin » où les maris sont reçus comme des hôtes, avec tous les égards dus à des invités.

Petit florilège de pensées et expressions sur les femmes

Chacun, au fil des temps, y alla de son écot :

- *En tant qu'individu, la femme est un être chétif et défectueux* (saint Thomas d'Acquin, XIIIe siècle).
- *La femme est le produit d'un os surnuméraire* (Bossuet, 1727).
- *La femme ne peut être que ménagère ou courtisane* (Pierre-Joseph Proudhon, 1849).
- *Nous ne comprenons pas plus une femme législatrice qu'un homme nourrice* (le même, 1849).
- *Émanciper les femmes, c'est les corrompre* (Honoré de Balzac, 1831).

Sans oublier diverses expressions populaires :

- *Qui a femme a noise* (autrement dit soucis, querelles – un mot qui partira pour l'Angleterre, où il fera du « bruit »),
- *Trois femmes font un marché* (tant elles sont bavardes).
- *Qui croit sa femme ou son curé est bien sûr d'être damné…*

Sans parler des « bas-bleu », en référence aux modes anglaises, ni des « pétroleuses », en référence aux Parisiennes qui allumèrent des incendies à l'époque de la Commune.

L'autorité maritale est cependant bien établie. Juridiquement, la femme mariée est considérée comme un mineur, comme un enfant, et ne peut agir sans l'autorisation de son mari. Les adages ne manquent pas pour le lui rappeler : « Qui a mari a seigneur », « Le chapeau doit commander à la coiffe » (Bretagne), « Quand le coq a chanté, la poule doit se taire » (Picardie) et n'ont de cesse d'exhorter les maris à se méfier des femmes : « À toute heure, chien pisse et femme pleure. » Les mères savent, elles aussi, préparer leurs filles : « Sois douce et travailleuse, et tais-toi », ont-elles soin de leur recommander.

Tout cela est dans l'ordre des choses et le curé le rappelle à la messe en citant la première épître de saint Paul aux Corinthiens : « Le Christ est le chef de tout homme et l'homme est le chef de la femme. [...] L'homme n'a pas été tiré de la femme, mais la femme de l'homme ; et l'homme n'a pas été créé pour la femme, mais la femme pour l'homme. » Ou le sermon de saint Augustin : « Homme, tu es le maître, la femme est ton esclave, c'est Dieu qui l'a voulu. [...] Oui, vos femmes sont vos servantes. » (Sermon 322.) Homme, méfie-toi de la femme, elle est la fille d'Ève ! Femme, obéis à ton mari !

Et la femme d'obéir. Toute la journée, dans les fermes, l'homme commande : « Femme, du vin ! femme, du boudin ! » Et cela est parfaitement accepté. Il faut comprendre, dit Yvonne Knibiehler, que « dans ces sociétés pauvres et laborieuses le travail domine tout : il sépare les hommes et les femmes, les fait vivre dans des lieux différents. Ils n'ont plus grand-chose en commun, plus rien à se dire, hormis peut-être des mots d'amour que l'Église condamne. La distance est grande : les hommes et les enfants habitent autrefois deux mondes distincts. Ils s'en accommodent ». On peut même dire qu'ils l'acceptent, au point qu'il n'est pas toujours admis que les uns prennent la place des autres. Si l'on accepte que le mari laboure ou bêche le jardin potager ou que la femme aille le seconder pendant les gros travaux d'été, il ne ferait pas bon le surprendre aidant sa femme à faire la soupe, allant chercher de l'eau au puits ou épluchant des pommes de terre. Tout le village le montrerait du doigt et dénoncerait ce comportement contre nature. Il faudra la guerre de 1914 et la mobilisation des hommes pour voir les femmes aux champs, derrière la charrue, ou dans les fabriques d'obus. Jusque-là on se garde bien de plaisanter avec cette sacro-sainte répartition des tâches et des espaces. Des jours de tolérance, à savoir * carnaval et la * fête des Fous, sont spécifiquement prévus pour cela mais en dehors de ces dates, toute transgression est sanctionnée.

Si le mari peut impunément battre sa femme, il ne fait pas bon pour lui d'être battu par elle. C'est là encore une situation contre nature que la communauté tout entière, femmes et hommes confondus, réprouve. Comme quoi la misogynie n'a pas grande part dans ces coutumes…

POUR LE MEILLEUR ET POUR LE PIRE : MARIS ET FEMMES BATTUS

« Mauvais cheval veut l'éperon, mauvaise femme veut le bâton », dit-on en un temps où le mari peut à tout moment battre sa femme impunément. Non seulement il le peut, mais il le doit : la plupart des anciennes coutumes sont claires à ce sujet. Dans le Beauvaisis, l'homme agit ainsi envers son épouse « quand elle desnie son mari » ; à Bergerac, on lui permet même d'aller « jusqu'à effusion de sang » pourvu que ce soit « bonozelo », c'est-à-dire dans une bonne intention, pour « corriger » son épouse. L'Église évidemment approuve, puisque la femme est par définition la tentatrice et l'instrument du Malin et que, pour une femme, « vouloir gouverner en méprisant son mari, c'est péché mortel ». À chaque mari donc le droit et le devoir de corriger celle que le mariage lui a confiée, celle qui l'a épousé pour le meilleur et pour le pire…

Malheureusement le pire arrive souvent. Combien de maris violents ne cherchent guère à se maîtriser et s'en vont à tout propos décrocher quelque lourd bâton ? Car, « qui bat sa femme avec un coussin croit lui faire mal et ne lui fait rien », comme on dit en pays de Foix. Il faut taper fermement si l'on veut que la leçon porte ses fruits. Ailleurs on reconnaît cependant que « battre sa femme, c'est battre un sac de farine ; tout le bon s'en va et le mauvais reste » !

Il est donc bien rare que la communauté villageoise donne tort au mari. D'une part parce que, dans la « lutte pour la culotte », le mari doit toujours gagner afin que l'ordre établi ne soit pas compromis, ensuite parce qu'il est admis que la femme a besoin d'être rudoyée. La femme maltraitée n'a pas le droit de se plaindre, moins encore de battre son mari, de le commander ou de le ridiculiser : ce serait là une situation contre-nature passible de * charivari.

Quelle ressource reste-t-il donc à ces pauvres victimes de maris violents, buveurs, infidèles ou « noiseux » – du vieux mot noise[1] qui signifie querelle. Le divorce est inconnu. Napoléon le fera soigneusement inscrire dans le code civil de 1803, sans doute à cause de sa situation de « mari trompé de femme stérile » et pour mieux répudier Joséphine. Supprimé à la Restauration, il sera rétabli en 1884 par la loi Naquet. Par contre, à défaut de divorce, les tribunaux d'autrefois sont autorisés à prononcer la séparation de corps, en principe temporaire et provisoire jusqu'à ce que « l'Esprit Saint veuille les réconcilier ». Les mauvais traitements, les menaces de mort, l'adultère, et surtout les « sévities » sont alors pris en considération, comme l'indiquent les archives. L'historien Alain Lottin mentionne le cas de Marie-Louise Bonnaire, « commerçante » à Landrecies (Nord) au XVIIIe siècle. Son mari, rentrant du village de Favril où il est resté au cabaret jusqu'à onze heures du soir, « entra chez lui comme un enragé et jeta ses souliers à sa tête, renversa la lampe, cassa le chandelier, lui donna plusieurs soufflets et coups de pied en disant : crève bougresse, crève bougresse ». Une autre

1. Le mot « noise » qui se retrouve dans l'expression « chercher noise » est exporté en Angleterre par les compagnons de Guillaume le Conquérant pour devenir le *noise* britannique désignant le bruit, le vacarme.

fois, « plein de vin, il s'empare de la buise du poêle – la chaîne – et la charge de coups » devant la servante. À cela s'ajoutent des violences sexuelles et des injures appropriées. C'est le cas de la femme de Jean-Baptiste de Préseau, seigneur de Rinsart et grand bailli d'Avesnes, que son époux poursuit tantôt avec un fusil « qu'il a déchargé vers elle », tantôt avec « une hache avec laquelle il a défoncé la porte de sa chambre », tantôt avec un tison ardent. Ainsi sont-elles des centaines pour lesquelles les tribunaux ecclésiastiques se sont montrés relativement compréhensifs. Mais point de récits de mésententes entre époux dans les milieux modestes. Curieux constat dont l'explication est donnée par le juriste Merlin dans le *Répertoire de jurisprudence*, publié à la veille de la Révolution : si les sévices et mauvais traitements sont reconnus comme une cause de séparation suffisante entre personnes de qualité, ils sont « insuffisants pour séparer des époux de la lie du peuple ».

La femme battue a donc peu d'espoir de sortir du mariage. Seule une reconnaissance d'impuissance du mari – ce qui annule le mariage – ou un décès peuvent mettre fin à leur mauvais traitement. Mais, à peine ont-elles retrouvé leur liberté qu'elles s'empressent de se remarier…

COLLECTIONS D'ÉPOUSES ET BROCHETTES DE MARIS

Avant le début du XIXe siècle, les couples pouvant fêter leurs noces d'or représentent à peine 2 pour 100 des ménages. Cinquante ans de vie commune sont tellement exceptionnels en ce temps-là que le curé de la paroisse procède alors à un simulacre de seconde cérémonie nuptiale que l'on appelle un renouvellement de mariage. En revanche, de nos jours, les photographies de noces d'or sont monnaie courante. Relatés dans les journaux régionaux, leurs colonnes voisinent souvent même avec celles des noces de diamant (soixante ans), voire de platine (soixante-dix ans), sans parler des anniversaires de centenaires.

Les raisons de cette rareté au cours des siècles tiennent essentiellement à la brièveté de l'espérance de vie. Les démographes estiment qu'autrefois un homme sur quatre et une femme sur cinq sont veuf ou veuve avant trente-cinq ans, un homme sur deux et une femme sur trois avant quarante-cinq ans. La différence entre les deux sexes s'explique naturellement par le taux élevé de mortalité féminine pendant et après l'accouchement – en moyenne 10 pour 100 des accouchées, et l'on sait qu'une femme a en moyenne un enfant tous les quinze à vingt mois. Les conséquences de ces situations sont catastrophiques. Dans les milieux simples, les enfants, souvent orphelins, sont confiés à un tuteur, qui est généralement un parent ou, dans certaines régions comme la Bretagne, le parrain. Sinon, quand leur âge le permet ils sont « placés » chez un parent laboureur ou artisan.

Un veuf se remarie le plus vite possible. Comment un paysan, un tonnelier ou un journalier, qui doit travailler dur pour survivre et en plus s'occuper de ses enfants, peut-il faire autrement ? De même une veuve nantie ou non de quelques arpents de terre ou d'une échoppe d'artisan ne peut continuer à vivre seule avec sa famille. À moins de faire partie de ces * communautés familiales où l'on cohabite à cinq ou six couples, voire davantage – comme il en existe dans le centre de la France –, le remariage est non seulement obligatoire, mais urgent. En ce temps-là, un mariage sur quatre environ concerne donc un veuf ou une veuve. L'affaire ne traîne pas. Un veuf se remarie moins de six mois après le décès de sa femme. La veuve attend à peine le terme du délai de « viduité » de rigueur, afin de ne pas épouser un homme tout en pouvant encore porter en elle l'enfant du précédent. Il n'empêche cependant que, tout en respectant cette règle, elle peut déjà avoir programmé son avenir. Ainsi, dans le Cantal, la coutume veut qu'elle offre un dîner à tout le voisinage et à la parenté dès

Relictes et douairières

On ne comptait pas moins de trois mots pour désigner autrefois une femme dont le mari était décédé. On la nommait parfois sa « délaissée », on la disait « relicte » – selon un vieux mot de même racine que notre *reliquat,* désignant celle qui restait -, et enfin on la désignait déjà par notre mot *veuve,* moins employé et à l'origine « vedve ». Formé sur le latin « vidua » (vide), il désignait celle qui était « privée de » son mari.

En revanche, le « veuf » n'avait guère de désignation, et ce mot, formé en masculin sur le dernier des trois termes utilisés pour la femme, n'apparut dans notre langue qu'au XVIe siècle. Un déséquilibre en faveur des femmes ? Pas vraiment…

En fait, la femme avait autrefois un statut juridique très inférieur. Après avoir été placée sous l'autorité de son père, elle se retrouvait, une fois mariée, sous celle de son mari, sans l'accord duquel elle ne pouvait rien faire, pas même vendre l'un de ses biens propres. Ce n'était finalement qu'une fois veuve qu'elle allait exister librement et pouvoir, notamment, se remarier sans l'avis de quiconque. Par ailleurs, la veuve bénéficiait très souvent d'un droit de « douaire », lui donnant l'usufruit d'une partie des biens de son mari, y compris, pour l'épouse d'un noble titré, sur son titre. Ainsi la « duchesse douairière » est la veuve d'un duc, qui reste duchesse bien que l'héritier du titre ait lui-même une épouse qui est donc quant à elle « duchesse en titre ».

le décès de son mari, parfois dans la pièce même où gît encore le cadavre, pour recevoir les propositions et faire son choix en accord avec la famille.

Non seulement les secondes noces sont pratique courante mais les troisièmes noces sont également assez fréquentes. De là des records insolites, comme celui de cet habitant de Mandres, près de Châtillon-sous-les-Côtes (Meuse), cinq fois veuf en 1782. De là aussi de curieuses chaînes de remariages qui engendrent déjà des « familles recomposées », en faisant cohabiter chez un même couple des enfants étrangers entre eux, élevés par des « parents » qui n'ont avec eux aucun lien de parenté ni d'alliance. De là aussi l'habitude assez courante autrefois de certains mariages doubles, où le prêtre bénit le couple d'un veuf et d'une veuve en même temps que celui formé du fils de l'un et de la fille de l'autre.

C'est ainsi qu'apparaissent les marâtres des contes de Perrault ou des pièces de Molière, parfois doublement en rivalité avec leurs beaux-enfants lorsqu'elles ont épousé un mari plus vieux qu'elles. Le cas est fréquent. En effet bien des maris n'hésitent pas à épouser une « jeunesse », s'exposant ainsi au * charivari.

NE JETEZ PAS LA PIERRE À LA FEMME ADULTÈRE, MAIS À SON MARI !

Dans les villes et les villages de l'ancienne France, rien n'échappe aux voisins. Non seulement ils voient tout, savent tout et commentent tout de la vie privée de leur prochain, mais encore se reconnaissent-ils le droit de la contrôler et de la sanctionner dans le cas où elle s'écarterait des normes. La règle d'or étant de ne pas « faire parler de soi », une des sanctions les plus encourues est une curieuse manifestation ressemblant à certains de nos bizutages estudiantins et qui a pour nom le « charivari ».

Un mari, on l'a vu, peut battre sa femme en toute impunité, mais qu'il soit battu, bafoué ou ridiculisé par sa femme, ou trompé, alors il est soumis au charivari ! Un mariage mal assorti, avec un trop grand écart d'âge, une trop grande disparité sociale, voire même avec un conjoint qui n'est pas de la paroisse ou tout simplement un remariage, déclenche également un charivari. En fait le charivari dénonce toute circonstance compromettant l'ordre établi. Le mari bafoué s'est révélé incapable de faire respecter les principes selon lesquels sa femme doit être sa servante. Il a donc déshonoré le clan des hommes, tout comme le marié venu de l'extérieur insulte les gars du village en leur faisant perdre une des filles épousables. Les remariages de veufs peuvent mécontenter l'esprit du défunt et attirer ses représailles sur le village tout entier. Les mariages mal assortis dénient à la communauté le droit à l'organisation et à la gestion des unions matrimoniales. Car, on le répète assez en Béarn : « Mariage de jeune homme et de jeune fille, il est de bien ; mariage de jeune homme et de vieille, il est de rien ; mariage de vieil homme et de jeune fille, il est du diable. »

L'honneur familial, paroissial ou sexuel outragé, aussitôt le charivari s'organise et le spectacle, une fois de plus, descend dans la rue :

« On faict le charibari (*sic*) ordinairement de nuict, un bruit et tintamare d'instruments d'érain, sons esclatant de poêles, cimbales, trompètes, cornemuses, cornes, chauderons, quesses (casseroles). Et à la lueur des flambeaux allumés et haussés, hurlements de personnes et autres désordres et confusions, jointe des harangues à hautes voix… », raconte un témoin du XVIe siècle dans les Pyrénées. Au XVIIIe siècle, un texte ajoute que l'on « déclame mille iniquités, calomnies, paroles indécentes, choquantes et atroces [...] et que la pudeur même empêche de nommer ». Le mari bafoué ou trompé doit faire amende honorable lors d'une farce violente appelée l'« azouade » ou « promenade sur l'âne ». On l'oblige à chevaucher un âne à rebours, c'est-à-dire la tête tournée vers la queue et on le promène en cortège par les rues de la ville ou du village. La foule se déguise parfois avec des masques grimaçants et hideux, car, comme le * carnaval ou la * fête des Fous, le charivari représente le monde à l'envers ; les gens y portent des vêtements du sexe opposé et des vestes retournées. Lors des remariages, des mariages de maître avec leur servante, ou des unions avec un époux plus vieux ou d'une autre commune, la bande des jeunes se contente souvent de tapage nocturne sous les fenêtres du couple dénoncé. Le vacarme se fait avec des instruments symboliques : la poêle à frire où sont censées cuire les âmes des nouveaux mariés, le tuyau, allusion assez évidente et crue au fait que la femme se fait ramoner indûment par un homme qui ne lui est pas destiné, les clochettes représentant les testicules du mari. Ce charivari ne s'arrête que lorsque le mari a payé à boire, autre façon d'acquitter un droit de rachat à la communauté.

La foule en délire et souvent avinée a du mal à se dissiper et bien des charivaris se terminent avec des coups de fusil. Au XIXe siècle, des préfets outrés par ces désordres « dignes des anciens sauvages » tentent de mettre fin à ces débordements. Ils ne s'en poursuivent pas moins dans certaines régions comme le Béarn, où ils se conjuguent souvent avec carnaval et * pèle-porc. On m'a cité un cas assez récent, datant des années 1930, qui a eu lieu en Corrèze après qu'un père de cinquante ans eut obligé son fils handicapé mental à épouser sa propre maîtresse âgée de soixante-sept ans. Le charivari, qui en a résulté, s'est terminé par une tentative de suicide.

Les époux adultères d'autrefois sont également les victimes d'une farce burlesque, celle des « courses à corps nus ». Ainsi, à Clermont-Dessus, dans le Lot-et-Garonne, les coupables doivent parcourir la ville tout nus, la femme marchant la première et tenant le bout d'une corde attachée aux testicules de l'homme. Dans le Lyonnais, la femme qui a trompé son mari doit « courir nue après une poule jusqu'à ce qu'elle l'eût attrapée, tandis que son complice, aussi nu qu'elle, est contraint de ramasser du foin pour en faire une botte ». Dans le Languedoc, tous deux parcourent les rues du village très légèrement vêtus, et l'homme est en plus fouetté par les femmes qui le rencontrent. Pas question donc de jeter la pierre à la femme adultère. On la réserve à son mari !

LOTERIES ET ONCLES D'AMÉRIQUE : LE JEU DE L'ARGENT ET DU HASARD

Dans le monde de nos ancêtres, l'argent circule peu. Quelques sols, quelques livres par-ci par-là, de modestes dots dans les contrats de mariage. Tout étant produit sur place, à la ferme ou au village, le commerce est limité. Comment nos ancêtres peuvent-ils dès lors espérer s'enrichir ?

Il y a déjà la loterie mais bien peu de gens la pratiquent. Cette loterie, qui n'est pas encore « nationale », est apparue en France au XVIe siècle. En 1536, les guerres d'Italie ayant ruiné le Trésor, un proche de François Ier lui a proposé de « rhabiller les affaires du royaulme qui étoient fort décousues par le moyen d'une loterie ». Le roi réfléchit et accepta : « Pendant que nos sujets s'y livreront, ils oublieront fort à propos de s'injurier, de se battre et de blasphémer Dieu. » François Ier avait vu juste. Le peuple, comme d'ailleurs les grands, se passionna pour ce nouveau jeu, qui devait permettre aux successeurs de ce monarque de payer la construction du Pont-Neuf. Sous Louis XIII, un certain M. Tonti perfectionne le système en proposant de gagner des rentes viagères : les « tontines ».

Cependant la loterie royale ne touche guère que les Parisiens. Elle est d'ailleurs supprimée en 1829 et il faut attendre la loi du 31 mai 1933 pour retrouver une loterie démocratique qui est encore la nôtre. La France entière vibre lors des tirages solennels confiés à des enfants de l'Assistance publique, eux-mêmes tirés au sort, qui retirent les boules de la fortune de grandes sphères à claire-voie. Nos grands-parents se souvenaient tous de M. Bonhoure, un coiffeur de Tarascon, qui en a été le premier millionnaire et fit alors la vedette de tous les magazines et journaux.

Plus que la loterie, c'est vers les aventures lointaines et les promesses de quelque Far West mirifique que nos ancêtres en quête de fortune rapide se tournent[1]. Plusieurs terres se portent ainsi candidates. Au XVIIe siècle, c'est la Nouvelle-France, c'est-à-dire le Québec. Un apothicaire parisien, Louis Hébert, s'y installe en 1617 avec sa femme et leurs trois enfants. D'autres le suivent, au prix d'un voyage qui doit alors sembler aussi aventureux et fou qu'un aller-retour pour la Lune aujourd'hui. On a du mal à imaginer comment peuvent réagir les habitants de la petite ville de Tourouvre, dans le Perche, lorsqu'ils voient une vingtaine de leurs enfants quitter leurs familles pour s'embarquer vers ces terres d'où il n'est guère question d'espérer revenir, même dans le meilleur des cas. Parmi eux Jean Guyon, le maçon, Zacharie Cloutier, le charpentier, Jean Juchereau, marchand, et même Noël Juchereau, sieur des Châtelets. Tous sont jeunes, mais tous sont sans doute aussi ce que l'on appelle des « têtes brûlées ». Pourtant, leur exemple en entraîne beaucoup d'autres : en trente ans, cinquante familles percheronnes traversent l'Atlantique pour les rejoindre et fondent les grandes dynasties québécoises d'aujourd'hui comme les Gagnon, les Couillard, ou encore les Tremblay. Pour ceux qui n'ont pas de femme, le roi fait envoyer par bateau des orphelines triées sur le volet.

Le nouveau pays se peuple donc rapidement : Pierre Tremblay, arrivé en 1647, en est le plus étonnant exemple. Marié à Ozanne Achon, une des « filles du Roy » venues de La Rochelle, il aura douze enfants et une multitude de petits-enfants dont vingt-neuf petits-fils du nom de Tremblay. Aujourd'hui, il se retrouve être l'ancêtre de plus de cent mille Tremblay vivant au Québec, au Canada et aux

---

1. Voir *Quand nos ancêtres partait pour l'aventure*, Jean-Louis Beaucarnot, Lattès, 1997.

États-Unis, et sans doute de millions de descendants toutes branches confondues. Bon nombre d'entre eux vont en pèlerinage à la Baie-Saint-Paul où un monument a été érigé en sa mémoire. Il y est représenté liant des gerbes de blé tout en désignant à son fils la « seigneurie des Éboulements » que sa descendance saura acquérir et conserver pendant un siècle. Pierre Tremblay, né dans une modeste maison paysanne du hameau de la Filonnière, paroisse de Randonnai dans l'Orne, a donc brillamment réussi.

La Nouvelle-France, cependant, n'offre guère d'espoir qu'aux populations des provinces proches des côtes. Les ancêtres des Québécois sont presque tous originaires de la Normandie, du Perche, de l'Anjou et du Poitou. Ailleurs, le Nouveau Monde est à peine connu de nos ancêtres.

D'autres pays de Cocagne attirent plus tard avec succès les aventuriers. Ce sont les colonies et d'abord l'Algérie. Une fois conquis, le pays doit être exploité. C'est pourquoi Louis-Philippe et son gouvernement décident d'y envoyer des paysans capables d'en cultiver les terres et de les faire prospérer. Une campagne publicitaire est donc confiée au meilleur « annonceur » de l'époque, compte tenu de sa « force de pénétration ». Cet annonceur n'est autre que l'Église, et chaque curé de lire à la messe du dimanche une circulaire officielle engageant des volontaires à traverser la Méditerranée avec promesse d'y recevoir des terres.

À l'issue de voyages exténuants, des Français débarquent donc sur le sol algérien pour mener une vie des plus dures. Un climat torride auquel ils ne sont pas habitués – nombreux sont originaires d'Alsace-Lorraine – , des conditions difficiles, pas d'eau potable, des bêtes sauvages, des épidémies dont paludisme et choléra, de mauvais logements et des terres bien souvent maigres et peu fertiles les attendent. Il leur faut fournir un travail acharné et mener une lutte permanente pour construire du solide.

Ni les États-Unis ni l'Amérique du Sud n'ont attiré les chercheurs de fortune, à l'exception des « Barcelonnettes ». Originaires de la ville de ce nom, ils sont partis pour le

Mexique où ils ont fait fortune dans le textile, puis sont revenus à leur pays natal où ils ont fait construire des maisons aux allures de châteaux. Pour le reste, les « oncles d'Amérique » sont souvent des personnages légendaires, même si la mémoire familiale n'a pas pu les inventer. Je

Mais où est donc le fameux pays de Cocagne ?

La « Cocagne » était pour nos ancêtres un pays imaginaire, où l'on était réputé pouvoir vivre sans travailler et où tout était à la fois gratuit et abondant, où il n'y avait qu'à se baisser pour ramasser sans effort les richesses.

Mais d'où vient son nom ? Pour les uns, il serait venu du Lauragais, en Languedoc, nommé « pays de *coquaignes* », car l'on y fabriquait de petits gâteaux coniques ainsi dénommés. Pour les autres, il s'agissait au contraire de l'Italie du Sud, où l'on aurait eu un volcan magique, crachant macaronis, viandes et saucisses, que les gens des environs évidemment se disputaient.

Tout ce que l'on peut dire est que le nom semble bien venir de l'italien *cuccagna,* signifiant dispute, origine qui se trouve en parfaite harmonie avec le fameux « mât de cocagne », présent aux foires et aux fêtes patronales. En haut de ce mât, généralement enduit de savon ou d'huile, étaient comme on le sait suspendus aliments et friandises, que l'on devait tant bien que mal monter décrocher. Une opération qui demandait bien des efforts, et qui mettait en concurrence les candidats, qui s'en disputaient alors l'ascension.

pense à Antoine Duverne, fils de riches paysans morvandiaux qui, de faillites en inventions, court toute sa vie après la fortune et traverse l'Atlantique dans les années 1875, persuadé de l'y trouver enfin. Il meurt finalement seul et à demi clochard le jour de Noël 1882 dans un hôpital parisien. Je pense à deux autres Morvandiaux, partis pour l'Argentine et qui font venir auprès d'eux un de leurs neveux pour l'associer à leur réussite. Le gars s'embarque, traverse l'Océan, arrive en Argentine à moitié « déboussolé », ne parvient pas à retrouver ses oncles mais, on ne sait trop comment, revient dans son village pour y vivre à moitié prostré le reste de ses jours. Je pense aussi à « l'Oncle Jules », de Maupassant, que toute la famille croit bien installé aux États-Unis et qu'elle reconnaît avec stupeur un dimanche d'été, dans le personnage d'un misérable écailleur d'huîtres sur un bateau côtier. Si certains oncles d'Amérique y ont heureusement réussi, tous n'y sont pas allés.

D'ailleurs pourquoi partir si loin ? Ne disposait-on pas autrefois en France d'un Far West bien à soi avec Paris ? Paris n'assure peut-être pas des fortunes à l'échelle de celles que font miroiter les terres lointaines aux aventuriers qui n'ont rien à perdre en quittant leur village. Mais Paris promet, à qui sait travailler et économiser, de quoi améliorer déjà largement l'ordinaire. Au début, la ville n'attire que les populations des régions voisines : Picardie, Normandie, Orléanais, Beauce et Brie, Champagne. Mais au fil des siècles elle va voir arriver des grounes entiers venus de plus loin, à pied, par les routes, balluchon sur l'épaule, comme nous l'avons déjà vu. Chacun travaille dur, mais réussit. Il n'est qu'à voir les villas que les bistrotiers parisiens ont fait construire dans la région d'Espalion, en Rouergue, ou les fameuses « maisons de lait » des filles du Morvan.

Paris tient donc quelquefois ses promesses, à condition de pouvoir faire le voyage en un temps où le chemin de fer n'existe pas. Rares sont les villes de province qui offrent les mêmes chances et encore moins les ateliers et les usines qui s'implantent partout en France au XIXe siècle et embauchent à tour de bras. Nombreux sont les paysans qui quittent leur terre trop exiguë pour travailler à l'usine. Se rendent-ils compte, ce jour-là, qu'ils ne pourront plus revenir en arrière, qu'ils quittent pour toujours le monde de leurs ancêtres ? De Paris, on peut toujours revenir au pays ou à la ferme. De l'usine, non. Sauf exception, l'usine n'offre jamais la réussite.

ÉCHELLE SOCIALE ET MONTAGNES RUSSES

Pour un généalogiste, une des plus passionnantes aventures qui lui est donnée de revivre à travers les archives est sans nul doute de suivre l'ascension sociale d'une famille. Pour ma part, ce n'est pas les belles alliances qu'une grande famille contracte une fois qu'elle a réussi et qu'elle est établie qui retiennent mon attention, mais plutôt le travail opiniâtre fourni par cinq ou six générations, pour en arriver là. Lycéen, je m'intéressais davantage à l'histoire de Rome, petite cité qui montait, qu'à la Rome de César ou d'Auguste. Généalogiste, je m'attache à ces laboureurs ou à ces marchands, décidés et courageux, qui vont magistralement réussir à sortir leur famille du néant et de l'anonymat.

J'ai déjà eu l'occasion d'écrire et d'étudier cette formidable aventure de l'ascension sociale sous l'Ancien Régime, de cette progression lente et méthodique, notamment en reconstituant le long cheminement qui reliait Baltazar à Eugène Schneider[1]. Le premier est un paysan anonyme rencontré vers 1664 en Lorraine, dans une région ruinée par la guerre de Trente Ans où on lui accorde un lot composé d'une masure et de son « pâtural ». Le second, son arrière-arrière-petit-fils, est le grand maître des forges du Creusot, un des premiers personnages du Second Empire, président du Corps législatif – notre Assemblée nationale. En 1865, il réussit à vendre des locomotives à l'Angleterre, ce qui tient alors d'une performance exceptionnelle équivalente à celle de vendre aujourd'hui des supersoniques aux Américains. Eugène Schneider n'est pas un cas isolé. À l'origine de toutes les grandes dynasties, on trouve

1. Voir *Les Schneider, une dynastie*, Jean-Louis Beaucarnot, Hachette 1986.

presque toujours un petit paysan, un modeste laboureur qui a décidé, un jour, de se lancer dans les affaires.

Sous l'Ancien Régime, la société est composée de couches sociales superposées mais non imperméables, entre lesquelles il est possible d'évoluer, à la seule condition de savoir être patient car la progression est toujours lente. Seuls les plus démunis, journaliers, domestiques et tous les employés des villes et des campagnes ont peu d'espoir de réussite, à moins qu'un hasard ne leur permette un mariage avantageux au risque d'un éventuel * charivari. En revanche, les laboureurs à la campagne, comme les artisans en ville, peuvent tenter l'aventure sociale. Pour cela, ils se font « marchands ». Marchands de bestiaux, de noix, de blé, de drap, d'outils, souvent d'un peu tout cela. Ils fréquentent les foires et les marchés et font des affaires. À la campagne, ils prennent des « régies », des terres « en ferme », et bien souvent profitent alors de leur pouvoir sur les métayers et de la confiance des propriétaires qui ne résident généralement pas sur place. Certains même, les plus arrivistes, s'arrangent alors pour mal gérer le domaine, afin de le racheter à bas prix plus tard lorsqu'il aura perdu de sa valeur.

Découvrant les affaires et l'argent si peu répandus dans le monde d'autrefois, les marchands accèdent, à la génération suivante, à d'autres professions : celles des petits métiers juridiques comme procureur d'office (notre ancien avoué, spécialiste de la procédure), procureur fiscal (son équivalent, auprès des justices seigneuriales), sergent (à la fois huissier et commissaire de police), mais surtout notaire.

Le notaire est un homme capital ; il est au courant et au centre de toutes les tractations terriennes et familiales. Pour le devenir, il suffit d'acheter un « office ». Nombre de marchands mettent ainsi leurs fils en apprentissage, comme « praticien », chez quelque homme de loi de leurs relations, puis lui acquièrent ensuite une de ces charges dans les environs. Exerçant le métier dans la région, nul doute que celui-ci sache défendre les intérêts de la famille et en favoriser les affaires.

À la génération suivante, on se retrouve souvent avocat puis propriétaire de quelque office ou charge dans un parlement régional. On n'a là que l'embarras du choix, tant les conseillers du roi, secrétaires du roi, gardes-sceaux ou présidents y sont nombreux. Après quelques décennies d'exercice dans une même charge, on reçoit un titre de noblesse de robe, puis de noblesse d'épée, jusqu'à ce que, grâce à d'heureuses alliances, l'on soit admis à la cour. On se garde bien, dans sa nouvelle position, de se souvenir du petit laboureur du départ, de ce Jean Bonnet, paysan marchois ou tourangeau, quand on est devenu soi-même le sieur Bonnet de Marsac, et même parfois M. de Marsac tout court, éventuellement avec un titre de comte ou de marquis.

Et pourtant ce petit laboureur de village a eu tant de mérite. « Français moyen » d'antan, cet homme ne possède que quelques biens mobiliers : une charrue et une paire de bœufs tout au plus. La terre ne lui appartient pas. Les bœufs, que l'on peut comparer au tracteur de l'agriculteur moderne, sont cependant infiniment plus fragiles. La moindre maladie ou épidémie risque de les faire crever. Voilà pourquoi nos ancêtres entourent leurs * animaux de tant de précautions en les faisant bénir et en les associant à bien des temps forts de leur vie quotidienne. Que cette fortune mobilière vienne à disparaître, que notre homme tombe malade ou meure, c'est la catastrophe. La recherche généalogique nous fera retrouver ses enfants bien souvent simples domestiques.

Pour de multiples raisons, l'ascension de certaines familles peut se voir interrompue à l'un de ces différents stades. Mais n'a-t-on pas toujours dit qu'une fortune dépasse rarement trois générations ? la première entasse ; la seconde profite ; la troisième dilapide ce qui reste. Il est finalement aussi difficile de se maintenir que d'arriver.

Pour « arriver », nos ancêtres paysans disposent d'un allié certain, souvent membre de la famille, en la personne de « l'oncle curé ». Un enfant remarqué par le prêtre du village est un gage de réussite pour une famille qui peut alors se préparer à en profiter, car cet « oncle curé », qui exerce généralement son ministère dans une paroisse voisine, se charge de l'instruction de ses neveux et nièces et les introduit facilement chez les hommes de loi du bourg voisin pour y apprendre un métier. Il sait aussi négocier de belles

Monter dans les carrosses royaux !

Parmi l'éventail des moyens inventés par les Bourbons pour mieux dominer les nobles, les « honneurs de la cour », instaurés dès la mort de Louis XIV, ont sans nul doute fait rêver toute la noblesse de province.

Le principe consistait à être invité dans un carrosse royal, pour participer à une chasse royale, au cours de laquelle on devait être présenté au souverain. Même si cela était en principe réservé aux membres des familles dont la noblesse remontait au moins à l'an 1400, les listes d'attente n'en étaient pas moins longues et le piston souvent nécessaire. Un millier de familles en profita cependant (entre 1715 et 1789), et en tira généralement une indiscutable aura. Le gentilhomme provençal ou normand ainsi honoré s'en voyait, de retour sur ses terres, tout auréolé de prestige, se gardant bien, en fait, de décrire son expérience dans sa réalité.

Les postulants à ces honneurs étant en effet fort nombreux, c'était par fournées entières qu'on les convoyait jusqu'au lieu du rendez-vous de chasse, dans des carrosses certes royaux, mais généralement aux banquettes défoncées et aux ressorts fatigués, pour s'y voir, dans le meilleur des cas – lorsque celui-ci en avait le temps et le goût –, autorisés à faire une révérence au roi, pour ensuite le suivre d'assez loin…

alliances matrimoniales dans quelques-unes des familles aisées de sa paroisse, comme il sait aider aux affaires de son parent marchand. Au confessionnal comme dans la rue, il peut toujours laisser entendre que le bon Dieu sera plus clément envers celui vendant ses vaches à Pierre plutôt qu'à Jacques. Sous l'Ancien Régime, un curé est rarement aussi pauvre qu'on le croit et, avec un peu de savoir-faire, amasse de jolis magots qui, à sa mort, font le bonheur et l'aisance de sa famille. Si le marchand est l'initiateur de l'ascension sociale, le curé en est donc presque toujours le moteur et il est rare de ne pas en trouver un parmi les premières générations des familles qui réussissent.

Le XIXe siècle apporte des changements avec la suppression de la vénalité des charges et l'apparition de nouvelles voies. Pour les ouvriers, les possibilités de promotion peuvent tenir aux politiques paternalistes de l'époque. Eugène Schneider, au Creusot, comme bien d'autres grands patrons de son temps, encourage les plus travailleurs et instaure un système scolaire parallèle pour permettre à un manœuvre d'avoir un fils contremaître et pourquoi pas ingénieur.

Pour le reste, si certains ruraux ont su profiter des opportunités révolutionnaires pour acquérir des terres, les possibilités de promotion restent longtemps limitées. Ce n'est que dans la seconde moitié et vers la fin du XIXe siècle qu'apparaît une nouvelle position sociale charnière, celle d'instituteur. Le passage à l'école normale permet dès lors une ascension sociale en trois générations : de paysan, on devient instituteur, puis on passe aux études supérieures permettant de belles carrières. Les exemples de telle réussite sont ainsi nombreux chez les hommes politiques d'aujourd'hui. Ainsi chez les Pompidou, avec un grand-père maître bouvier dans le Cantal, un père professeur et un petit-fils président de la République. Même chose en Corrèze pour les Chirac, avec un ancêtre menuisier de village, l'arrière-grand-père du président, un grand-père instituteur et un père directeur de sociétés.

Aujourd'hui, certaines professions ou certains diplômes permettent de gravir en une seule génération tous les échelons de la société. La famille n'a plus à être solidaire. Les dynasties naissent spontanément.

DE DIAFOIRUS AU MÉDECIN DE CAMPAGNE : FUREURS CÉLESTES ET DOULEURS HUMAINES

Passant le plus clair de leur vie à travailler, nos ancêtres n'ont ni le temps ni les moyens d'être malades. Se mettre au « lict » ne se fait qu'à la dernière extrémité, au risque d'être pris pour un paresseux. Personne n'aime se montrer souffrant. La maladie n'est-elle pas, avant tout, un châtiment envoyé par Dieu ? Châtiment personnel, ou collectif dans les cas d'épidémies.

Le premier réflexe est donc de s'adresser à Dieu et à ses saints. La cour céleste ne regorge pas pour rien de tout un tas d'élus auréolés, prêts à intervenir pour apaiser le mal. Chaque bobo a son intercesseur privilégié, soit en raison de son martyre, comme sainte Apolline pour les maux de dents depuis que ses bourreaux lui ont arraché les siennes ou comme saint Laurent pour les brûlures depuis son supplice sur le gril. Parfois le nom du saint est directement lié à la maladie : ainsi sainte Claire se charge de la cécité, sainte Diétrine des dartres – appelées autrefois « diètres » – , saint Eutrope guérit de l'hydropisie, qui n'est jamais que de « l'eau en trop », etc. Finalement, mots et rimes – « Devant saint Blaise, tout mal s'apaise » – guérissent les maux. Le malade trouve donc toujours un saint à prier ou un * pèlerinage à entreprendre. En plus des saints, on peut se reporter à l'un des livres vendus par les colporteurs, comme *Le Bréviaire médical* ou *Le Grand Herbier*.

La plupart des maladies sont soignées grâce à de vieilles recettes, dites de bonne fame[1]. Ces recettes sont souvent données par les moines et les curés qui ont soin de les inscrire dans leurs registres paroissiaux, entre deux

1. Et non de bonne femme. Bonne fame veut dire de bonne renommée, d'après un vieux mot qui est à l'origine de bien et mal « famé » et de « fameux ».

actes de baptême ou de sépulture. Ainsi, à Autrey (Haute-Saône), l'abbé Wathy copie-t-il, en 1732, un remède pour combattre les « fièvres intermittentes ». L'abbé Dupray fait de même, en 1743, dans sa paroisse d'Allemond (Isère) avec des potions destinées à garder la « santé des bœufs et vaches ». Il précise qu'il en a fait lecture à ses ouailles à la messe du 7 février.

La médecine par les plantes a longtemps été la seule connue de nos ancêtres. Certains jours, comme le jour de la * Saint-Jean, sont propices aux cueillettes. Au reste, chacun sait que l'hellébore est un excellent régulateur cardiaque, la rhubarbe un laxatif éprouvé, etc. Qui a une entorse met des feuilles d'ortie dans ses sabots ou ses chaussures, qui se coupe met sur la plaie des fleurs de lys macérées dans l'alcool… Parmi la longue liste de ces recettes, certaines peuvent surprendre, tel ce bain de sang de bœuf, recommandé en Brie pour fortifier les jeunes enfants.

Cette médecine a l'avantage de ne pas coûter très cher. Devant un cas de rougeole, on se contente de mettre aux fenêtres des rideaux rouges, de vêtir le malade d'une chemise rouge et de placer dans la pièce une lumière rouge. Il n'y a plus alors qu'à attendre l'irruption des plaques que ce décor ne doit pas manquer d'accélérer. La nature fournit en principe elle-même tous les remèdes nécessaires aux hommes, jusqu'aux bains d'eau de mer prescrits en cas de morsure par un animal enragé[1].

Toutefois, dans les cas désespérés, lorsque les saints restent irrémédiablement sourds, même après d'éventuelles menaces[2], que les plantes n'ont pas apporté de rémission et que la douleur devient insoutenable, on se décide à appeler un homme de l'art. On a le choix entre le médecin, le rebouteux et le sorcier ; parfois le même homme exerce plus ou moins les trois fonctions.

---

1. Voir article p. 247.
2. Voir articles p. 227 et 239.

Chaque village a son sorcier, pas toujours authentique ; plus proche du rebouteux, encore appelé « rhabilleur », tant il excelle en la remise des membres démis. Connaissant son herbier comme personne, il règne en maître jusqu'à l'apparition des médecins. Ceux-ci, plus organisés, font interdire les « guérisseurs » par une loi de 1892. Il n'en reste pas moins que, jusqu'à l'instauration du système généralisé de l'assurance maladie, ils doivent lutter à tout instant contre les diverses influences exercées sur les populations rurales, tant parfois par les curés que par les sorciers, guérisseurs et autres charlatans.

Ces médecins eux-mêmes ont dû faire leurs preuves. Pour les « mires » du Moyen Âge – c'était là leur nom – , comme pour ceux du XVIIe siècle, caricaturés par Molière sous les traits du célèbre Diafoirus, les connaissances médicales sont très limitées. Les premiers tiennent le * sel pour remède miracle et pensent que le * vin facilite la digestion et l'élimination, réchauffe les sens, nourrit le corps, renouvelle le sang et détruit les humeurs. Jusqu'à être ici remplacé par le * tabac sous Catherine de Médicis.

Sous Diafoirus, on ne pratique guère que trois thérapies : les saignées, les purges et le clystère, que l'on préfère prescrire en latin. La saignée, technique en faveur à l'époque, est ainsi ordonnée à la femme enceinte puisque les mauvaises humeurs s'en iront avec le sang versé. Les clystères, de lait, de son, d'huile ou d'eau, favorisent les déjections sur lesquelles nos disciples d'Hippocrate basent la plupart de leurs diagnostics. La purge est souvent conseillée à titre préventif, le roi lui-même ayant bien soin, le premier, de se purger chaque mois. Sous l'Ancien Régime, la médecine savante est un luxe réservé aux gens des villes et nos ancêtres, Français moyens de l'époque, l'ignorent complètement.

Il faut attendre le XIXe siècle et les progrès de la médecine pour que de vrais médecins s'installent à la campagne. L'apparition de médicaments comme la morphine et l'aspirine, de techniques comme la prise de la tension artérielle, de la température rectale, la mise au point par Laennec de l'auscultation – même si son collègue Broussais reste longtemps sceptique ! – , la découverte de la radiologie, des rayons X, sont autant d'éléments qui font avancer la médecine et qui améliorent la santé des Français. Pour notre praticien, le problème demeure longtemps l'équipement car, faisant ses visites à cheval chez des patients sans moyens, il est souvent payé en nature – sacs d'avoine ou poulets efflanqués péniblement engraissés par la femme dans une volière au fond de son jardin. Jusqu'à la Seconde Guerre mondiale, le médecin de campagne est considéré comme un notable, mais il n'est jamais fortuné. De plus, il travaille dans des conditions difficiles.

Le manque d'hygiène est une des causes de nombreuses maladies. Le fumier sous les fenêtres des fermes et la promiscuité avec les vaches de l'étable dans les campagnes ne sont guère plus enviables que le « tout-à-la-rue » des villes d'autrefois. Les déséquilibres alimentaires constants entre les périodes de jeûne et de bombance et les excès de viandes salées, l'absence de bain, en dehors de quelques ablutions d'été dans les rivières, pour les jeunes, favorisent la propagation des maladies en tout genre. Les diarrhées épidémiques rivalisent avec des fièvres diverses au nom parfois curieux, la scarlatine étant ainsi la « fièvre pourprée ».

Chaque siècle a eu son cancer ou son S.I.D.A. contre lequel la médecine est restée longtemps impuissante. Ainsi, les hommes de l'an mil redoutent le « mal des Ardents », encore appelé « feu Saint-Antoine » qui provoque des gangrènes sèches dont le seul remède est l'amputation d'un pied, d'une jambe ou d'un bras. Le membre atteint noircit, l'articulation se casse, et, sans le moindre saignement, les malades se retrouvent horriblement mutilés. Par ailleurs, jusqu'au XIVe siècle, la lèpre sème la terreur. Les lépreux, relégués hors du monde des vivants dans d'affreux mouroirs – léproseries ou maladreries –, se voient contraints, à l'extérieur, à porter des clochettes pour prévenir de leur approche. Deux siècles plus tard, la * syphilis se répand d'Italie et de France à l'Europe entière. Le XVIIIe siècle connaît la variole, qui, jusqu'au siècle suivant, provoque ce que l'on appelle « la mort rouge ». Puis c'est au tour de la tuberculose, que les romantiques nomment consomption et les gens du peuple phtisie galopante. Les médecins conseillent aux riches d'aller s'aérer et prendre le

Charles Bovary, « officier de santé »

Uniquement rencontrés dans les grandes villes, les médecins étaient sous l'Ancien Régime d'autant plus rares qu'ils avaient dû aller étudier dans une des quatre grandes universités (Paris, Montpellier, Nancy et Strasbourg), les seules à délivrer des doctorats de médecine.

Dans les agglomérations plus modestes, on se contentait des chirurgiens, volontiers nommés « opérateurs » ou « chirurgiens opérateurs », généralement issus de milieux plus modestes, et qui évolueront ensuite fréquemment en « officiers de santé », selon une expression officielle désignant des médecins n'en ayant pas le titre, et dont niveau et compétences pouvaient évidemment varier. Une profession qui, en tout état de cause, ne permettait pas de faire fortune, comme le montre bien le personnage de Charles Bovary, le héros de Flaubert, qui en est le prototype et que l'on voit, au début du roman, épouser la fille d'un riche fermier normand et vivre ensuite gentiment. Il en va de même pour le bon Dr Bénassis, héros du *Médecin de campagne* de Balzac, qui avait l'habitude de « soigner les pauvres pour rien ». Il faudra attendre l'assurance-maladie, dans les années 30, pour voir sensiblement augmenter le nombre des médecins… et heureusement pour eux le tarif de leurs honoraires…

soleil en Italie, et aux pauvres de boire du lait, du vin de Bordeaux (toujours taxé de toutes les vertus), et de se calfeutrer en évitant les courants d'air. 40 pour 100 des prostituées en étant atteintes, elle devient rapidement une maladie honteuse que l'on s'efforce de cacher.

De toutes les épidémies, la peste est la plus redoutée. Au XIVe siècle, elle dépeuple la France puis réapparaît après chaque famine et avec les guerres, jusqu'à sa dernière épidémie, que l'on a dit avoir été déguisée sous l'appellation de « grippe espagnole ».

Le corps médical est insuffisant pour faire face à ces fléaux. En 1880, dans les départements du Finistère, de la Nièvre, des Hautes-Alpes, de l'Ardèche, mais encore du Rhône, de la Loire et de la Meurthe-et-Moselle, on compte à peine un médecin pour cinq mille habitants. Nulle part, on ne rencontre de spécialistes. Le pédiatre est inutile. Il n'aurait pas de clientèle. Jamais on ne consulte un médecin pour un enfant, incapable de dire où il a mal. L'ophtalmologiste, pour quoi faire ? À chaque foire, on peut trouver quelque vendeur ambulant proposant toute une panoplie de verres différents. L'idée n'est pas neuve, puisque dès le XIIIe siècle on corrige les « vues longues » par l'emploi de verres convexes, placés près des yeux et enchâssés dans un cercle de bois ou de corne, appelé « béricle », « bézigne » ou « bésicles », comme aussi « lunettes » (petites lunes). Vers 1830 apparaît le pince-nez puis le face-à-main qui fait fureur dans les années 1900. Les premiers verres de contact datent de 1888. Au colporteur de trouver dans son stock un article satisfaisant à lui seul tout les membres de la maisonnée !

Les soins dentaires sont bien souvent du ressort du maréchal-ferrant qui, à l'aide de ses tenailles arrache volontiers les vieux chicots avec parfois un morceau de gencive en prime. Mieux vaut, avant de s'en remettre à lui, bien prier sainte Apolline ou saint Rigobert. On peut toutefois attendre la foire où l'on sait trouver l'arracheur de dents. Sur une estrade, celui-ci opère en public, sans anesthésie, un joueur de tambour battant quelque sonore roulement au moment crucial pour couvrir les cris des patients… Quant à la brosse à dents, elle est évidemment inconnue. Au XVIe siècle, Érasme raconte que les Espagnols se lavent les dents avec leur urine. Montaigne, quant à lui, se contente d'une serviette. La brosse, lorsqu'elle arrive en France de Chine, à la fin du XVIe siècle, n'a de succès qu'auprès des snobs de l'époque qui la portent sur eux, en sautoir, comme un bijou recherché. Si l'on en croit le grand dictionnaire universel du XIXe siècle, sa diffusion est très lente…

Avant les années 1850-1870, le chirurgien ignore tout de l'anesthésie et des antiseptiques. Laissant les problèmes « intérieurs » au médecin, il s'octroie les parties externes, tumeurs, plaies, fractures, ulcères, etc., qu'il soigne à la lancette, saignant à qui mieux mieux. Longtemps il est aussi barbier, car les deux professions sont confondues en une seule. Seule obligation, il est tenu, au fil des temps et des catastrophes, à porter un signe de reconnaissance selon qu'il a ou non fait quelques études. Ainsi les chirurgiens sortant d'une école portent une robe longue et les vulgaires chirurgiens-barbiers une courte. Pour ceux-là, comme pour les dentistes, aucun diplôme n'est exigé. D'ailleurs, sous l'Ancien Régime, chacun s'accorde à reconnaître parfois comme les meilleurs chirurgiens d'autres spécialistes des instruments contondants, à savoir les bourreaux.

Les apothicaires, experts en plantes et remèdes variés – sous Louis XIII font fureur en leurs officines « l'huile de petit chien » et des « cataplasmes de crottes de chien » – , mettent un certain temps à se dissocier des professions de droguiste et d'épicier. Cependant ils sont soumis à un contrôle depuis que le roi Jean le Bon, en 1355, leur a ordonné d'indiquer le mois et l'année de la confection d'un produit pharmaceutique sur le récipient.

Quant au vétérinaire, tout aussi important pour nos ancêtres, sinon plus, compte tenu de ce que représente à leurs yeux le bétail, il est également rare. Plus connu sous le nom « d'artiste », du fait que les anciens élèves des écoles de Lyon ou d'Alfort, créées en 1763 et 1765, sont alors qualifiés « d'artistes vétérinaires », il est en concurrence avec les nombreux sorciers et surtout les « affranchisseurs de bétail », spécialistes de la castration des animaux mais qui sont cependant appelés à tout propos.

Dieu, la nature et leurs miracles restent donc longtemps les derniers décideurs de guérison. Tel ce cas singulier observé par un témoin digne de foi en la personne d'un médecin de Bourg-Saint-Maurice, sous le règne de Louis XVIII : « Un maréchal-ferrant qui n'était pas doué d'un esprit très brillant était fréquemment insulté par un jeune étourdi toutes les fois que celui-ci passait devant la forge. Un jour, le jeune homme railla le maréchal, qui, indigné, sortit subitement de sa forge ayant en main un fer rougi au feu, l'enfonça avec force dans le derrière du jeune polisson. Le fer pénétra et traversa de derrière en devant. Le blessé eut d'abord une soif ardente, des sueurs froides, un pouls intermittent et faible, et éprouva de grandes douleurs dans le bas-ventre. Le malade n'avait point encore rendu d'urine vingt-quatre heures après sa blessure. La plaie ne donnait ni sang ni pourriture. On lui donnait des lavements avec de la térébenthine, on le saignait, on employait des huiles, des émulsions. Un régime sévère de jardinage, d'autres aliments doux furent sa nourriture, les excréments et l'urine reprirent leurs voies naturelles, et la continuation des mêmes remèdes guérirent radicalement le malade qui devint plus honnête. »

Certains médecins auraient-ils su guérir à la fois les corps et les cœurs ? Un savant évêque du XIXe siècle, Mgr Gaume, l'explique dans son ouvrage érudit sur l'eau bénite : « Les miasmes délétères qui tuent les corps sont le produit de la corruption des âmes. Le mal physique est né du mal moral. »

« SACHANT QU'IL N'EST RIEN DE PLUS CERTAIN QUE LA MORT, NI DE PLUS INCERTAIN QUE L'HEURE D'ICELLE »

Il restait et il reste encore une seule chose contre laquelle la médecine s'est toujours montrée démunie : la vieillesse. Pourtant, le mythe de la fontaine de Jouvence remonte à la nuit des temps. La quête immémoriale du rajeunissement a toujours obsédé l'homme pour garantir le succès de bien des charlatans, jusqu'au brave « abbé Soury », inventeur d'un élixir fameux à la fin du XIXe siècle.

Nos aïeux ont tout essayé, en particulier toute sorte de testicules : ceux de lièvre, mangés crus par les Grecs, d'âne (surtout le droit), broyés et avalés dans du lait – de préférence du lait de cerf – séchés, réduits en poudre et mis dans du vin, ou d'hyène, mangés avec du miel… Ils croquèrent des têtes de serpent, de l'eau de poudre d'or préparée par les alchimistes (le pape Nicolas IV lui-même l'essaya) et inventèrent même la « gérocomie », méthode consistant à respirer l'haleine des jeunes filles. Rien n'y fit, au point que le vieux slogan « pour rester jeune » fait encore aujourd'hui recette en publicité.

Et nos ancêtres vieillirent. Ils vieillirent même vite. La vieillesse, autrefois, commence en effet très tôt. Prématurément usés et cassés par le travail (ce qui ne les empêche pas de continuer à l'assumer), les voici bientôt édentés. L'homme chauve porte la barbe longue et blanche qui se mêle aux favoris que l'on laisse également pousser. La femme, de son côté, arrive à la quarantaine déjà épuisée par l'alternance des grossesses et des allaitements. Chez les plus riches, on est vieux à cinquante ou soixante ans. Chez les autres, souvent avant la cinquantaine. D'ailleurs, au XVIIIe siècle, on peut estimer à quelque 10 pour 100 la proportion de plus de cinquante ans dans la population française, alors qu'elle est aujourd'hui de 30 pour 100 !

Tous les chiffres statistiques étant faussés par les énormes taux de mortalité infantile, il est difficile de dire quelle est réellement l'espérance de vie de nos ancêtres à leur naissance. Disons que l'homme ou la femme de soixante-dix ans est considéré comme tout à fait chenu. Dès lors, c'est à peine si l'on compte. Les curés, lorsqu'ils dressent des actes de sépulture d'individus « âgés d'environ soixante-quinze, quatre-vingts, quatre-vingt-dix ans… », n'ont, on le sait, aucun repère[1]. Les grands vieillards semblent n'avoir plus d'âge évaluable ! Les quelques centenaires que l'on peut rencontrer, exceptionnellement, sont en général plus que douteux. « Âgé d'environ cent ans », signifie davantage « très vieux ». Personne n'a compté, à commencer par l'intéressé, et personne ne peut dire si il ou elle a quatre-vingt-sept, quatre-vingt-treize ou cent un ans !

Jusqu'à ce que l'état civil devienne fiable, au XIXe siècle, il convient de se montrer prudent. Méfiance donc à l'égard, par exemple, de Claude Claudot, mort à Omelmont le 26 septembre 1716 à l'âge de cent quinze ans et à propos duquel le curé d'Houdreville (Meurthe-et-Moselle) précise : « Son grand âge n'empêchait pas qu'il n'eût l'esprit très présent et m'a raconté plusieurs choses mémorables qui se sont passé de ses jeunes ans, lesquelles il circonstanciait mieux que font aucun historien. » Prudence aussi à l'égard de Domange (Dominique) Bonnemaison, morte le 6 septembre 1777 à cent vingt-deux ans à Laurignac, diocèse de Lombez (Gers), et dont on nous dit qu'elle n'avait jamais été purgée ni saignée et qu'elle ne fut privée de la vue qu'un an avant sa mort. On ajoute même qu'on a observé que le plus léger frottement sur ses mains faisait sortir de la poussière !

Les témoignages du XIXe siècle et du début du XXe inspirent davantage confiance quant à leur authenticité. D'ailleurs, les vieillards sont souvent choisis comme sujets de cartes postales lorsqu'ils sont encore à peu près photogéniques. La photo d'Anne Nectoux[2], à Broye en 1926, ressemble assez à celle de Rose Hirson, prise à Villequier-Aumont en 1908. À la différence que cette dernière a sa carte avec autographe. Tout comme M. Hémery pour lequel le texte dit : « Voici un centenaire porte-bonheur, M. Hémery, âgé de cent quatre ans, né le 15 mars 1806 à Champeaux (Côte-d'Or), habitant actuellement 9, avenue

---

1. Voir article p. 64.
2. Dont curieusement une des filles sera elle-même centenaire en 1949.

du Chemin-de-Fer, Le Raincy, chez son petit-fils », avec, au bas, un slogan imprimé : « M. Hémery souhaite au destinataire de battre son record ! »

Difficile, donc, de parler des vieillards d'autrefois. Henri Vincenot, né en 1912, pour avoir connu trois de ses arrière-grands-parents, fait vraiment ici figure d'exception ; nos ancêtres des XVIIe et XVIIIe siècles ne connaissaient souvent aucun de leurs grands-parents puisque, dans une bonne proportion des cas, un seulement des quatre parents est encore vivant au mariage de ses petits-enfants.

On a vu que nos vieux, une fois grand-père ou grand-mère, se recyclent souvent dans le gardiennage des troupeaux et l'éducation des jeunes enfants. Ils racontent leurs souvenirs aux * veillées et, pour les anciens vétérans, leurs récits de soldats. Ils gèrent aussi les réseaux de parenté et les stratégies matrimoniales. Bien souvent, ils concluent quelque arrangement avec leurs enfants chez le notaire du bourg afin de garantir leurs vieux jours, à moins qu'ils ne l'aient prévu dès le contrat de mariage du fils ou de la fille. Enfin, ils pensent à régler leurs affaires.

Le testament, sous l'Ancien Régime, vise moins à assurer la destinée des biens temporels que celle de l'âme. Lorsqu'on sent la fin prochaine, on va chez le notaire ou plutôt on le fait quérir, restant « dans son lyct, malade ». L'homme de loi arrive avec ses « agoubilles », c'est-à-dire ses différents instruments de travail, et commence à officier selon les belles formules en usage alors : « Au nom de Dieu Amen », commence-t-il à écrire alors que son client se signe. « Sachant qu'il n'est rien de plus certain que la mort ni de plus incertain que l'heure d'icelle », le testateur invoque l'intercession d'un nombre variable de saints – parfois impressionnant – : son saint patron, la Sainte Vierge, son « bon ange gardien », … il rend mille et mille grâces et respects au Créateur, puis énumère ses volontés dernières, pratiquement limitées au plan religieux. Il demande qu'on l'inhume en tel ou tel lieu. Avec des dons proportionnés à sa condition et à sa fortune, il commande messes, neuvaines, trentins, ou célébrations à perpétuité, lègue quelques oboles à son curé et à divers établissements charitables. Éventuellement, il songe à donner quelque somme ou souvenir à ses proches, ses filleuls, et surtout à ses domestiques lorsqu'il en a. Ses affaires étant en ordre, il attend dans le calme, que vienne « l'heure des heures », celle à laquelle toute sa vie de chrétien n'a cessé de le préparer, et qu'à chaque instant la vie quotidienne lui a rappelée. Alors, autour de lui, la maison tout entière se prépare au « grand passage ».

« L'HEURE DES HEURES » ET LES « LARMES D'ARGENT »

« M. le Curé s'en va donner le Bon Dieu. » Tout le quartier, tout le village est au courant. Devant lui, l'enfant de chœur tient la croix. De jour, il agite une clochette d'argent, et les gens, l'entendant, s'arrêtent de travailler, s'agenouillent et se signent. De nuit, il tient une lanterne. Chacun sait que l'un des membres de la communauté a commencé son agonie. Dans une maison du village, un scénario profondément dramatisé est entamé, car, autrefois, on meurt en public, devant parents, voisins et amis. On meurt entouré et aussi, sinon résigné, obéissant à l'arrêt divin. Près du lit du mourant, on récite des prières en commun tandis que brûle le cierge de la * chandeleur ressorti de l'armoire.

Puis, l'homme, ou la femme, s'éteint. De peur de prononcer le mot de mort, on dit le plus souvent qu'il « passe », ou « trépasse ». À la ferme ou à l'atelier, on arrête alors tout travail. On dételle les bœufs ou les chevaux. On va en informer les « mouches », c'est-à-dire les abeilles, toujours considérées comme susceptibles et pointilleuses à cause de leur dard. On met un voile noir au sommet de leur ruche, qui a, paraît-il, le don de les faire s'abstenir de butiner pour participer au deuil.

À la maison, on arrête les sonnettes et les balanciers des

horloges, on voile les glaces lorsque l'on en a (pour ne pas que l'âme puisse y voir son reflet), on vide toute eau contenue dans les récipients (soit pour que l'âme ne s'y noie pas, soit que l'on pense au contraire qu'elle s'y est lavée de ses péchés), parfois on ôte une tuile du toit pour lui laisser une sortie vers le ciel.

De quoi donc avait cure un curé ?

De quoi ? Ou plutôt de qui ? Quelle question ! Un curé avait autrefois la *cura animarum,* autrement dit la charge des âmes. Des âmes de ses paroissiens, dont il devait prendre soin. C'est ce que l'on désignait par le mot « cure », qui ne s'appliquait nullement à l'origine à la maison dans laquelle il habitait, mais désignait le « bénéfice ecclésiastique » attribué au prêtre en raison des fonctions qu'il remplissait. La « cure » d'une paroisse consistait donc en l'usufruit de certains biens qui lui étaient attachés (par exemple des terres, léguées par des fidèles à leur mort), divers revenus destinés à assurer une aisance – souvent très relative – et souvent surtout, le montant des dîmes, impôts que le curé devait alors faire lui-même rentrer (il était alors dit « curé décimateur »).

De ce fait, certaines cures assurant une vie confortable devenaient l'objet de bien des intrigues, et se voyaient fréquemment transmises d'un oncle à son neveu. Les plus rentables faisaient même l'objet de spéculations, poussant les prêtres qui en étaient titulaires à les affermer à des « vicaires », autrement dit à des « vice curés », des curés suppléants. La hiérarchie était complexe et tout prêtre n'était pas curé, certains n'étant que vicaires ou simples « prêtres desservants », comme encore parfois « chapelains », se contentant de célébrer des messes dans des chapelles.

On se garde de balayer la pièce de peur de balayer l'âme du mort, et l'on se hâte de laver ses draps avant le jour de la * lessive. On dispose près du lit un récipient dans lequel on verse un peu de cette eau bénite que l'on est allé chercher à l'église le samedi saint. On y place un rameau, et le défilé des voisins commence. Chacun à son tour asperge le défunt. Quelque homme s'est chargé de la toilette du mort, quelque femme s'il s'agit d'une femme, bien souvent autrefois la * sage-femme qui, à ses talents déjà rencontrés, ajoute donc celui « d'ensevelisseuse ».

Un voisin est réquisitionné pour aller annoncer le décès et inviter aux obsèques, à moins qu'il n'y ait dans la commune un professionnel qui passe par les rues en agitant une clochette et que l'on appelle « crieur de mort », « clocheteur », ou « campanier » dans le Midi. C'est lui qui se charge de faire sonner le glas au clocher de l'église. Selon les régions, ce glas renseigne déjà largement sur l'identité du disparu.

Il existe en effet une grande variété de sonneries des morts, selon des variétés de rythme, de son, et selon le nombre de coups. En général ce nombre n'est pas le même pour les femmes et les hommes, voire pour les enfants (variant entre 9, 7 et 5, ou étant pair ou impair). Parfois, on sonne même autant de coups que le défunt a vécu d'années.

Le soir, autour du lit mortuaire, a lieu la « veillée » où litanies et grâces, que tout le monde récite par cœur, alternent souvent avec des moments de franche gaieté. Pour rester éveillé, il faut en effet manger… et boire. C'est l'occasion, pour chacun, de raconter de temps en temps sa petite histoire. On évoque souvent les aventures du pauvre annonceur de mort, qui lui aussi se doit de boire un verre dans toutes les maisons visitées, et que l'on retrouve parfois sur le talus en train de cuver alors qu'un compère compréhensif termine la tournée à sa place.

Le mort est roulé dans un « linceul » neuf, entendez par là un drap, un de ceux qui composent le * trousseau de la mariée. Il y est cousu avec une aiguille qui y trouvera [illegible]s dons multiples et y est vêtu de ses plus beaux vête[illegible]s, généralement, pour l'homme, de sa chemise de noces, et pour la femme, de sa robe de mariage, précieusement conservés à cette intention.

Le cercueil étant autrefois cher et peu courant, ce linceul en a longtemps tenu lieu, quitte à être transporté dans un cercueil à fond ouvrant qui sert à tous les paroissiens. Héritage de vieilles coutumes aux origines floues, le défunt est souvent accompagné, pour son dernier voyage, de quelques objets familiers : un outil, une bouteille, une médaille, une pièce de monnaie (pour M. saint Pierre), voire d'autres, plus insolites, comme un vielleux de mon village enterré avec sa vielle dans les années 1920.

Alors, les enterrements sont aussi rapides que les baptêmes. On inhume l'après-midi les morts du matin, et le lendemain ceux de la nuit. Lorsque à partir du siècle dernier cette précipitation se ralentit, un cérémonial, surtout en ville, se met peu à peu au point.

À la campagne, on continue à faire précéder le convoi funèbre d'un homme chargé de brûler de la paille çà et là sur son chemin, de manière à éloigner les mauvais esprits. La dépouille est transportée sur un char à bœufs, puis à cheval. Les animaux sont bien étrillés, et équipements et sabots sont soigneusement noircis. Rien ne doit briller dans leur harnachement. Ce n'est que lentement que s'imposent les chars d'apparat, nés en ville, avec tentures et plumets noirs. On les appelle des corbillards en souvenir du *Corbeillard*.

Tout le long du trajet, des arrêts avec des prières sont prévus. Au fur et à mesure que l'on s'approche de l'église, voisins et amis allongent le cortège. L'ordre y est rigoureux : parents du sexe masculin, hommes, parentes et autres femmes. Dans les premiers rangs, chacun est recueilli, alors que dans les derniers, on parle carrément affaires et ragots. En général, les femmes enceintes (et donc impures) sont toujours interdites de cortège. De même, bien souvent, les père et mère ainsi que le veuf ou la veuve du défunt sont dispensés d'y assister – pour ne pas ajouter à leur épreuve. Les porteurs ou porteuses sont choisis parmi gens que l'on veut honorer, avec toute une hiérarchi les honneurs lorsqu… instaure les quatre «tenants» du poê… de tenir les cordons ou les coins du voile de d… recouvrant le cercueil.

Sur le seuil de l'église, le prêtre accueille le corps du défunt et célèbre l'office des morts. Tandis qu'à la campagne tous les morts sont à peu près égaux, en ville, il en va tout autrement.

Le commerce des pompes funèbres qui se développe au XIXe siècle introduit les fameuses «larmes d'argent» sur les draps mortuaires, qui font dire à Proudhon que Dieu est désormais monnayable. Est-ce là réellement nouveau, lorsque l'on songe aux indulgences, aux dispenses de parenté ou à diverses autres institutions anciennes ?

Quoi qu'il en soit, on a alors, selon ses moyens, le choix entre plusieurs «classes» d'obsèques ; jusqu'à neuf à Paris, sans compter celle des pauvres, qui est gratuite. Les premières, qui coûtent des fortunes, offrent d'orgueilleux catafalques devant l'autel. Le clergé de la ville est tenu d'y assister au complet avec parfois près d'une dizaine de prêtres. On ne compte pas les cierges (de cinquante à soixante-dix, au moins) qui sont plantés dans des chandeliers d'or et dont la cire coule sur les draps mortuaires lamés d'argent. Les chantres chantent de toute leur voix pendant qu'au-dehors attend le char funèbre richement tendu de draps somptueux. Le cheval lui-même est paré, comme le destrier de nos ancêtres médiévaux les jours de tournoi.

Moins théâtrales sont les cérémonies des classes qui suivent: messes moins longues, personnel moins nombreux, or remplacé par l'argent. Puis, en descendant l'échelle sociale, la croix devient tout simplement de bois, le cercueil n'étant souvent déposé qu'au milieu de la nef. Le nombre de volées de cloches lui aussi est moindre. Mais la première classe ne coûte-t-elle pas 500 F (en 1847), contre quelque 20 F pour la dernière, soit respectivement environ cinq mois et cinq jours de salaire d'un maçon ? On comprend encore mieux la portée de la décision de Victor Hugo de réclamer le cercueil des pauvres.

L'office terminé, on procède à l'inhumation et chacun passe se recueillir sur la tombe des siens avant de présenter ses condoléances. Enfin, c'est la séparation. Les assistants se retrouvent au café du village pendant que « la famille », accompagnée des proches (parents, amis, voisins), regagne la maison mortuaire pour le traditionnel repas d'enterrement. Après s'être lavé les mains et avoir remis les pendules en marche, on se met à table, pour un repas en principe maigre, sans dessert, sauf parfois quelque mets traditionnel local, spécifique à cette circonstance, comme certains « gâteaux de mort ». Comme lors de la veillée, l'atmosphère y est détendue, seuls les rires en étant strictement bannis. Il ne faut pas oublier que l'âme erre pendant quarante jours avant d'être fixée sur son sort, et que les proches sont en deuil, tant par la perte subie que par l'incertitude où ils sont quant au sort du disparu dans sa nouvelle vie. Ils le manifestent d'ailleurs en portant des vêtements noirs, depuis qu'Anne de Bretagne en décida ainsi à la mort du roi Charles VIII (auparavant, le blanc était la couleur du deuil). Les femmes portent la coiffe de deuil et le long châle noir. Dans ce temps-là, tout est matière à évaluer les sentiments. Comme c'est aux enterrements que l'on recense la parenté, c'est dans le respect et la tenue du deuil que l'on mesure l'affection et le chagrin.

INTERDIT DE DANSER DANS LES CIMETIÈRES

Les deuils durent alors longtemps et sont assortis, outre des interdictions à participer aux assemblées et cérémonies joyeuses, de nombreuses obligations vestimentaires. Si dans les milieux simples et campagnards ces dernières ne varient guère durant le temps de rigueur, les milieux bourgeois et urbains avaient quant à eux mis au point un code des plus complexes.

Au XIXe siècle, la veuve, durant les six premiers mois, ne peut ici porter que des robes de laine noire, des châles noirs, des chapeaux à grand voile de crêpe, des gants et des bas noirs, et n'a que des mouchoirs ornés de noir, quelle que soit la saison. Durant les trois mois suivants, l'uniforme est allégé. Pour les trois suivants, on admet des robes de soie noire en hiver et des robes de taffetas en été. L'année terminée, il lui reste six mois de demi-deuil avec robe de soie noire ou blanc et noir ou violette.

De plus, le deuil, qui selon les termes de l'époque est un culte (et son respect « un devoir »), connaît toute une hiérarchie selon la parenté. On a vu que les « grands deuils » de parents, d'enfants, de veufs ou de veuves durent plus d'une année. Les deuils d'oncles et de tantes durent trois mois, ceux de cousins germains six semaines, de cousins issus de germains trois semaines et ceux d'« oncles à la mode de Bretagne » onze jours. Voilà pourquoi, du fait de l'importance numérique des familles d'autrefois, nos grand-mères prennent souvent le deuil à vingt ans pour ne plus jamais le quitter, entre ceux des oncles, des parents, des cousins, ou des dizaines et des dizaines d'arrière-cousins. Parfois, il leur faudrait presque un boulier pour ne pas se trouver en infraction. Aussi préfèrent-elles sans doute se résoudre à en faire leur perpétuelle tenue plutôt que de risquer de froisser quelque parent éloigné et d'être montrées du doigt dans la rue.

Cette période de deuil est ponctuée de différentes messes, dont celle dite de Quarantaine, en référence à l'Ascension du Christ, qui avait eu lieu quarante jours après Pâques. Cela, parce que la porte du ciel n'étant réputée s'ouvrir aux âmes que lors des nuits de pleine lune, il fallait attendre la pleine lune suivante pour que l'âme, après avoir erré un temps raisonnable et obligatoire dans les cieux, puisse s'y présenter. La messe de Quarantaine de nos ancêtres est d'ailleurs celle à laquelle assistent les femmes, la veuve et les filles qui n'ont pas suivi leur mari ou père à l'église le jour de l'enterrement. Un an après la mort est encore dite la « messe du bout de l'an », sans compter toutes celles « fondées » par le défunt dans son * testament ou par les siens contre menue monnaie.

Ces jours-là, chacun se retrouve sur sa tombe, comme on s'y retrouve le lendemain d'un mariage ou après la messe dominicale, tant il est vrai qu'alors, dans les cimetières entourant les églises, la communauté des morts est sans cesse associée à celle des vivants. Mais ces défunts ne reviennent-ils pas régulièrement sur terre aux vigiles, c'est-à-dire les veilles de certaines grandes fêtes comme la * Saint-Jean d'été, la * Toussaint ou encore la nuit de * Noël ? On prend garde alors de ne pas les rencontrer sur les chemins où ils sont censés suivre un vieux prêtre allant dire une messe dans une chapelle en ruine. Ces jours-là, on a bien soin de leur laisser la porte ouverte, le feu allumé et quelque aliment sur la table de leur ancienne maison.

Mais au fait, quelle est leur nouvelle maison et où donc sont enterrés nos ancêtres ? Pas toujours au cimetière, il s'en faut, et là encore, l'histoire nous surprend largement.

À ses débuts, le cimetière n'avait guère de caractère vraiment sacré. Au Moyen Âge, certains comptent même quelques habitants bien vivants qui y font construire leur maison. Il faut plusieurs interventions pour mettre un peu d'ordre dans son périmètre. Le concile de Rouen, en 1231, interdit d'y danser (ainsi d'ailleurs que dans les églises), et longtemps les curés puis les maires ont dû se gendarmer pour en évincer les paysans venus y faucher de l'herbe pour leurs lapins, et surtout les oies, les vaches ou les cochons que l'on peut y rencontrer à la recherche de leur pitance. Les paroissiens, eux, ne semblent pas s'en choquer outre mesure.

Très longtemps, les sépultures « chic » sont choisies dans l'église, et là encore avec toute une hiérarchie d'honorabilité selon que l'on est plus ou moins près de l'autel, de tel saint ou de telle chapelle. Comme au cimetière, chacun tient à être le plus près possible de la croix ou du lanternon, assez fréquent dans les régions du Sud-Ouest. Dans une paroisse, quiconque a un certain « standing » est donc inhumé sous le sol de l'église, d'où les si fréquentes dalles funéraires que l'on trouve encore en guise de dallage.

Au cimetière : le gîte sans le couvert...

Savez-vous que le « cimetière », selon son étymologie grecque, désignait le « lieu où l'on dormait, le dortoir » ? Dortoir éternel, oui, puisque, là encore pour éviter de prononcer des mots redoutés risquant de porter malheur, on allait « reposer » en paix, couché sous la terre, ou plutôt, comme on disait au Moyen Âge, « gisant ».

Car alors, le verbe *gésir* l'emportait nettement sur *coucher,* signifiant quant à lui plutôt « étendre », notamment des lignes sur du papier, comme lorsque l'on *couche* quelqu'un sur un testament.

Et les témoins de cette suprématie de *gésir* sur *coucher* sont nombreux : ce sont nos *gisants* (que l'on nommait aussi parfois « dormants »), nos *gisements* de fer ou de charbon, qui sont des « couches » de minerai, ou encore l'ancienne expression de « femme en gésine », désignant la femme en couches. Sans oublier, en retournant au cimetière, d'évoquer la très classique formule d'épitaphe « Cigît Untel », pour « ici repose ».

De là aussi est venu notre mot « gîte », souvent associé au « couvert », désignant quant à lui ce qui « couvre » la table et par extension le repas, comme c'est encore le cas dans notre expression « offrir le gîte et le couvert ».

Mais les inconvénients, nombreux, ont été finalement dénoncés, en particulier les exhalaisons, pestilences « vitrioliques, sulfureuses, salines et arsenicales » que ces dépôts de corps ne manquent pas d'engendrer, surtout dans les églises urbaines dotées d'une bourgeoisie aussi nombreuse que nantie. Une ordonnance de mars 1776 finit par interdire l'inhumation dans les églises, quitte parfois à provoquer des émeutes lors des cérémonies. Seuls les archevêques, évêques et curés conservent ce privilège.

Toutefois, les inhumations au cimetière sont souvent également cause de troubles, à commencer par la pollution de nombreux puits voisins dans les campagnes. L'exemple le plus inquiétant est le cas du cimetière des Innocents, à Paris, où l'on inhume incessamment durant neuf cents ans, de 890 à 1790, et où se tient un marché public des plus fréquentés de la capitale pour la vente de légumes. Peu à peu, en ville comme à la campagne, on s'efforce de transférer le cimetière à l'extérieur des agglomérations, chaque fois du moins que le clergé et la population veulent bien l'accepter.

C'est là une terre bénite avec laquelle on ne peut guère prendre de fantaisie. Pas plus que l'on ne peut y inhumer n'importe qui ! Les enfants non baptisés en sont exclus. À l'extérieur, sous la haie ou le mur, un endroit leur est en principe réservé. Quant aux adultes, nombreux sont ceux qui s'en voient privés. Il n'est ainsi pas question d'enterrer religieusement un comédien, non seulement au siècle de Molière, mais bien plus tard encore. Un scandale ébranle ainsi Paris lorsque, en 1802, le curé de Saint-Roch interdit l'entrée de son église au convoi d'Adrienne Chameroy, danseuse à l'Opéra. Duellistes et prostituées sont logés, si je puis dire, à même enseigne. Tout comme les concubins, qui ont préféré pécher en ayant un commerce charnel hors mariage. Il en va de même pour les suicidés. Contrevenant aux commandements divins en s'étant donné la mort, bien souvent ils sont voués à être inhumés face contre terre et devant la porte du cimetière afin que leur corps soit éternellement foulé aux pieds par leurs descendants, à moins que leur famille, pour éviter cette infamie, prouve leur aliénation mentale. Inutile de préciser encore que les protestants se voient longtemps interdits des cimetières catholiques, d'où les pratiques fréquentes dans certaines régions, comme la Charente, de se faire enterrer sur sa propriété.

N'allez cependant pas croire qu'il suffit d'être catholique pour avoir droit à cette sépulture tant recherchée. Encore faut-il avoir été un « bon » catholique, ce que certains curés-gendarmes se font un devoir de vérifier. Ainsi, le curé de Gy-l'Évêque (Yonne) relate un enterrement en 1747 : « Le 26 de mai est décédé Claude Rapin [...] âgé d'environ cinquante-cinq ans. Lequel, pour avoir négligé ses devoirs de chrétien pendant environ vingt-quatre ans et n'y ayant point pensé même pendant sa dernière maladie a, par ordre du grand vicaire, été inhumé sans chant, sans son et sans luminaire dans le cimetière de cette paroisse le jour suivant son décès. »

La simple négligence du sacrement d'extrême-onction vaut souvent bien des tracas aux familles en deuil, si ce n'est une bonne admonestation en public. Ainsi, à Paris en mai 1809, une boutiquière n'a pas osé faire venir un prêtre lors de l'agonie de sa fille de dix-neuf ans afin de ne pas la terrifier. Le curé de Notre-Dame-des-Blancs-Manteaux accepte de l'enterrer religieusement, mais ne mâche pas ses mots à l'homélie. « Elle est morte, dit-il, sans confession, sans sacrement, vous la croyez ici : elle n'y est plus ; elle brûle présentement dans les flammes de l'enfer. Si elle pouvait parler encore, sa voix sortirait du cercueil pour accuser ses parents, gens immoraux et sans foi[1]... » Des jeunes filles s'évanouissent, la famille s'en plaint, mais l'archevêque cautionnera son curé. Voilà peut-être pourquoi, dès le Second Empire et avec le développement des sociétés de libres penseurs, les enterrements civils commencent à apparaître en ville. Ce sont là des « enterrements de bêtes », n'hésitent alors pas à proclamer les prêtres qui interdisent à leurs bigots et bigotes d'y assister.

Heureux donc, nos ancêtres qui reposent dans ce carré de terre bénite. Autrefois ils dorment sous le simple gazon, avec une croix de bois et éventuellement une modeste palis-

---

1. Cité par Pierre Pierrard, dans *La Vie quotidienne du prêtre français XIXe siècle.*

sade. Le temps n'est alors ni aux fleurs achetées chez les fleuristes ni aux monuments. Ce n'est qu'à la fin du XIXe et au début du XXe siècle que les édifices mortuaires vont se multiplier : colonnes, stèles, chapelles et autres mausolées par lesquels rivalisent, surtout en ville, les familles bourgeoises et nobles. À la campagne, le cimetière continue souvent à refléter parfaitement la structure sociale de la commune.

Selon les régions, nos ancêtres reposent au cimetière souvent près d'un arbre, cyprès en Provence, if en Normandie, sapin en Alsace, noyer en Poitou, pommier en Normandie, ou encore quelque autre arbre fruitier. Mais voilà qu'un seul de ces arbres peut parfois suffire à troubler leur repos éternel. Car qui donc est propriétaire de ses fruits, la commune ou la « Fabrique » qui gère l'église ? Pierre Pierrard rapporte le conflit qui, en 1834, oppose ainsi ces deux protagonistes à propos des fruits que le maire avait fait saisir, comme encore celui qui oppose, en 1843, l'évêque de Valence et le maire de Pègue (Drôme) à propos des feuilles des mûriers plantés dans le cimetière. En 1868, l'évêque d'Angers intervient de même contre le maire de Saint-Germain-sur-Moyne, pour lui réclamer le produit de la vente du trèfle qui pousse dans le cimetière.

En Franche-Comté, on raconte qu'autrefois les morts se sont fait inhumer le visage contre terre « pour ne plus voir l'envahisseur espagnol ». En voilà au moins qui ne risquaient pas d'avoir « à se retourner dans leur tombe » pendant qu'au village la vie continuait, imperturbablement, d'un bout de l'année à l'autre.

3.

LE ROMAN VRAI D'UNE ANNÉE

LA RONDE DES MOIS ET DES SAISONS

En dehors des événements liés à la vie et à l'âge de l'homme, chaque année qui s'écoule est régulièrement jalonnée de fêtes et de rites, de travaux et d'activités, réglés tant par la nature et les saisons que par la liturgie. À tout moment, la fête d'un saint ramène une foire ou un pèlerinage. L'entrée dans une saison nouvelle voit les jeunes du village partir en tournée à travers la paroisse pour chanter des cantiques ou quêter des œufs. D'autres fêtes donnent lieu à des bûchers et des brandons, des danses ou des repas pris en commun.

On ne peut pas dire que l'atmosphère soit sombre et triste. Certes, nos ancêtres vivent des périodes de restrictions. Les jours de jeûne, le carême en particulier, sont des moments difficiles. Mais toujours des temps de joie arrivent, quand ce n'est pas, comme à carnaval ou à la fête des Fous, des temps de déraison et de folie, où chacun laisse libre cours à ses fantaisies. Somme toute, l'année telle que la vivent nos aïeux est assez bien dosée, et ce dosage n'est pas sans relief.

Il n'en reste pas moins que la plupart des activités qu'ils se voient proposer sinon imposer tous les ans par le calendrier peuvent nous sembler lourdes et asphyxiantes, et on peut se demander comment un peuple réussit à retenir toutes ces pratiques dont le fondement, souvent séculaire, lui échappe la plupart du temps complètement. À cela, la réponse est que hommes et femmes de la société traditionnelle n'ont pas d'autres connaissances à assimiler et à transmettre, n'ont pas d'autres loisirs et ne vivent que dans l'univers de leur paroisse et des paroisses voisines. Dans ce contexte, il est évident que la moindre amusette sociale ou le moindre événement local revêt une importance extrême. Leur souci majeur est toujours d'essayer de deviner l'avenir. À tout moment, ils guettent la moindre manifestation du monde extérieur qui pourrait les renseigner. Vieux rêve humain que de connaître la destinée ! Mais encore essaient-ils aussi de prévoir la météorologie aux conséquences capitales pour eux et font-ils en sorte de ne pas contrarier ceux à qui l'on prête le pouvoir de la régler.

On touche là aux plus antiques mythes et cultes humains. Pouvons-nous imaginer, au seuil du XXIe siècle, quelle a pu être la crainte de nos très lointains ancêtres de la préhistoire, chaque soir, lorsque se couchait le soleil ? Ignorants de toute loi planétaire, quelles garanties avaient-ils de revoir la lumière baigner la Terre le lendemain ? Quelles garanties avaient-ils que le beau temps reviendrait après la pluie et l'été après l'hiver ? De fait, il semble bien que toutes les sociétés primitives aient adoré le soleil, ou plutôt la lumière du jour, et que la plupart des religions aient été bâties sur la lutte du jour contre la nuit, de la lumière contre les ténèbres.

Notre sujet n'est pas si éloigné de tout cela. En effet, la religion de nos pères a repris, soit dans ses textes soit par la christianisation de coutumes païennes préexistantes, bon nombre d'éléments de ce vieux culte solaire. Jésus-Christ, souvent appelé Lumière, naît au moment du solstice d'hiver, lorsque le jour recommence à l'emporter sur la nuit. Les hommes se purifient pendant le carême, à l'image du Christ mais aussi à celle de la nature qui va bientôt renaître avec le printemps. En tant que généalogiste, et donc en tant qu'historien du quotidien, cette façon de lire et de comprendre l'année n'a pas à être la mienne. À tout moment, cependant, vous la retrouverez en filigrane et c'est elle, souvent, qui vous permettra de comprendre le sens des gestes et des

actes que vos ancêtres ont répétés durant des siècles et que vous vous surprendrez encore à accomplir tout au long d'une année. Après tout, cette année n'avait-elle pas ainsi autant de sens qu'elle n'en a aujourd'hui, rythmée par les vacances, le ski, la plage, les week-ends, le métro ou les épisodes des séries télévisées ?

MAIS QUAND DONC COMMENCE L'ANNÉE ?

Combien de mots de tous les jours nous sont complètement hermétiques ! Nous vivons avec eux sans avoir souvent une idée de leur sens et de leur histoire. Témoins les noms de nos jours et de nos mois.

Les premiers contiennent tous les suffixe « -di », hérités du mot latin *dies* (le jour). Chacun étant consacré, dans l'ordre, à la lune (lundi), au dieu Mars (mardi), au dieu Mercure (mercredi), au dieu Jupiter (jeudi), à Vénus (vendredi), le samedi étant le jour du sabbat *(sambadi dies)* et le dimanche celui du Seigneur (sur le latin *dominus*, le maître). Mélange d'héritage romain et hébreux.

L'histoire des mois est liée à celle du calendrier. Mais qui a inventé le calendrier ? La tradition veut que ce soit Numa Pompilius, second roi de Rome et successeur de Romulus, qui divisa l'année solaire en trois cent cinquante-cinq jours répartis en douze mois, auxquels il ajouta un treizième de vingt-deux jours. Il donna un nom aux quatre premiers et aux deux derniers et, peut-être à court d'imagination, se contenta de numéroter les six autres. Il décida ainsi de consacrer le premier mois de l'année au dieu de la guerre, de surcroît père du fondateur de Rome selon la mythologie, et lui donna le nom de Mars. Le second était celui où la terre et les bourgeons s'ouvraient. Le verbe latin *aperire* « s'ouvrir » fut donc à l'origine de notre avril, et reste encore plus proche du *april* anglo-saxon. Le troisième, consacré aux *majores*, c'est-à-dire aux hommes âgés, devint « mai », et le suivant, « juin », est consacré aux *juniores*, c'est-à-dire aux jeunes gens. Sur ce point, les latinistes se partagent, certains tenant que mai doit son nom à la déesse Maia et juin à Junon. Ensuite, c'est le trou… Le père du calendrier manque d'inspiration, il numérote les mois de cinq à dix. Au onzième, la muse revient le visiter et lui propose d'honorer Janus, le dieu des portes, des ponts et des passages, d'où l'étymologie de « janvier » (Januarius). Avec Februarius, il rend hommage à Februa, vieux dieu sabin de la purification, assimilable à Pluton, le dieu des Enfers. Ainsi bouclé, le calendrier de Numa semble avoir tenu quelque sept siècles, jusqu'à l'arrivée de César.

Réformateur et organisateur, celui-ci décide de le remodeler. Il supprime le treizième mois et fait commencer l'année en janvier, mais omet curieusement de débaptiser les anciens mois numérotés qui ont pourtant changé de rang, et voilà pourquoi septembre, octobre, novembre et décembre continuent à porter en leur nom les numéros sept, huit, neuf et dix. À sa mort, on lui fera l'hommage du septième mois, appelé juillet d'après « Julius » Caesar, comme on dédiera plus tard le suivant à la mémoire de l'empereur Auguste, mois que les Anglais continuent à nommer « August » alors que nous l'avons réduit à « aoust » puis à « août ».

Mais l'histoire du calendrier ne s'arrête pas là. Il connaît encore bien des avatars. Au Moyen Âge, seuls les clercs et les milieux lettrés, c'est-à-dire essentiellement les religieux, l'utilisent. Nos ancêtres, illettrés, n'en ont que faire et se règlent sur la lune et le soleil. L'almanach des postes ne pénètre dans les chaumières qu'en 1855. Le début de l'année varie donc beaucoup, selon les religions, les lieux et les époques. Il oscille entre le 1er mars, comme avant Jules César, et le 25 mars, jour de l'Annonciation, neuf mois avant la naissance de Jésus pour Noël. Ce n'est qu'en 1564 qu'un édit de Charles IX le fixe définitivement au 1er janvier.

En 1582, survient une autre réforme, à l'initiative du Vatican cette fois-ci, suite au décalage de l'année civile de dix jours par rapport à l'année solaire. Le pape Grégoire XIII décide de les récupérer, décrétant que, pour une fois, le 4 octobre s'appellera le 15 octobre. Les Anglais, hors de l'Église de Rome, attendront 1752 pour ce réajustement, et les Russes 1918, d'où les doubles dates que donnent toujours les historiens aux journées de la révolution d'Octobre.

Quand l'année était un anneau

L'année, à tous les niveaux, est une très proche parente de l'anneau. Symbolisée par le cercle et le cycle, comme celui du Zodiaque ou du serpent qui se mord la queue, elle représentait pour nos ancêtres un processus cyclique parfait, et donc tout à fait représentable par un anneau.

L'anneau était d'étymologie très proche, sinon identique – le mot « annel » signifiait à la fois « anneau » et « annuel ». Toutefois, il ajoutait d'abord à ce symbolisme un sens de lien et d'attachement. Il n'est qu'à songer à l'anneau nuptial, à l'anneau pastoral, ou encore à l'*anneau du Pêcheur,* qui sert de sceau pontifical, et que l'on brise à la mort du Pape.

Mais le symbolisme de l'anneau ne s'arrêtait pas là : cet objet avait notamment la réputation de protéger : ne rappelait-il pas la ceinture de murailles construite autrefois autour des villes antiques et médiévales ? Il était également signe de vœu et de fidélité, mais surtout et encore plus de savoir et de puissance, comme en témoigne, dans la mythologie scandinave, le fameux anneau des Nibelungen, qui sut inspirer les opéras de Wagner.

Puissance, attachement, temps, cycle des saisons, tout cela ne parle-t-il pas d'éternité ?

Il reste encore un soupçon de décalage que l'on a gommé en créant les années bissextiles, sous réserve que les années séculaires ne le seront que si leurs deux premiers chiffres sont divisibles par 4. Ainsi 1600 et 2000 ont compté 366 jours, alors que 1700, 1800 et 1900 se sont contentées de 365. Il paraît, pourtant, que l'on prendrait encore, malgré toutes ces institutions, un jour de décalage par rapport au soleil tous les 4 442 ans… Affaire à suivre.

Le calendrier devra sa dernière aventure à un Carcassonnais, un certain Fabre, qui, aux Jeux floraux de Toulouse, a gagné une fleur d'églantine en métal précieux. Il n'en a pas fallu davantage pour que son esprit poète le pousse à se rebaptiser Fabre d'Églantine. Grand adepte des idées révolutionnaires, il siège à la Convention lorsqu'un mathématicien auvergnat, Romme, présente un rapport sur la nécessité de créer un calendrier révolutionnaire. Abandonnant l'ancien calendrier grégorien jugé par trop religieux, le nouveau débute à la naissance de la République, le 22 septembre 1792, date beaucoup plus importante aux yeux de Romme que celle du Christ. L'année est divisée en douze mois égaux de trente jours complémentaires. Chaque mois compte trois parties de dix jours appelées décades. L'année se termine par cinq jours nommés « sans-culottides », auxquels s'ajoute un sixième, nommé « franciade », en année bissextile. En bon mathématicien, Romme se contente de chiffres pour dénommer mois et jours, d'où des dates désormais dénuées de toute poésie.

Fabre d'Églantine bondit et présente immédiatement un projet de dénomination des mois et des jours aussitôt adopté. Les jours restent primidi, duodi, tridi, quartidi, quintidi, sextidi, septidi, octidi, nonidi et decadi. Les mois, en référence à la météorologie, deviennent, pour l'automne : vendémiaire, brumaire, frimaire (mois des vents, des brumes et des frimas), pour l'hiver : nivôse, pluviôse et ventôse (neige, pluies et vents), pour le printemps : germinal, floréal, prairial (germination, floraison, prairies), et pour l'été messidor, thermidor et fructidor (moissons, chaleur estivale et fruits). Les cinq derniers jours-tampons prennent le nom de sans-culottides.

Mais Fabre d'Églantine va plus loin et remplace les fêtes quotidiennes des saints par des hommages rendus aux vertus, à la nature, au travail. Il dédie par exemple le 5 frimaire au cochon, le 7 au chou-fleur, le 10 à la pioche, le 8 nivôse au fumier, le 16 au silex, le 23 pluviôse au chiendent, comme d'autres à la rhubarbe, à la tulipe, à la carpe, à l'arrosoir … ce qui n'empêche pas quelques fanatiques de l'époque d'en choisir certains pour baptiser leurs rejetons qui, le plus souvent, se hâteront, à l'âge adulte, de reprendre un prénom « plus catholique ».

L'œuvre de Romme et de Fabre d'Églantine ne devait pas survivre à l'Empire. Le calendrier grégorien est repris au 1er janvier 1806, huit ans cependant après la mort de ses inventeurs, tous deux condamnés à mort sous la Terreur.

DE LA CHANDELEUR À LA SAINT-VALENTIN

Puisque aucune date n'était historiquement incontestable quant au choix du début de l'année, je choisis ici de la faire commencer en février, non sans raison.

« À la Chandeleur, dit-on, l'hiver s'arrête, ou prend vigueur. » Un tournant s'amorce. Les jours, qui augmentent d'abord du saut d'une puce depuis la Sainte-Luce (du latin *lux*, la lumière) puis du saut d'une jument depuis le jour de l'an, ont désormais bonne mesure. La terre et la nature endormies vont préparer leur réveil. Nos paysans, enfermés chez eux et vivant au rythme des veillées vont peu à peu pouvoir regagner les champs. Le village tout entier quitte sa torpeur hivernale.

La date mérite donc d'être remarquée et célébrée. Avec des crêpes, peut-être, mais avant tout avec des chandelles. La chandeleur est en effet la fête des chandelles, c'est-à-dire de la lumière, de cette lumière qui purifie (se souvenir de l'étymologie romaine de ce mois de février). Ce n'est pas un hasard non plus si l'Église a placé ce jour-là la présentation de Jésus au Temple et les « relevailles » de la Vierge Marie, quarante jours après son accouchement. Que sont en effet, comme on l'a vu, les relevailles sinon la purification de la mère, de la femme souillée par l'acte sexuel et la maternité ?

La Chandeleur doit donc son nom à la chandelle – la crêpe, elle, ne viendra que plus tard.

La chandelle, appelée justement « chandelle de la Vierge », est bénite par le prêtre à la messe du matin. Chaque famille y apporte la sienne et la rapporte à la maison. Souvent, on essaie de la maintenir allumée sur le trajet qui prévoit un crochet devant les ruches, pour rendre hommage aux abeilles qui en ont fourni la cire. Du fait de leur aiguillon celles-ci ont longtemps été considérées par nos ancêtres comme des êtres pointilleux et susceptibles.

Le porteur du cierge bénit passe ensuite à l'étable, où il fait quelquefois, comme en Auvergne, couler quelques gouttes de cire sur le joug des bœufs. Ensuite, il entre à la maison. Si le cierge est resté allumé, c'est signe de prospérité, sinon, son extinction est signe de mort dans l'année, pour le porteur ou un membre de la maisonnée. Puis, le cierge de la Chandeleur est rangé soigneusement dans l'armoire d'où il sera retiré éventuellement en des circonstances très précises et dramatiques, comme pendant un accouchement, pour veiller un mort, ou par temps d'orage violent.

Plus tard, à la veillée, vient le moment des crêpes, seule coutume à subsister encore de nos jours. On les fait cuire de la main droite, un louis d'or dans la main gauche en gage de richesse. Les plus habiles arrivent à les lancer au-dessus de l'armoire. On les y laisse alors toute l'année, ravis de ce présage, signe d'une abondante récolte de blé pour l'été à venir. Enfin, chacun passe à table et se régale de celles qui ont échappé à l'armoire.

Le lendemain, la fête de saint Blaise réunit à nouveau les paysans à l'église. Ce sont en général les femmes qui y vont, en emportant des seaux de grains. Le prêtre bénit les semailles de printemps et en garde une partie en rémunération de ses saints offices. Aujourd'hui, plusieurs régions ont conservé à cette date la tradition de banquets agricoles, où chacun profite encore de la morte-saison.

Mais plus les jours augmentent, plus les activités extérieures redeviennent importantes. Le 14 février, selon une croyance médiévale, les oiseaux recommencent à s'accoupler. Les pigeons donnent aux jeunes gens l'idée de les imiter et de roucouler de leur côté. Ce serait là l'origine de la Saint-Valentin qui, avant l'école obligatoire de Jules Ferry, ne donnait guère lieu à des échanges de cartes postales illustrées et pour cause. Mais en réalité la fête des amoureux est liée à une tout autre fête, celle de carême-entrant, qui est sans nul doute un des points forts du calendrier d'autrefois.

SAINT-DÉGOBILLARD ET SES SOUFFLES-À-CUL : LA LICENCE DES JOURS GRAS

À Nice, il ne faisait autrefois pas bon, en temps de carnaval, se promener dans les rues sans protection pour le visage car les confettis d'antan étaient des boulettes de plâtre. Pis, au Moyen Âge, nos ancêtres se jetaient à la figure des œufs, gobés et remplis de sable, ou mieux encore du poivre.

Pourquoi des œufs ? Il y avait là encore toute une symbolique aujourd'hui oubliée mais pourtant directement liée au carnaval. Bien que très variable d'une province à l'autre, voire d'une ville ou d'un village à l'autre, le carnaval est d'autant plus important qu'il représente les derniers jours gras avant le carême.

Le carnaval est préparé longtemps à l'avance. Dès le dimanche de septuagésime, soit trois semaines plus tôt. Ce jour-là, à l'église, on entonne pour la dernière fois l'antienne

Alléluia. Parfois même, comme en Bourgogne, les enfants de chœur procèdent à un simulacre de funérailles : l'Alléluia est enterré. Le soir, aux veillées, on parle des farces, des festins et des déguisements des grands jours. Enfin, le temps du carnaval arrive.

Pendant longtemps, il débute dès le jeudi précédant les Cendres pour se réduire finalement à trois jours : dimanche, lundi et Mardi gras, appelés à Nantes Saint-Goulard, Saint-Pansard et Saint-Dégobillard. Dans le Midi, le mardi est souvent appelé Saint-Crevaz : c'est l'apothéose, c'est Carmentran (carême-entrant), c'est *carne levaris* (en latin : viandes ôtées).

Avant d'entrer dans le plus long jeûne de l'année – on en prend pour quarante jours ! – on mange, on s'amuse. La foule, dans toutes les provinces de France, laisse libre cours à toutes ses fantaisies. Tout est permis en ce jour exceptionnel et tout le monde se déguise. La suie ou le cirage tiennent lieu de masque et chacun change ses vêtements. Les hommes se promènent en chemises longues et en jupons. Les femmes mettent pour la seule fois de l'année un pantalon et portent une veste d'homme retournée. On trouve même dans certaines régions des déguisements particuliers. On se déguise en animal – en ours ou en cheval (appelé cheval-jupon ou chevra-frou) –, en sauvage en se couvrant le corps d'huile pour se rouler ensuite dans la plume, ou en fantôme (c'est « Bidoche ») –, déguisement qui fut interdit en 1860 par un maire breton pour avoir fait risquer la crise cardiaque à une institutrice. Ainsi masqué ou déguisé, chacun passe dans les maisons quêter des œufs ou de l'argent pour mieux ripailler le soir.

Partout, le chahut règne. À Paris, la populace se fait des farces, l'ivresse populaire est générale. C'est dans cette atmosphère que, l'après-midi, le mannequin pansu de carnaval est promené dans les rues. Selon les lieux, on le bat, on le juge, on le lapide, on le pend, ou le plus souvent, on le brûle et on le noie dans quelque mare des environs. Bûcher et brandons s'allument, appelés aussi « bordes »,

« fagots », ou bures. Le feu, selon la coutume, est allumé soit par les conscrits soit par les derniers mariés de l'année. Un repas pantagruélique clôt enfin la journée avec force crêpes, beignets, roussettes ou pois frits.

Parfois, la fête continue le lendemain, à Saint-Claude ou à Rethel, après la cérémonie religieuse des Cendres. On assiste ce jour-là à la course des souffles-à-cul : les hommes déambulent dans les rues en pan de chemise trempé dans de la moutarde et des femmes, boudins en main, courent après le « moutardier » ambulant.

Pendant ces jours gras, jours de licence et de débordement, ont également lieu des * charivaris réservés aux maris trompés ou battus par leur femme. Partout on s'empiffre à en crever. C'est d'ailleurs à carnaval qu'ont lieu bien souvent dans les Pyrénées le * « pèle-porc », c'est-à-dire la fête du cochon.

L'explication de ce remue-ménage généralisé se trouve tant dans la liturgie (la préparation au carême) que dans les lois de la nature. Le carnaval, c'est à la fois la fin de l'hiver, de l'année écoulée avec tous ses méfaits qu'incarne le mannequin grotesque qui est battu et brûlé, et la renaissance du printemps, le réveil de la nature. Voilà une cérémonie de purification et de fécondation. Ce n'est pas un hasard si, ce jour-là, la jeunesse mène la danse et organise les festivités à la place des adultes, si les derniers mariés embrasent le bûcher et si, la nuit tombée et le bûcher consumé, les jeunes sautent au-dessus des braises encore rouges pour se marier et être féconds.

Mais toute fécondation est lente. Toute attente est pénible. Et ici, il faut encore attendre quarante jours, quarante longs jours de privations, pour pouvoir en goûter les fruits. Le carême a commencé.

MANGER DES STOCKFISCHES ET « TRAVAILLER SA SOUPE » : QUAND NOS ANCÊTRES FONT PÉNITENCE

Les famines ont beau se raréfier dès le XVIIe siècle, la disette guette chaque année les gens des campagnes. Récoltes et météorologie remplissent ou vident le garde-manger selon leurs caprices, et cela jusqu'au début du XIXe siècle. Nos ancêtres sont-ils mieux préparés aux temps de jeûne ? Il est bien difficile de le dire. D'ailleurs, les jours de pénitence sont si nombreux qu'ils sont habitués à ne pas manger à leur faim.

La semaine a en effet compté jusqu'à trois jours de jeûne : le vendredi, jour funeste de la mort du Christ, le samedi, jour où il gît dans son tombeau, à quoi l'on avait ajouté le mercredi, jour où il a été vendu par Judas. Est également jour de pénitence chaque vigile, c'est-à-dire chaque veille de fête d'obligation, les jours des Quatre-temps, correspondant aux trois premiers jours de début de saison, les trois jours des * rogations, et enfin les deux grands temps de l' * Avent (quatre semaines avant Noël) et du carême. Nos ancêtres doivent donc se serrer la ceinture, non seulement lors des mauvaises années, mais encore, durant les bonnes, environ deux cents jours par an, soit plus d'un jour sur deux !

Non seulement le jeûne est ces jours-là obligatoire mais l'Église leur interdit également tout commerce sexuel, voire tout divertissement quel qu'il soit. Et avec cela, pas question de plaisanter. Longtemps, le pouvoir royal a prêté main-forte à l'Église pour punir les contrevenants. On trouve ainsi un pauvre greffier lorrain emprisonné pendant trois jours et condamné à fournir un cierge d'une demi-livre et quelque « aumône » à son curé pour avoir mangé « chair [...] un jour de samedy ». Certes la peine est là légère car il s'agit d'une première fois. Un mari « s'approchant » de sa femme en temps de carême risque pour pénitence d'être condamné au pain et à l'eau pendant vingt jours à condition qu'il aille s'en confesser à son curé.

Quarante : nombre sacré

Le *Carême* doit son nom, en latin (*quadragesima*) au fait d'être le quarantième jour avant Pâques et donc de durer quarante jours.

Quarante jours : une durée particulièrement chargée de symbole dans le monde judéo-chrétien, et cela depuis les temps les plus anciens.

Dieu, en colère contre son peuple, fit pleuvoir « quarante jours et quarante nuits ». Moïse, appelé par Dieu à l'âge de 40 ans, restera 40 jours sur le mont Sinaï. Jésus fut présenté au Temple à l'âge de 40 jours et se retira plus tard 40 jours dans le désert. Il ressuscitera après 40 heures passées au sépulcre, pour monter au ciel 40 jours plus tard…

Quarante, à tous les niveaux, est le temps de la purification, celle de la terre lors du déluge, comme celle de l'homme. Voilà pourquoi l'on avait besoin de 40 jours, pour se purifier pour Pâques, et pourquoi l'on estimait que l'âme d'un mort, à l'image de celle du Christ, avait besoin de 40 jours pour se détacher de son enveloppe charnelle, d'où la célébration d'une « messe de quarantaine ». Ne cherchons pas plus loin, non plus, l'origine de la « mise en quarantaine », consistant au Moyen Âge à interdire à un navire d'accoster au port avant 40 jours, afin d'éviter le retour d'une tant redoutée épidémie de peste…

Mais 40 était aussi un nombre sacré dans certaines tribus africaines, où l'on offrait en sacrifice 40 chevaux ou 40 bœufs, et où les funérailles duraient parfois 40 nuits… Et Ali-Baba lui-même ne rencontra-t-il pas 40 voleurs… ?

Comment peuvent donc faire les pauvres mariés du Mardi gras ? Car, le sacrement de mariage étant évidemment refusé par l'Église en temps de pénitence, on voit souvent des prêtres bénir à la chaîne pendant les jours gras. À Plougastel, le curé bénit ainsi trente ou quarante couples le Mardi gras et le mardi de Pâques. À se demander comment les premiers arrivent à ne pas succomber à la tentation.

Peut-être s'arrangent-ils avec les pauses. Car le carême est si long que l'on a dû instaurer des « aménagements ». On accorde ainsi six jours, qui sont les cinq dimanches et le jour du milieu, la « mi-carême », où les débordements reprennent dans beaucoup de régions. On l'appelle souvent le carême vieux ou encore la « Vieille », et, de ce fait, dans nos villages, la jeunesse, très irrespectueusement, s'amuse ce jour-là des vieilles femmes.

Ces cinq dimanches sont donc mis à profit pour se divertir. En ville, on donne des pièces de théâtre licencieuses. Partout, farces et jeux (le pot renversé, la poêle noircie, le jet des trognons de chou, colin-maillard, etc.) sont à l'honneur. Dans le Nord, ce sont des combats de coqs, ailleurs, souvent des jeux collectifs comme la * soule et la * crosse, dont on reparlera.

Ces jours-là enfin, on peut manger des œufs, car les œufs, longtemps assimilés à la viande et à la chair, se voient interdits en ces semaines. Le jour des * Cendres, la maîtresse de maison récure et dégraisse soigneusement ses poêles et ses marmites, et la famille doit dorénavant se contenter de légumes et de poissons.

Les poissons de rivière, souvent braconnés, sont chaque jour sur les tables, comme les anguilles, autrefois très prisées. Mais on trouve aussi des « sorets », nom que l'on donne aux harengs saurs, et des stockfisches (les morues). En fait, la viande étant déjà rare en temps normal, nos ancêtres ne changent pas tellement leurs habitudes. Ils se gavent de purées ou de bouillies à base de pois, de haricots, de fèves surtout. Ils mangent des choux, des poireaux, des navets, des oignons, des épinards. Ils connaissent l'artichaut depuis que la reine Catherine de Médicis l'a introduit d'Italie, mais il est interdit aux jeunes filles à cause de sa réputation d'aphrodisiaque et nulle femme sérieuse n'avoue en manger. Voilà pourquoi il n'est pas cultivé au potager.

Hormis ces légumes, que trouve-t-on sur les tables du carême ? Les pâtes, rapportées de Chine au XIVe siècle par Marco Polo en Italie, puis d'Italie en France toujours par Catherine de Médicis, ne pénètrent pas dans les campagnes. Le principal plat est la soupe, qui n'a rien à voir avec le potage. Elle est servie sur une assiette plate comme on le faisait encore récemment en Normandie. La recette consiste à couper des tranches de pain que l'on arrose d'eau salée, d'huile d'olive ou de navette, parfois aromatisées d'herbes, d'oignon ou de citrouille. Son nom vient d'un mot hollandais *sopen*, qui signifie « tremper ». Et, de fait, elle doit être trempée juste ce qu'il faut pour pouvoir être « travaillée », comme la terre. Si l'on y plante une cuillère, celle-ci doit-y rester droite comme un manche. Hors carême, on y ajoute du lard ou du beurre, de ce beurre que l'on conserve dans un « pot » : voilà pourquoi l'on mange « à la fortune du pot ».

Mais un plat manque ici à l'appel. Un plat qui fut longtemps absent de la table de nos aïeux et qui, pendant le carême en particulier, constitue à son apparition une véritable bénédiction : la * pomme de terre. N'en déplaise aux idées reçues, M. Parmentier n'en est pas l'inventeur. La pomme de terre est en effet connue bien avant lui, mais connue comme « la plante du diable ».

COMMENT LA « PLANTE DU DIABLE » DEVINT LA « PLANTE DU ROY » : L'EXTRAORDINAIRE AVENTURE DE LA POMME DE TERRE

Encore une fois, un grand homme se trompe : parlant de la pomme de terre, Arthur Young estime que cette plante que l'on nomme alors « artichaut des Indes » n'a aucun avenir car « les quatre-vingt-dix-neuf centièmes de l'humanité n'y voudront pas toucher ».

Or cette pomme de terre vivra une formidable aventure avant d'arriver sur nos menus quotidiens.

C'est vers 1520 qu'elle débarque discrètement en Europe, dans la cale d'un galion en provenance de ces nouvelles terres d'Amérique que l'on nomme encore les Indes occidentales, d'où le premier nom qui lui a été donné. Découverte par les conquistadors dans la cordillère des Andes, elle est rapportée à titre de curiosité botanique. Des carmes déchaussés espagnols l'introduisent en Italie pour la cultiver dans les jardins de leurs couvents et un jour, l'idée vient de la faire cuire pour les animaux, puis pour les gens.

Petit à petit elle fait son chemin par les routes d'Europe et se répand dès 1610 en Alsace, qui n'est pas encore province française. La guerre de Trente Ans ruine bientôt la contrée, et, par le biais des armées, notre pomme de terre traverse les frontières. Les soldats l'adoptent immédiatement ; le peuple suit, alors que, dans les classes aisées, les palais délicats la refusent. En France, la bataille de la pomme de terre commence. À titre de curiosité, elle est introduite en 1616 au jardin royal et, le même été, on la sert à titre de farce à la table du jeune roi Louis XIII. Où, évidemment, l'on se garde bien d'y goûter. Certains savants ne disent-ils pas qu'elle peut causer des fièvres et donner la lèpre ? Un célèbre médecin suisse explique la fréquence des écrouelles dans son pays par le fait que « le bas peuple se nourrit surtout de pommes de terre ». Cette « plante du diable » ne peut donc que satisfaire les soldats. Chacun de railler ces originaux qui croient pouvoir en tirer parti. Les uns en font du fromage ou du vermicelle sec, les autres s'escriment à en extraire une poudre à perruque qui se révèle d'usage difficile tant elle alourdit la coiffure. Décidément, il n'est rien à attendre de ce fruit que la cour souveraine de Lorraine n'hésite pas, dans un arrêt, à qualifier de « vil et grossier ». Libre au peuple à chercher à s'empoisonner.

Pourtant, dans plusieurs régions, tout au long du XVIIIe siècle, le « peuple » consomme largement le légume méprisé. Témoin, *L'Encyclopédie* de Diderot et de d'Alembert, qui, en 1765, constate que « surtout les paysans font leur nourriture la plus ordinaire de la racine de cette plante, pendant une bonne partie de l'année. Ils la font cuire à l'eau, au four, sous la cendre et ils en préparent plusieurs ragoûts grossiers ou champêtres. Les personnes un peu aisées l'accommodent avec du beurre, la mangent avec de la viande, en font des espèces de beignets ».

Nos ancêtres connaissent donc largement la pomme de terre et on peut se demander si la fameuse paternité de M. Parmentier ne tient pas du mythe. En fait, à la suite de ce que nous appellerons des « erreurs de jeunesse », M. Parmentier, préparateur en pharmacie de son état, a fait plusieurs fois des séjours « à l'ombre ». Avec ses camarades prisonniers, il a alors été nourri de pommes de terre et a eu tout le loisir de méditer. En 1772, à trente-cinq ans, il est « établi », lorsque l'Académie des sciences, des belles-lettres et des arts de Besançon lance un concours comme il est alors de mode. Un sujet préoccupe beaucoup les contemporains. On craint le retour de la disette, un fléau quasi endémique. L'académie de Besançon le propose tout naturellement à la réflexion des candidats, chacun devant proposer une substance alimentaire. Nourri, si je peux dire, de son expérience, Parmentier propose la pomme de terre et remporte le premier prix.

Encouragé par ce résultat, il comprend qu'il peut désormais agir. Les snobs de l'époque trouvent cette racine « fade et farineuse ». Ils l'accusent d'être « venteuse », tout en ajoutant : « Mais qu'est-ce que des vents pour les organes vigoureux des paysans et des manœuvres ? » Mais bientôt ils n'oseront plus rien dire contre le lauréat de l'Académie et, comme tous les snobs, ne demanderont pas mieux que de s'enticher d'une mode nouvelle.

Parmentier obtient de Louis XVI un terrain de cinquante-quatre hectares dans la plaine des Sablons, à Neuilly, pour y présenter ses démonstrations aux Parisiens. En 1785, le jour de la Saint-Louis, il fait livrer à Versailles un bouquet de fanes en fleur et une corbeille de tubercules mûrs. Le roi cueille deux fleurs, en met une à sa boutonnière et glisse l'autre dans la coiffure de la reine. Le lendemain, il s'en fait servir à table. Et la France tout entière adopte la pomme de terre.

Dès lors, les enthousiasmes n'ont plus de limite. Chacun se passionne pour ce légume et n'hésite pas à lui prêter les plus extraordinaires vertus. Un révolutionnaire de l'an II ne dit-il pas que la bouillie d'amidon de pommes de terre peut servir de remède, qu'elle convient aux vieillards et aux malades, qu'elle augmente le lait des nourrices et prévient les coliques dont elles sont tourmentées. La pomme de terre, que l'on avait accusée de provoquer des maladies, est maintenant reconnue comme apte à « corriger le sang ».

Autre obsession : chacun veut prouver que l'on peut en faire du pain. En 1847, un boulanger de Marmande en fera publiquement l'éclatante démonstration. Non seulement la bataille est gagnée, mais la plante est devenue sacrée.

Il lui reste une ultime victoire à remporter, qui a bien failli lui être fatale. Cultivée largement aux États-Unis, elle y rencontre sur la côte ouest, vers 1855, un ennemi mortel : le doryphore. En 1873, l'insecte s'attaque aux plants de la région atlantique. Il met dix-huit ans pour contaminer toute l'Amérique, la traversant à une moyenne de 140 km par an. Aussitôt, l'Europe craint pour ses récoltes. La France se croit longtemps protégée, jusqu'à ce qu'à la fin de la guerre de 14-18 le parasite soit repéré en Bordelais. En un éclair il traverse le pays et se multiplie à un rythme effréné. Une femelle peut, à elle seule, pondre deux mille cinq cents œufs sur une plante ! Ce sera le début d'un long combat, mobilisant des années durant agronomes et préfets, pour sauver finalement cette reine de nos jardins. Plus personne ne l'appelle la « plante du diable ». Seul, le doryphore est désormais voué à Satan.

COMMENT LE TENNIS NAQUIT DANS LES « TRIPOTS » FRANÇAIS : NOS ANCÊTRES SE « DESPORTAIENT »

Comme nous l'avons vu, le * carême est si long que l'on a dû aménager des pauses les dimanches et à la mi-carême. Tous ces jours rejoignent alors carnaval pour offrir à nos ancêtres autant d'occasions de souffler et de s'amuser. Ces divertissements, cependant, sont eux aussi rapidement devenus de surprenantes institutions…

« Les gens du pays de Vulguessin-le-Normand et ceux de la forêt de Lyons ont accoutumé, dit un texte de 1387, de eux ébattre et assembler chacun an pour souller… devant la porte de l'abbaye de Notre-Dame-de-Mortever, le jour de carême prenant. » À carnaval, ces braves Normands se saoulent-ils donc ? Que non, bien au contraire ; ils font simplement du sport, en jouant à la soule.

La soule, qui n'a rien à voir avec l'homme soûl (cf. encadré page suivante), a été un jeu très populaire, qui le reste longtemps. En 1855 encore, voici un compte rendu fait par un témoin : « … À ce moment, le spectateur ne voit qu'une masse confuse d'individus qui semblent avoir pris à tâche de s'écraser mutuellement ; ceux qui sont hors du cercle tâchent de s'emparer par la force de ceux qui sont au centre… Ces efforts individuels, sans cesse renouvelés, impriment à la masse un mouvement des plus singuliers : tantôt elle se dirige vers la droite ; tantôt elle marche vers la gauche ; on dirait un animal fantastique à mille pattes. De temps en temps une de ces têtes s'affaisse et disparaît : c'est un combattant qui est tombé ; la lutte continue sur son corps, il se relève tout pâle, quelquefois meurtri et ensanglanté. »

S'agit-il d'une partie de football ou d'une mêlée de rugby ? Des deux, car la soule est l'ancêtre de ces deux

Quand nos ancêtres « charmaient les puces »

« Deux verres, ça va ; trois verres, bonjour les dégâts ! », disait voilà quelques années un slogan de la Prévention routière… Un slogan évidemment déjà valable pour nos ancêtres, qui buvaient volontiers, notamment le soir, avant d'aller au lit. Ils parlaient alors de « charmer les puces », employant cette pittoresque expression, datant de la Renaissance, en allusion au fait que sous l'effet de la boisson, ils n'avaient guère à craindre de sentir les puces les mordre pendant la nuit.

Nos ancêtres buvaient donc volontiers. Au point d'être parfois complètement « gris », ou « noirs », selon les expressions alors en vigueur. On disait aussi « être rond », sans doute pour perdre l'équilibre et rouler à terre, ce qui les faisait alors appeler « paroissiens de Saint Jean-le-Rond ». Plus tard, on les dira « pleins », tantôt « comme un œuf », « comme un sac » ou encore « comme un boudin ». Ce n'est que plus tard que l'on verra arriver le mot « soûl », conséquence directe d'un trop grand remplissage. « Être soûl » signifiait en effet à l'origine être repus, avec le même sens qu'a conservé le mot dans l'expression « avoir mangé tout son saoul » (à satiété). Le terme venait du latin « satullus », signifiant rassasié et c'est en référence à son orthographe que l'on trouve la fréquente habitude d'écrire parfois aujourd'hui encore le mot avec un « a » (saoul).

sports. Ils sont pratiqués en France dès le Moyen Âge alors que l'on aurait parié qu'ils nous arrivaient d'Angleterre.

Nos ancêtres, sans le savoir, jouent donc au football pendant le carême. Le ballon, c'est justement cette « soule », « choule » ou « cholle », boule en bois ou en cuir bourrée de foin, de son ou de mousse. Le but, c'est une mare, un mur, ou encore, comme à Vulguessin, la porte de l'abbaye. Les équipes, ce sont deux paroisses rivales ou encore les célibataires et les hommes mariés. Les spectateurs sont nombreux, hurlent et rient, surtout lorsque la soule atterrit dans une mare avec de grandes éclaboussures ! Tout le monde, enfin, s'adonne à ce jeu, jusqu'aux chanoines et aux curés qui, comme à Auxerre, arrivent à mêler les prières aux coups d'envoi, jusqu'aux nobles comme le sire de Gouberville qui se passionne au point de faire un jour éclater ses chausses « depuis le genou jusqu'au milieu de la cuisse ». En 1555, celui-ci raconte même qu'un joueur du nom de Cantepye le pousse si fort et lui donne un coup de poing si violent sur le « téton droit » qu'il lui fait « faillir la parole ». « Je me cuidai évanoui, se souvient-il, et perdis la vue près de demi-heure, par quoi je fus contraint de prendre le lit. » Il y resta trois jours entiers.

Autre surprise, nos ancêtres français moyens, c'est-à-dire paysans et artisans de nos terroirs, jouent régulièrement au golf. Dans les rues des villes, sur les routes de campagne, ils se disputent une petite balle appelée souvent un « gouret » (un goret), autrement dit un cochonnet. À l'aide d'un bâton crochu, ils la poussent vers un but. Ce bâton, la « crosse », donnera son nom au jeu. Là encore la violence est de règle et il n'est pas rare qu'un joueur quitte sa partie avec quelques bleus, de là l'expression « crosser » quelqu'un, c'est-à-dire le traiter rudement. Ce jeu restera longtemps très en faveur en Bretagne et dans le Nord, avant de nous revenir lui aussi d'Angleterre.

Au XVIe siècle, cependant, il connaît en France une évolution. Le manche de la crosse s'allonge et devient un marteau à long manche : un maillet ou encore un mail qui donne son nom au jeu comme aussi au terrain où il est pratiqué. Telle est l'origine de toutes les promenades ou quartiers du mail que l'on trouve dans tant de nos villes. Le jeu est le plus souvent urbain et très élitiste. Mme de Sévigné est fière d'écrire : « J'ai fait deux tours de mail avec les joueurs. » Les boules sont faites de racine de buis et conservées dans des sacs de linge sale, ni trop sec ni trop humide, si on veut qu'elles conservent leurs qualités. Les grands joueurs tiennent compte aussi de la variété des vents, des terrains et de la température.

Le goût se perd au XVIIIe lorsque à l'instar de Rousseau l'on devient méditatif. On se moque alors des Anglais qui se passionnent pour ces exercices physiques jugés vulgaires. Mme de Genlis scandalise la cour lorsqu'elle engage Lebrun pour donner des leçons de culture physique aux enfants du duc d'Orléans. Rentrant d'un voyage en Amérique, il a l'idée, qui passe pour complètement saugrenue, de leur faire tirer des poids au moyen d'une corde et d'une poulie pour leur fortifier le dos et de leur faire porter des semelles de plomb ! Mais, exception faite de ce « body-building » avant le nom, les Français boudent le sport pendant que les Anglais font évoluer le mail en hockey.

L'aventure du tennis est plus typique encore. Il a pour ancêtre la « paulme », un jeu qui consiste à se renvoyer une balle appelée « esteuf » avec la paume de la main. Les bons esteufs doivent être « bien garnis et étoffés de bon cuir et bonne bourre, sans y mettre sablon, craie, batue [rognure de métaux], chaux, son, resture [rebut] de peau, sciure, cendre, mousse, pouldre ou terre ». La « bonne bourre » consiste surtout en poil d'animal, essentiellement de chien.

Cette réglementation s'est imposée du fait des nombreux accidents provoqués par les rognures de métal en un temps où le jeu se pratique à main nue. La raquette n'apparaît en effet qu'au XVIe siècle, raquette de grillage, de cordes ou de parchemin tendu, lequel provient souvent de quelque vieux manuscrit que l'on considérerait aujourd'hui comme précieux. Ainsi on raconte que les religieuses de Fontevrault ont vendu des pages de Tite-Live à un « faiseur de battoir ». Avec ces battoirs, on joue, non plus à la longue paume, laissée aux paysans dans les champs et sur les places des villages, mais à la « courte paume ». Des espaces clos, couverts, sont partout construits. Chaque château qui se respecte a sa salle du jeu de paume, comme on a aussi des salles de jeux publiques : les « tripots » (du verbe « triper », signifiant rebondir). Paris, au milieu du

XVIIe siècle, en compte ainsi cent quatorze. Mais là encore la mode se perd au XVIIIe siècle. À la Révolution, les salles de paume sont détruites et l'ensemble des jeux est réglementé pour des raisons d'ordre public.

En 1598, l'Anglais Dallington en voyage en France s'était étonné devant la passion des Français pour ce sport : « Le pays est semé de jeux de paume, les Français naissent une raquette à la main ! » La paume devait pourtant conquérir ses lettres de noblesse en Angleterre à la fin du XIXe siècle et nous revenir rebaptisée. Mais rebaptisée d'un mot d'origine française. Celui-ci correspondait au cri lancé par le « serveur » à son adversaire lorsqu'il lui envoyait la balle : « tenez ! », devenu entre-temps Outre-Manche « tenetz ! », puis « tennis »...

Cependant, c'est bel et bien en France que les premiers Noah ont évolué. Sous Louis XIV, les « stars » existent déjà, même sans télévision. Le marquis de Rivarol, qui a perdu une jambe à la bataille de Neerwinden, arrive à battre les plus forts. Un certain Jourdain reçoit huit cents livres de pension pour jouer contre les princes et leur servir la balle. Le snobisme est déjà là. À la même époque, la « Bernarde », boule de crosse du célèbre joueur Bernard, pulvérise les prix dans une vente aux enchères.

Le sport est donc bien né en France. Son nom n'a d'ailleurs rien d'anglais mais vient de l'ancien français « desport », l'amusement, forgé lui-même sur le vieux verbe « se déporter » signifiant s'amuser. Qu'on ne nous refasse pas le coup de Fontenoy ! En football, en golf, en tennis, ce sont Messieurs les Français qui ont lancé les premiers. Messieurs les Anglais, quant à eux, n'ont fait que « prendre la balle au bond »...

LA GRANDE ANGOISSE ANNUELLE DE LA SEMAINE PEINEUSE

Nos ancêtres ont beau se défoncer le dimanche dans des parties de foot ou de golf, pardon, de soule ou de crosse, le carême n'en est pas moins là, et tous attendent avec impatience le dimanche de l'ozanne qui en annonce la fin.

Ce « dimanche de l'ozanne » ou « dimanche ozannier » est celui des Rameaux. On l'appelle souvent ainsi en référence à l'« Hosanna », cri d'acclamation du Christ lors de son entrée à Jérusalem, que l'on chante ce matin-là à la messe. D'autres l'appellent « Pâques fleuries » ou « Pâques à buis », à cause de la bénédiction des rameaux verts. Palmes de palmiers sur les rivages de la Méditerranée, ailleurs branches de lauriers, de buis, d'oliviers... Chacun confectionne un « rameau » ou « rampan », qu'il fait bénir lors de la procession. Les enfants ont le leur, parfois décoré par les grands-parents de friandises, de papiers d'or, de gâteaux en couronne et d'une belle pomme rouge en guise de poignée. C'est la tradition dans les Alpes, le Centre et la Charente.

Au cimetière, on a décoré de verdure la grande croix, appelée de ce fait « croix hosannière » ou encore « croix buisée », comme on a également décoré les calvaires et les croix de carrefour. Après la messe, chaque famille dépose des rameaux sur la tombe de ses morts pour les associer à la vie de la communauté. Ensuite, elle s'en retourne chez elle, où elle a soin de procéder à la mise en place de ramilles bénites près des croix, des bénitiers et des images pieuses, dans chaque pièce de la maison, dans les étables et dans les poulaillers, comme sur les jougs des bœufs et sur les toits des ruchers. Sans oublier d'en garder une provision dans l'armoire pour éloigner les orages, éteindre les incendies, asperger les défunts et les accompagner parfois dans leur cercueil (pour qu'ils puissent s'en servir à l'autel du Bon Dieu). Jamais ces feuillages bénits ne sont profanés : ceux de l'année précédente ne sont ainsi jetés ni sur le fumier ni dans les rues mais doivent être brûlés. Enfin, ce jour-là, on note soigneusement les moindres indices météorologiques tant les croyances populaires attachent d'importance aux révélations de cette journée des Rameaux. Le vent dominant de l'année sera en effet, selon les régions, celui qui a soufflé pendant la lecture de l'Évangile, pendant la procession au cimetière ou pendant la bénédiction de la croix hosannière.

Le lundi commence la dernière semaine de carême : la semaine sainte. « Semaine noire » en Limousin, « semaine pénible » dans le Nord, « semaine absolue » en Anjou, « semaine peineuse » ailleurs, elle commence par trois jours de grande agitation. Dans les maisons, c'est le grand nettoyage de printemps, on balaie, on fait le ménage, sans oublier de faire des provisions pour la fin de la semaine qui, dans le rituel catholique, donne à la liturgie tout son sens.

Le jeudi, jour où le Christ fut livré, le deuil enveloppe le village comme il enveloppe les saints de l'église que M. le Curé drape de violet. Une messe est célébrée au cours de laquelle, dans beaucoup de paroisses, on pratique le lavement des pieds en souvenir du Christ qui le fit à ses apôtres selon les coutumes purificatrices des Juifs pour préparer la Pâque. Souvent, on bénit les enfants. À cette messe, lorsque l'on a chanté bien haut le Gloria, les cloches se taisent. On ne les entendra plus pendant deux jours. On se contente de les remplacer par des olifants ou plus souvent des crécelles. Les enfants de chœur, parfois, passent de maison en maison chanter la Passion du Christ, histoire de récolter quelques œufs ou quelques sous. C'est souvent, aussi, le jour où l'on représente les Mystères devant les églises et les cathédrales, alors que dans les Ardennes on dit la « messe bleue », spécialement célébrée à l'intention des femmes battues par leurs maris.

Le Vendredi saint, jour de la mort de Jésus, est évidemment le jour le plus douloureux de l'année. Cela se traduit par une foule d'interdits s'ajoutant aux interdits sexuels et alimentaires de rigueur. Toute activité est sacrilège, le Seigneur gisant dans son tombeau. On ne saurait donc travailler. Pas question de labourer ou de creuser la terre, ce serait creuser son propre tombeau. Les interdits sont infinis : ne pas rire, ne pas couper les cheveux, ne pas tuer une bête, ne pas mettre les poules à couver, ne pas grimper aux arbres, ne pas conclure de marché ni entreprendre de voyage, ne pas chanter, ne pas travailler le fer en souvenir de la Crucifixion – le forgeron ne travaille donc pas ce jour-là –, ne pas se servir d'un marteau, etc. Curieusement cependant, il existe de bons présages. Ainsi les œufs pondus ce jour-là contiennent des serpents : les conserver préservera des chutes lors des cueillettes de fruits à l'automne ; placés dans l'étable ils écarteront les maléfices contre les bêtes ; jetés dans un incendie, ils l'éteindront. Autre bonne nouvelle : mourir ce jour-là est une aubaine. On se voit non seulement dispensé du purgatoire mais encore préservé de l'enfer : les portes en sont fermées pendant vingt-quatre heures ! Par contre, il y a partage pour le * pain. Dans certaines régions, on dit que le pain cuit ce jour-là pourrira. Ailleurs, on prétend au contraire qu'il se conservera durant un an. Les folklores ne sont pas à une contradiction près !

Le samedi, enfin, le prêtre fait souvent une tournée des maisons pour les bénir. Il en asperge le seuil, le four, l'âtre. Puis la maîtresse du lieu s'en va à l'église faire le plein d'eau bénite. Demain, c'est le grand jour. Les cloches seront de retour.

LES « DAMES DE BRONZE » EN VOYAGE : HISTOIRES D'ŒUFS ET DE POISSONS

La balade annuelle des cloches en temps pascal est une belle histoire racontée aux enfants. Aucun de nos aïeux ne croit qu'elles puissent voler à tire-d'aile. Ils sont souvent naïfs, mais pas à ce point. Par contre, il semble bien que, de façon abstraite et figurée, ils croient au pèlerinage de Rome.

Car les « dames de bronze », ainsi nomme-t-on de façon révélatrice les cloches, sont dotées d'une vie et d'une personnalité. Acheminées sur des chariots tirés par plusieurs bœufs ou chevaux, quand elles n'ont pas été fondues sur place par un maître fondeur, expert en la matière, les cloches ont été baptisées. Et qui dit baptême dit évidemment parrain et marraine, qui ont été choisis parmi les notables de la paroisse : châtelain, notaire, marchand..., dont les noms sont alors gravés dans le métal. On raconte même parfois que certaines cloches, sans doute les plus sentimentales, se mettent à sonner toutes seules lors de la mort de leur parrain ou marraine.

Fleuries, enrubannées devant le village tout entier, elles ont ensuite été hissées dans le clocher à grand renfort de poulies et de biceps. Et là, durant des siècles elles rythment la vie de toute la communauté.

Tous les jours, elles donnent au pays la mesure du temps. Les horloges et les montres qui apparaissent au XVIIe siècle sont lentes à se répandre dans les terroirs. La seule façon de connaître l'heure est de suivre le soleil. Les cloches font le reste avec les trois angélus quotidiens. Peu importe l'heure exacte, au quart d'heure ou à la demi-heure près, nos ancêtres n'ont ni train à prendre ni programme de télévision à suivre. Leurs journées ne sont pas jalonnées de rendez-vous. Personne ne cherche à planifier, décomposer ou sectionner le temps. On prévoit que tel travail sera fait l'après-midi et durera le temps d'un Ave ou d'un Pater, comme on prévoit un voyage pour le dimanche avant la Saint-Michel ou le lundi après carnaval. Que ferait-on d'heures ou de dates précises dans un monde où tout est linéaire ?

De l'œuf ou de la poule...

Un certain Censorinus, grammairien et penseur latin du IIIe siècle, rédigea vers 240 un traité intitulé *De die natali*, dans lequel il rassembla mille détails et réflexions sur la chronologie et l'histoire du calendrier. Il y évoqua la vie divisée en périodes ou années climatériques, et sa durée, limitée à quatre-vingts ou à cent ans au plus, en même temps qu'il y posa la grande question de savoir qui, de l'œuf ou de la poule, serait arrivé le premier.

Une question alors d'autant plus importante que l'œuf avait, depuis la nuit des temps, été associé à la genèse du monde. Pour les anciens Égyptiens, c'était d'un œuf (mot qui chez eux est, notons-le, féminin) que l'humanité tout entière était née... L'œuf, symbole par ailleurs de la perfection, représentait aussi bien la création que la re-création et la renaissance. En Russie et en Scandinavie, on plaçait parfois des œufs d'argile dans les sépultures, comme images du retour à la vie. À se demander donc, ici, si nos œufs pascals n'auraient pas eu, en fait, eux aussi cette valeur et cette signification-là...

À ce niveau donc, la réponse à la question de Censorinus s'impose : l'œuf exista avant la poule !

Les cloches, donc, rythment la vie aux champs comme elles rythment la vie de l'homme. Baptêmes, mariages et morts sont des événements carillonnés. Les cloches en font part à la communauté villageoise, comme elles lui annoncent toutes les nouvelles importantes : réunions, incendies, orages. En 1914, ce sont les cloches qui ont annoncé à nos grands-parents la déclaration de la guerre. De plus, elles savent aussi protéger, ayant le pouvoir d'éloigner les tempêtes et les nuages de grêle lorsqu'ils s'amoncellent au-dessus du village. Certes appréciée, cette qualité ne va pas sans poser de problèmes car il arrive qu'une cloche trop efficace indispose la paroisse voisine en lui renvoyant régulièrement les grêlons, ce qui lui vaut parfois les représailles des voisins qui, un soir, viendront la décrocher.

Le métier de sonneur n'est pas sans risques. Il arrive que le malheureux soit foudroyé pendant qu'il s'acharne au bout de sa corde, sans oublier ce pauvre Savoyard, lapidé par les villageois pour ne pas avoir accompli sa tâche par temps d'orage violent. Le métier demande aussi tout un art et un talent consommé. Le sonneur, qui est souvent le marguillier, doit savoir moduler les sonneries, ce qu'il fait souvent en s'aidant du rythme d'une chanson. Encore n'est-il pas donné à tout le monde d'arriver à faire tinter la cloche selon les règles. Car chaque cloche a une voix. Elle pleure en certains jours, pour être joyeuse en d'autres.

Dotée d'un parrain, d'une marraine et d'une voix, pourquoi la cloche ne pourrait-elle pas voyager ? Tout au moins par l'esprit. La voici donc qui part pour Rome après le Gloria du Jeudi saint. Pour y faire quoi ? Les réponses varient selon les régions : elle va à Rome y faire ses Pâques, rendre visite au pape et déjeuner avec lui, s'y confesser, ou encore y chercher des œufs, qu'elle laissera tomber au fil du voyage retour, le samedi ou le dimanche matin.

Pourquoi des œufs ? Pourquoi ces traditionnels œufs de Pâques ? Sans doute, parce que l'œuf est le symbole de la fécondité et qu'il incarne en cela le renouveau que connaît alors la nature. Mais aussi et surtout parce qu'il a été banni de la table de nos ancêtres pendant quarante jours et qu'il symbolise la fin des interdits et du jeûne.

Le samedi, les enfants vont donc quêter des œufs de maison en maison. Sous chaque toit, on a soin d'en faire cuire, d'autant qu'il existe une foule de recettes pour leur donner une coloration. Pour les teindre en jaune, on les fait cuire avec des pelures d'oignon, en brun avec de la chicorée, en violet avec de l'anémone, en rose avec des épluchures de radis, en vert avec des racines d'ortie, etc.

Le lendemain, tous ces œufs sont utilisés à des jeux d'adresse dont la « roulée des œufs », que l'on trouve un peu dans toutes les régions. Tant pis s'ils sont perdus ! Le stock est si important qu'il en reste toujours assez pour se confectionner, le jour de Pâques, une énorme omelette, à laquelle on a souvent pris soin d'ajouter du lard pour bien montrer que le temps des privations est terminé.

Tout comme la coutume des œufs de Pâques, celle du poisson d'avril est directement liée à ce temps de carême. On a vu que c'est à la suite d'un remaniement de * calendrier que le mois d'avril n'est plus le premier de l'année. On continue donc, le premier jour de ce mois, à s'offrir des petits cadeaux, mais des cadeaux dérisoires. Le poisson, que le carême ramène chaque jour sur la table, convient tout à fait à cette occasion. À cela, on ajoute des farces à l'intention des naïfs du village, envoyant les uns chercher la ficelle à lier les sauces, les autres la corde à virer le vent, un bâton à un seul bout, la presse à cintrer les parenthèses ou bien sûr la clé du champ de tir.

Plus tard, le poisson d'avril est utilisé pour décorer les cartes postales que s'envoient les amoureux, car alors

« Recevoir un poisson fleuri,
Fait trouver un tendre mari. »

DU CHAPEAU DE PAILLE AU PAPEGAI DE BOIS

Le retour des cloches marque également le retour de l'Alléluia, disparu depuis maintenant soixante-dix jours, enterré même parfois symboliquement pour mieux favoriser la fécondation de la terre[1]. Le * carême a tout purifié. Il ne reste qu'à se confesser pour communier, ce qui est absolument obligatoire en temps de Pâques. La lumière est revenue à l'église comme dans le ciel. L'été s'annonce. Nos aïeules, pour mieux s'en convaincre, vont à la grand-messe en chapeau de paille quel que soit le temps et, dans le Midi, chacune revêt ses vêtements d'été cousus et remis en forme au début de la semaine peineuse.

L'après-midi, on se livre à toute sorte de divertissements : * soule et * crosse, naturellement, mais aussi danses ou pastorales. Enfin, la semaine pascale est souvent celle d'un autre sport très en vogue : le tir à l'oiseau, que tout un cérémonial, plus ou moins élaboré selon que l'on est en ville ou à la campagne vient régler. Souvent, de grandes cibles sont installées sur des bottes de paille fleuries. Au centre, on y place l'oiseau de bois que l'on doit abattre avec une flèche.

Certaines villes sont dotées de tout un folklore comportant des uniformes à ses couleurs, avec parements, épaulettes et galons dorés, glands, chapeaux à plumet, comme on a des cris, des devises ou des chansons de circonstance. Celui qui abat l'oiseau est fait « roi du jeu ». S'il réussit deux années de suite, de roi il devient logiquement « empereur ». Voilà l'amusante explication de tant de surnoms transmis comme noms de famille à nos actuels Leroi, Leroy ou Lempereur. Ce roi reçoit « le bouquet » et quitte la partie sous un triomphe d'acclamations. Un cortège bruyant se répand dans les rues, avec bien souvent à sa tête la statue de saint Sébastien, patron des archers puisque mort criblé de flèches.

L'oiseau est généralement peint de couleurs vives. On l'appelle alors le « papegai » ou « papegaut », ancien nom du perroquet, forgé sur son nom arabe. Le perroquet reste longtemps un oiseau extraordinaire par ses dons de parole. Les Visitandines de Nevers n'en ont-elles pas un qu'elles

1. Voir article, p. 203.

chérissent de leur mieux et qui, dans leur région, excite la curiosité, jusqu'à Nantes même, où leurs consœurs leur demandent de bien vouloir le leur envoyer quelque temps en pension. Elles y consentent et Vert-Vert (c'est son nom) est confié à des mariniers qui, par la Loire, l'acheminent à Nantes. Malheureusement, à leur contact, l'oiseau oublie toutes les saintes formules apprises à Nevers, pour ne débiter aux religieuses bretonnes que les ordures et paillardises qu'il a entendues dans les bouches des bateliers durant son voyage ! Elles le renvoient donc illico. Absous, il mourra finalement d'indigestion!

L'histoire serait authentique et se situe dans la droite ligne de ce que l'on aime à se raconter en semaine pascale. L'été est là. La viande et les œufs font leur apparition sur la table comme en témoignent les grandes omelettes au lard. Souvent, ce temps correspond aussi à la fin des veillées.

Le dimanche suivant, le cycle de Pâques s'achève avec Quasimodo. Les retardataires peuvent encore se confesser pour communier dans le temps pascal. Aussi appelle-t-on ce jour le « dimanche des meuniers », tant ceux-ci ont alors la réputation d'être de grands pécheurs, à force de tricher sur les mesures de grain. On l'appelle aussi le dimanche de « Pâques closes ».

Le printemps s'installe de plus en plus résolument. Durant quelque temps, on n'aura pas encore à s'atteler à de gros travaux dans les champs. Les grands chemins, défoncés par le dégel, commencent à sécher au soleil, invitant à la promenade, plus souvent pratiquée alors sous la forme du pèlerinage.

DE L'ANCÊTRE DU PARIS-DAKAR AUX MARCHES À RECULONS

Pour nos ancêtres du Moyen Âge, les pèlerinages sont de formidables aventures. J'ai déjà raconté[1] comment, aux termes de longues et souvent dangereuses « pérégrinations », les « pèregrins », devenus pèlerins, parviennent à Saint-Jacques-de-Compostelle, à Rome, et plus rarement encore à Jérusalem. Vêtus de leur long manteau (la pèlerine), coiffés de leur chapeau à larges bords et leur bourdon en main – tel est le nom de leur bâton –, ils vont par les rares routes, vivant de la charité et de l'hospitalité des habitants. Au retour, ils rapportent avec des souvenirs comme les palmes de Terre sainte ou les fameuses coquilles de Saint-Jacques.

Cette aventure extraordinaire se termine souvent par une course. En vue de la basilique ou du lieu convoité, nos pèlerins accélèrent la cadence et, à grandes foulées, celui qui arrive le premier au lieu saint reçoit le titre de « roi du pèlerinage ». Voilà en quoi je compare ces saintes excursions à notre Paris-Dakar, du moins à ce qu'il a pu être à ses débuts.

Cependant, à la fin de la guerre de Cent Ans, ces grands pèlerinages se raréfient. La prolifération des « coquins » (voir encadré page suivante) fait que le vrai pèlerin n'est plus en sécurité et que les populations devenues méfiantes lui accordent de moins en moins facilement l'hospitalité.

Dorénavant, on ne va cependant pas si loin. Les saints, les anges et toute la cour céleste ont en effet, dans leur infinie bonté, pris soin au cours des derniers siècles de livrer à domicile ce que l'on avait dû autrefois aller cher-

1. Voir *Qui étaient nos ancêtres ?*, Jean-Louis Beaucarnot, Lattès, 2002.

cher ailleurs. L'Europe est en quelque sorte devenue une annexe du Sinaï et de la Judée. La maison où la Vierge Marie avait reçu plus de mille ans plus tôt la visite de l'ange de l'Annonciation a ainsi été transportée un beau jour par des anges jusqu'à Loretta, en Italie. Afin que l'on puisse s'y rendre et s'y recueillir sans grand déplacement.

Condamnés à être bouillis vifs

Durant la guerre de Cent ans, les difficultés et misères en tout genre ont souvent jeté par les chemins bon nombre d'aventuriers, à commencer par des soldats mercenaires que les trêves mettaient en quelque sorte au chômage. Ceux-ci n'avaient d'autres ressources que de vivre sur le terrain en pillant et en volant. Les plus féroces se faisaient « chauffeurs » ou « écorcheurs », pendant que d'autres, moins violents, préfèraient se déguiser en pèlerins, pour se faire ouvrir les portes et abuser de l'hospitalité de leurs prochains.

Ils arboraient à leur chapeau ou à leur ceinture une coquille de Saint-Jacques, destinée à mieux tromper pour, une fois accueillis, rapiner ou rançonner leurs hôtes On les nommait « coquillards » et plus souvent « coquins » (d'où ce mot, à son origine nullement enfantin, mais au contraire particulièrement injurieux).

Vers 1450, une véritable mafia de Coquillards s'était même développée, avec à sa tête un « roi de la Coquille ». Une organisation que l'on devait avoir bien du mal à démanteler, au terme d'un grand procès, instruit à Dijon en 1455, et qui se termina par la condamnation de dix de ses membres à la pendaison et des quatre principaux « cerveaux » à être bouillis vifs.

Le voyage ayant été long et fatigant, même pour des anges, les porteurs avaient dû s'arrêter tout au long de leur route pour se reposer, laissant ainsi, en Grèce, en Yougoslavie et ailleurs, des traces de la maison sacrée, bien visibles au sol sur quelque rocher de granit. Et voilà autant de lieux voués au culte de Notre-Dame de Lorette.

De la même façon, quelle fontaine miraculeuse ne doit-elle pas sa consécration à l'empreinte, bien moulée, du pied de la Vierge ou de l'enfant Jésus, ou encore de l'âne qui les avait portés lors de la fuite en Égypte. N'ayant aucune notion de géographie, nos ancêtres ne se permettent jamais de critiquer le choix de l'itinéraire de la Sainte Famille. Elle avait voulu voir et bénir leur pays ; autant de raisons de la louer. Et puis, tous les chemins conduisant à Rome, pourquoi n'auraient-ils pas tous conduit en Égypte ?

De façon plus concrète, les reliques, en souvenir d'un temps où l'on canonisait sans vérifier le témoignage annonçant un miracle auprès d'ossements d'un candidat à la sainteté, ne se comptent plus. Lesdits ossements ayant été partagés, dispersés et offerts en cadeau à tel ou tel curé ou évêque, ces derniers se hâtent de les enfermer dans un reliquaire ou une châsse décorée d'or fin et de faire bâtir une chapelle ou une église pour les abriter. Autant de situations souvent problématiques que Calvin se fera un malin plaisir de dénoncer. Saint Marc avait ainsi un crâne à Rome, un autre à Soissons, et pas moins de quatre bras, entre Livourne, Cambrai, Rouen et l'abbaye de Liessins. Avec les prétendues reliques de saint Luc, on pourrait avec un peu de chance reconstituer une huitaine de corps. Sans parler de curiosités étranges comme le lait de la Sainte Vierge, les plumes de l'archange Gabriel ou des gouttes de sueur de tel ou tel martyr.

Tous ces saints font partie de la vie quotidienne. À l'église, ils sont représentés le visage et le corps taillés dans le bois ou la pierre, et l'on sait les reconnaître. Jamais, en effet, ils ne se montrent sans leurs « attributs », véritable pièce d'identité en rapport direct avec leur histoire ou leur mort, dont chacun de nos aïeux a mille fois entendu le récit. Saint Laurent porte ainsi le gril sur lequel on le supplicia, sainte Catherine de Sienne la roue où elle fut torturée, sainte Barbe la tour dans laquelle son père l'emprisonna, sainte Eulalie le plateau portant ses seins tranchés par ses bourreaux. Sainte Apolline tient une dent dans une tenaille car elle fut édentée par les coups de poing reçus à la mâchoire, saint Étienne tient en main une des pierres qui le lapidèrent. Saint Sébastien est toujours représenté nu, avec un pagne, le corps hérissé des flèches qui le transpercèrent, alors que le bon saint Nicolas a toujours à ses pieds un cuveau avec les trois enfants qu'il aurait sauvés[1]. Saint Denis, décapité, tient sa tête dans ses mains et saint Christophe porte l'enfant Jésus sur ses épaules. Cette légende dorée n'en finit plus de présenter à nos ancêtres une formidable galerie de personnages admirables qui semblent leur ouvrir le chemin du ciel et qui, de plus – car chacun est spécialisé –, savent les protéger dans leur métier ou les guérir lorsqu'ils les prient.

Tous ces dons s'expliquent par la vie de chacun d'eux : sainte Barbe, enfermée dans la nuit de sa tour est à ce titre la patronne des mineurs en même temps qu'elle est celle des artificiers, des canonniers, des pompiers et de toutes les professions en rapport avec le feu, du fait que son père avait tenté en vain de la brûler. Saint Pierre, qui tient en main les clés du paradis, est celui des serruriers. Saint Joseph se voit naturellement confier les charpentiers. Chaque métier, selon les connaissances hagiographiques ou les conseils de quelque homme d'église, s'est choisi un patron qu'il ne manquera pas d'honorer le jour de sa fête.

La curiosité scientifique de nos ancêtres est vite satisfaite. C'est ainsi que les vignerons révèrent souvent saint Vincent parce que son nom, tout simplement, contient le mot « vin », comme les scieurs saint Simon (pour la syllabe « si ») ou les cloutiers saint Cloud. Sainte Claire, pour la même raison, guérit les maladies des yeux, comme saint Ouen la surdité à cause de la consonance de son nom rappelant le verbe ouïr. Le jour où il faut un saint pour protéger

1. Voir article p. 278.

les oiseaux, on désigne saint Denis, après de longues discussions. La dernière syllabe de son nom n'en fait-elle pas un protecteur sur mesure pour la gent à plumes ? Ce même saint est déjà le patron de bien des métiers dont les arbalétriers. Il protège et guérit les enragés, hommes ou chiens. Mais qu'à cela ne tienne ! les saints, comme Dieu, ne peuvent moins faire que d'avoir le don d'ubiquité. Ils sont par conséquent toujours prêts à recevoir et à exaucer une prière.

Il en est même un, plus disponible encore que les autres, un propre à chacun, en plus du saint patron qui a prêté son prénom, en plus aussi de celui de la paroisse et de celui du métier, un rien qu'à soi, qui vous accompagne partout et à qui on ne peut rien cacher : c'est le « bon ange gardien », toujours prêt à prévenir des tours du Malin. La difficulté majeure est de s'y retrouver car, parmi les quelque cinquante-cinq saints qui guérissent de la fièvre ou les trente-cinq qui favorisent les accouchements, on cherche toujours le plus efficace. M. le Curé, heureusement, est là pour orienter. Ne connaît-il pas sur le bout des doigts toutes les protections que peut accorder tel ou tel saint de son église, dont chaque jour il va relever les troncs ? Le record va toujours ici à ce bon M. saint Antoine, tant imploré à chaque objet perdu. À la grande déception d'un curé de l'Orléanais, les fidèles semblent plus intéressés par les biens matériels que par les biens spirituels.

À peine passé le temps de carême et de Pâques, nos ancêtres s'en vont donc par les routes vers quelque chapelle au toit moussu, avoisinant souvent une source ou une fontaine déjà honorée au temps des Celtes et christianisée par quelque saint Agapit, Drogon, Gengoult ou autre tombé dans l'oubli. Les plus grands rassemblements ont lieu en Bretagne à l'occasion des pardons. D'importance régionale ou locale, on s'y rend en char à banc et en chariot pour les enfants et les vieillards, à pied pour tous les autres.

Autrefois, on pouvait y acheter des indulgences, accordant forfaitairement la rémission de tous péchés à venir pour des périodes allant de quarante jours à plusieurs années. Ce commerce supprimé, chacun continue à venir prier le saint du lieu et en profite pour y retrouver sa très large parenté. Parfois, la visite se prolonge plusieurs jours.

Dans les autres régions, s'ils sont généralement moins spectaculaires, les pèlerinages n'en sont pas moins respectés et pratiqués avec dévotion et enthousiasme. Chacun a toujours une prière à faire : le * conscrit pour échapper au * tirage au sort, la mère pour l'enfant qui a des difficultés à marcher ou à parler, le vieillard pour guérir ses rhumatismes, le laboureur pour avoir une bonne récolte, le bouvier pour son troupeau. On y va seul ou en famille, à la date de la fête du saint au calendrier, date souvent répétitive pour certains, populaires au point d'être souvent fêtés. Saint Vincent a ainsi une fête le jour de son martyre, une autre pour l'octave de ce martyre, une troisième pour l'« Invention » de ses reliques, une quatrième pour l'octave de cette « Invention », une cinquième enfin pour leur « translation »…

Dans la chapelle ou l'église, décorée pour la circonstance, on va prier devant la statue. Pour les guérisons, des recettes conseillent de gratter un peu du bois ou de la pierre du socle et d'en boire, dissous dans l'eau de la fontaine miraculeuse proche, en espérant qu'elle ne soit pas polluée – ce qui, évidemment, arrive plus d'une fois. Dans la fontaine on jette quelques piécettes – surtout sans les compter ! D'autres fois, on offre un cadeau au saint. Ainsi, l'on n'implore jamais sainte Anne, la mère de la Vierge, réputée favoriser la santé des bébés et la lactation des nourrices, sans déposer au pied de sa statue quelque brassière ou quelque bonnet.

Bien souvent le pèlerinage dure ainsi plusieurs jours, attirant sur place des camelots et diverses attractions au caractère pas toujours religieux. La nuit, chacun dort dans la chapelle, priant tant qu'il peut résister au sommeil. C'est alors que le miracle se produit : devant cette foule massée, la condensation de l'air est telle que Notre-Dame ou sainte Apolline « se mettent à pleurer » et de grosses gouttes perlent sur leur robe !

Dans notre pays, les pèlerinages se déroulent soit au printemps, avant les gros travaux, soit en automne, après. Les premiers sont suivis par les jeunes filles en quête d'épouseux. Dans bien des endroits, elles doivent faire la route sans parler, voire à reculons, quand ce n'est pas sept années consécutives ! Sont-elles assez patientes ? Pas toujours, sans doute. En ce cas, il existe d'autres moyens. Si le saint fait trop la sourde oreille, celui ou celle qui l'invoque le met en face de ses responsabilités. Ernest Renan raconte ainsi que son père étant enfant et malade, un forgeron décida de le conduire devant la statue d'un saint local. Le bonhomme avait emporté avec lui son fer encore rougi. Il le présenta devant le visage du saint : « Si tu ne tires pas la fièvre à cet enfant, dit-il, je vais te ferrer comme on ferre un cheval. » Et le saint, peu rassuré, d'obéir sur-le-champ. Il n'est d'ailleurs pas rare, selon le même principe, de voir à certaines saisons les statues trempées dans l'eau des fontaines à des fins météorologiques[1].

Pour ceux qui craignent de se « perdre » dans ce paradis, chaque village a souvent sa spécialiste en la matière qui se propose d'aller faire pour vous une prière à un saint approprié de sa connaissance, dans un lieu plus lointain. Enfin, si rien marche, si la guérison ne vient pas ou si la vache continue à maigrir, on a toujours la ressource d'aller chez le concurrent. Dieu et ses saints ont fait la sourde oreille, il reste le Malin et ses suppôts. Ils ne manquent pas davantage, sont tout aussi présents, et chacun sait toujours parfaitement où et quand les trouver.

1. Voir article, p. 239.

NE PAS SORTIR SANS SEL : LA NUIT DU DIABLE

Il est une nuit où il ne fait pas bon errer seul par les montagnes ou sur les landes isolées. En effet, en Alsace, en Anjou, ailleurs encore, la nuit du 30 avril au 1er mai – appelée dans l'Est la nuit de Saint-Walbruge – est marquée par la visite sur terre du « peut » (celui qui pue), de « l'autre », en un mot du diable. Il vient rencontrer ses suppôts et leur fournir poudres et recettes. Au temps des veillées, les histoires de sorciers rivalisent avec celles des soldats, et plus d'un raconte avoir rencontré l'homme qui a vu l'homme... qui a vu le sabbat.

À ce sabbat, les sorcières nues font la ronde autour de Satan qui prend la forme d'un homme ou d'un bouc. Toujours bien « avitaillé » avec un membre « de mulet », il connaît « charnellement » chacune des participantes, arrivées sur les lieux par les airs à cheval sur un balai. Plus d'une ne l'a-t-elle pas confirmé, au XVe ou au XVIe siècle, au cours des procès de sorcellerie ? Elles ont tout avoué : les onguents dont elles se couvrent le corps, le sexe glacé du diable et comme recouvert d'écailles qui les ont blessées. Cela leur vaut le carcan, la roue, l'échelle, le bûcher et la mort, une mort horrible.

Les « psy » d'aujourd'hui parlent d'hystérie ou d'onirisme collectif, pour expliquer ces promenades sur des balais et ces étranges assemblées nocturnes. Pour les anciens, les sorciers n'en existent pas moins.

Tout village, tout hameau a le sien. L'hérédité jouant, on est d'ailleurs souvent sorcier de père en fils. « Meneux de loups », ou de « nuées », « envoûteurs », « jeteux de sorts », ils possèdent tout un arsenal terrifiant de vipères conservées dans l'alcool, de têtes de chien, de poudres et de plantes magiques. Ils élèvent des animaux noirs (moutons et poules). Ils disent des messes à rebours en portant des vêtements à l'envers. Les plus dangereux enfin possèdent le *Grand* ou le *Petit Albert*, ce manuscrit maléfique qui, jeté au feu, l'éteint au lieu de s'enflammer. Ceux-là savent faire « bouillir un enfant en un vaisseau de cuivre, et en prendre la graisse qui nage dessus ». En y ajoutant persil,

Punaise, voilà le diable !

Comme le nom de Dieu est souvent impersonnel, car devant rester inconnu (Dieu ne livra ainsi à Moïse qu'un nom privé de sens « Je suis celui qui est »), celui du diable reste ignoré. Qui oserait le lui demander et pire, qui oserait l'utiliser ?

Dès lors, le diable s'est vu donner nombre de dénominations (Rigdon, Digdon, Terlantin, Racovin, Rikiki…), noms dérisoires et bien indignes de lui, ainsi que d'autres encore, souvent difficiles à prononcer, comme Belzébuth, Azamachiel, Sataman…, des noms qui semblaient destinés à faire trébucher.

Certes, il lui reste Satan, mais là encore, ce n'est qu'un mot sans fond, puisque signifiant simplement « adversaire » en hébreu.

Pour nos ancêtres, le diable était pareillement souvent le « peut » ou le « put », autrement dit le « puant », au sens de « sale », « mauvais », et cela tant au propre qu'au figuré, exactement comme la fille de mauvaise vie était dite une « putaine fille », avant de finir en « pute ». De la même façon on parle encore d'un œuf « punais » et notre expression « punaise ! » n'est donc en fait qu'une variante édulcorée du bien plus fréquent « putain ».

eau, aconit, suie et feuille de peuplier, ils fabriquent l'onguent dont on doit s'enduire le corps pour chevaucher le balai. Et le délire recommence…

Les sorciers, ça n'existe pas ? Ce sont nos ancêtres qui sont naïfs ? Faux ! Le sorcier est au contraire omniprésent dans le monde d'autrefois. Le pain cuit mal, le lait de vache tarit, le beurre est dur, le fromage mauvais, une bête est malade, le blé pourrit, tout pousse mal au jardin, le mari tombe brutalement paralysé ? Ce ne peut être que lui, le « mauvais œil » ! N'est-ce pas lui qui a noué * l'aiguillette à tel ou tel marié en assistant à la cérémonie au fond de l'église ? Chacun le sait redoutable, fielleux, jaloux. Ce sorcier, généralement, n'est qu'un pauvre bougre, un marginal, mais il sait compenser l'échec de sa vie par la peur qu'il inspire aux autres. Les isolés sont donc toujours regardés avec suspicion : le charbonnier, le braconnier, le bûcheron, le scieur de long, les vagabonds et chemineaux. Au Moyen Âge le forgeron maîtrisant le feu est volontiers taxé de sorcellerie, comme l'est longtemps le cordier – à cause de la corde du pendu – ou le tisserand – à cause des suaires qu'il tisse. Beaucoup ne s'en cachent pas, bien au contraire. Chacun peut donc aller les consulter ou louer leurs services contre quelques victuailles ou quelques sous : le conscrit qui veut échapper au * tirage au sort, le paysan jaloux de son voisin, l'amoureux qui veut obtenir les faveurs de sa belle…

On n'en finirait pas de citer les exemples de leurs méfaits, réels ou prétendus. Tous les spécialistes prétendent qu'ils abusent de la crédulité des gens et que le seul remède est, à cette époque, de ne pas y croire. Mais comment ne pas y croire, lorsque la conscience collective y donne foi ? La seule solution est en fait d'avoir du * sel sur soi, de ce sel, symbole de pureté et d'exorcisme qui éloigne les démons et les maléfices. Lorsque le sorcier entre chez soi, il suffit de mettre ostensiblement une salière sur la table pour s'en protéger. Mais en cette nuit de Saint-Walbruge, comme en tout autre temps de sabbat, ainsi que les 1er février, 23 juin, et 23 décembre, mieux vaut finalement s'abstenir de courir seul à travers la campagne. On a d'ailleurs bien autre chose à faire.

SAVEZ-VOUS « ESMAYER » UNE FILLE ? LES SEAUX D'EAU DU 1ER MAI

Les sorciers se sont à peine rhabillés après avoir dansé tout nus autour de Satan que nos ancêtres, sitôt levés, se dévêtent eux aussi pour se rouler sur l'herbe des prés. La rosée du 1er mai est en effet regardée comme bienfaisante pour la peau et, si tout le monde ne s'exhibe pas ainsi, pour certains c'est une manière de faire disparaître boutons et taches de rousseur et de se garantir un teint frais toute l'année. Voilà comment commence souvent cette première journée de mai, dont le folklore va complètement changer au cours des siècles.

Ce n'est que récemment que la date est associée à la fête du travail. L'idée, née aux États-Unis en 1889, gagne l'Europe dès l'année suivante, avec de solides partisans, comme l'ancienne communarde Louise Michel, la « vierge rouge » comme on l'appelle alors à Vienne, où elle s'est fixée à son retour de sept années de déportation à Nouméa. Il faut cependant attendre 1947 pour que soit officialisée cette nouvelle fête au calendrier.

Le traditionnel bouquet de muguet n'a pas alors l'importance qu'il a de nos jours. Il y a bien, dans certaines villes de la région parisienne, dont Compiègne, Rambouillet, et bien sûr Meudon, des fêtes du muguet, mais la plante n'acquiert sa réputation de porte-bonheur qu'au XXe siècle.

En réalité, le 1er mai est la fête du printemps et de la végétation et, selon les régions, plusieurs plantes rivalisent avec le muguet. Ici, on va cueillir de la verveine à reculons pour soigner une infinité de maladies, là on cueille, à jeun, le matin, des bouquets d'aubépine pour se protéger de la foudre. Toutes les coutumes de ce jour-là tournent autour de la verdure et des fleurs alliant la symbolique agraire aux rituels sexuels.

Au village, on vit surtout par tranches d'âge et, en ce jour plus peut-être qu'en aucun autre, chacune de ces sociétés a ses habitudes.

Pour les très jeunes, c'est une nouvelle occasion de tournée à domicile, encore une fois récompensée d'œufs. Ils se promènent en chantant le « joli mois de mai » qui commence, avec parfois à leur tête une « reine de mai » ou encore un « feuillu » ou un « moussu », qui n'est autre que l'un des leurs vêtu de feuillage et de verdure. De nuit, les jeunes gens « esmayent » les jeunes filles. « Esmayer » une fille consiste à déposer sur sa fenêtre ou sur le seuil de sa maison un « mai », autrement dit un rameau ou une branche d'arbre selon une symbolique que chacun comprend aisément. Cela va de la déclaration d'amour au rejet ou au dénoncement des mauvaises mœurs. Le charme signifie « tu me charmes », l'aubépine « je t'estime », le fusain ou le sapin dénonce la putain, la paille la fille de mœurs légères, le sureau est signe de dégoût, etc. D'autres fois, ce sont des poignées de cendre, qui dénoncent une fille malpropre, ou des pieds de veau ou une tête de cheval abandonnés sur le seuil d'une épouse infidèle. Le jugement est public et redouté. Les mégères, ce matin-là, regrettent amèrement leur rudesse ou leur fierté. Elles sont écartées des rondes de l'après-midi que les jeunes gens dansent autour du « mai », arbre ou arbrisseau cette fois-ci, planté par les garçons sur la place du village ou dans quelque pré voisin. Bien avant la fête du travail, donc, nos aïeux chôment dans leur campagne, trop occupés également à s'assurer la protection divine par mille trucs que l'on se répète d'une génération à l'autre. Chaque région a son éventail de croyances, de superstitions et de pratiques : manger de l'ail, faire sauter neuf fossés aux brebis, mettre du fumier sur un arbre, et mille autres recettes garantissant la santé des humains ou des animaux durant l'année.

Le groupe des adultes, s'il ne danse pas le mai, s'amuse tout autant de son côté à « se prendre sans vert ». Jusqu'au début du siècle dernier, se promener sans un brin de verdure sur soi est ce jour-là provocateur de farces. Si votre voisin vous surprend ainsi, il ne manque pas, en s'exclamant : « Ah ! je vous prends sans vert », de vous envoyer un bon seau d'eau par la figure.

Qu'il ait chanté, dansé ou jeté un seau d'eau, chacun s'en retourne chez lui joyeux ce soir-là. Le joli mois de mai est de retour.

QUAND LES STATUES VONT AU BAIN ET LES FILLES À LA PESADE

Peu de mois font autant l'objet de coutumes, de traditions et de dictons que ce joli mois de mai. Mais il faut attendre le XIXe siècle pour qu'il devienne le mois de Marie, celui des reposoirs et par conséquent des rosières. Dans certaines villes, on prime des « rosiers », à la différence que la vertu couronnée a toujours été mieux portée par les filles que par les garçons, qui ne s'en tirent jamais sans une solide réputation de niais. En revanche la rosière, tout habillée de blanc virginal, est fêtée solennellement dans tout le pays, tant par l'Église que la mairie. Cela ne fait jamais qu'une cérémonie de plus pour distraire nos ancêtres durant ce joli mois. L'Église, de son côté, leur en fournit un certain nombre d'autres, toutes largement observées.

Le 3 mai, on fête l'invention de la Vraie Croix par sainte Hélène, entendez par là la découverte de la relique de la croix du Christ – dont l'authenticité est aujourd'hui mise en doute. Il n'empêche que bon nombre de fragments ont été rapportés de Crète vers le milieu du XIIIe siècle, et sont répartis entre plusieurs églises ou monastères, où les fidèles vont les visiter en pèlerinage. C'est également ce jour-là, bien souvent, que nos ancêtres vont à l'église faire bénir de petites croix ou « croisettes » qu'ils ont tressées en bois de coudrier ou de noisetier, voire de simples baguettes. Plantées ensuite dans les champs cultivés, elles assureront des bonnes récoltes.

Viennent, quelque temps plus tard, les trois jours des rogations, observés par tout le pays. On scrute soigneusement le ciel car le temps de chacun de ces trois jours détermine la météorologie de la fenaison, de la moisson et des vendanges. Le premier des trois, qui est le lundi précédant l'Ascension, le prêtre va bénir les prés, aux quatre coins de la paroisse, suivi par la communauté tout entière sur quatre files, précédé de cierges et regroupant les hommes, les femmes, les jeunes gens et les jeunes filles. En route, on s'arrête devant chaque calvaire décoré et fleuri en reposoir, on bénit également les puits et les fontaines, eux aussi couronnés de bouquets de fleurs. Le lendemain, on recommence pour les champs à moissonner et le surlendemain c'est le tour des vignes ou, pour les régions qui n'en ont pas, des grandes cultures comme le maïs, la pomme de terre, etc. Le jeudi, enfin, tout le monde se retrouve à l'église pour la messe de l'Ascension.

La dernière grande cérémonie du mois est celle de Pentecôte. Au Moyen Âge, c'était la grande époque des tournois et des adoubements, qui s'étalaient volontiers sur sept jours… C'est de là que sont venus, dans bien des villes, l'habitude d'organiser des courses, à cheval ou à âne – ou tout simplement à pied –, comme aussi de garder à cette fête un lendemain férié, qui n'en finit pas aujourd'hui de faire parler de lui...

Parallèlement, on célèbre dans le courant du mois un grand nombre de saints agraires comme saint Vernier ou saint Urbain. Les fameux saints de glace : Mamert, Pancrace et Servais sont fêtés les 11, 12 et 13 mai. Lorsqu'ils coïncident avec les trois jours prophétiques des rogations, nos ancêtres ne manquent pas d'être consternés tant ils craignent pour leurs récoltes qui sont évidemment, il ne faut pas l'oublier, toute leur richesse. On comprend mieux, alors, combien il est important de chercher à tout instant, dans le monde environnant, des manifestations des intentions divines en matière climatique, des indications, des garanties, des indices rassurants dont on a tant besoin.

Les signes donnés le 30 mai par sainte Pétronille qui, selon le temps, trempe ou non une guenille – cela rime si bien avec son nom –, par saint Médard au début juin – qui rime si malencontreusement avec « plus tard », puis le bon Barnabé – sont donc autant d'éléments auxquels nos ancêtres, faute de nos météorologues modernes, se raccrochent confusément et désespérément. Les * almanachs que l'on lit à la veillée ont soin de rappeler ces lois que personne n'ose mettre en doute. Pour le reste, tout est observé : la lune, à commencer par la lune rousse redoutée du mois d'avril car elle ramène souvent les gelées et compromet les jeunes pousses et les plantes. Le liseron, nommé souvent le « baromètre des gueux », indique le temps qu'il fera à la fermeture ou à l'ouverture de sa fleur. Les nuages sont non seulement observés mais plus ou moins personnifiés, comme ceux que nous nommons aujourd'hui altocirrus et qui sont alors appelés « barbes à chat » : « Barbe de chat aux nuages annonce grand vent et tapage. » Le chat lui-même, les poules, les vaches sont observés sous le soleil, le vent ou la pluie pour en tirer des prévisions « à court terme », tout comme la mèche de la lampe à huile qui, le soir, vacillante, indiquera le retour de l'humidité. Chacun a enfin des amulettes, sans oublier le cierge de la * Chandeleur ou les brandons de la * Saint-Jean en qui on a toute confiance pour protéger de la foudre. Comment s'étonner, dès lors, que la moindre annonce du retour d'une comète suffise à provoquer de véritables paniques ?

Le clergé, évidemment, peut toujours prêter main-forte. Messes et processions pour réclamer la pluie sont courantes lors des étés trop secs. Il y a toujours un saint à prier pour remédier à la sécheresse. Gare à lui cependant s'il fait la sourde oreille ; ceux qui l'ont invoqué en vain n'hésitent pas à le tancer vertement ou à s'en prendre à sa statue. C'est ainsi que certains saints s'en vont régulièrement au bain. « Dans la commune de la Celle-sur-Couzon, rapporte en 1897 l'archiviste départemental de la Creuse, existe une chapelle dédiée à saint Pierre. Près de là se trouve une fontaine. Lorsque l'on veut avoir de la pluie, on porte processionnellement la statue à la fontaine et on la plonge dans l'eau. » L'effet est alors garanti, et souvent rapide. L'abbé Duine raconte ainsi, en 1904, qu'à Saint-Méen, en Bretagne, le fait de tremper une croix dans la fontaine sacrée voisine de la chapelle fait pleuvoir à l'instant même. Au point que les fidèles, recevant des cordes sur la tête et ne pouvant plus rentrer chez eux disent alors au saint : « Pas à c'te heure ! Attends ! pas à c'te heure ! »... Il n'est donc pas rare, en été, de voir implorer la pauvre sainte Pétronille, tant vouée aux gémonies le jour de sa fête à la fin de mai.

Mais ce mois de mai présente d'autres aspects que ces divinations météorologiques. Certains jours, à la sortie de la messe, tout le village rit à gorge déployée lorsque les gars « pèsent » les filles en les jetant lestement en l'air sous leurs cris à la fois effrayés et ravis. C'est que mai est le mois des accordailles. La branche déposée le premier jour a plus d'une fois été une déclaration. Le dimanche les bals s'ouvrent partout. C'est le mois des amourettes. Mais chaque chose se faisant en son temps, le mois des amours n'est pas celui du mariage. Partout, les * mariages de mai sont déconseillés. En mai, l'on ne fait donc pas toujours ce qui plaît. À bien des égards, le mois offre une curieuse dualité. Ne dit-on pas que les petits chats nés en mai sont dévorés par les matous, que les cochons qui naissent crèvent ou deviennent fous ? Mais, là encore, chaque malheur a son remède. Vous voulez conserver votre cochon né en mai : rien de plus facile. Aussitôt né, prenez-le et emportez-le quelques instants sur le territoire d'une autre paroisse. Dès lors, tout malheur est écarté.

Un dernier mot, enfin. Inutile de chercher les origines de la fête des Mères : nos ancêtres l'ignoraient.

Fêtes des Mères et des Pères

La fête des Mères, reconnue officiellement par une loi en 1950, nous est en réalité venue des États-Unis et n'est apparue sur nos calendriers qu'en 1920. C'est cette année-là qu'Ernest Cognacq et son épouse Marie-Louise Jay, fondateurs des magasins de La Samaritaine, à Paris, décidèrent de créer un prix, destiné aux femmes méritantes, mères d'au moins six enfants ; à partir de cette même année les « médailles de la famille », dont plus de cent mille exemplaires ont été décernés à ce jour, seront remises officiellement par les maires.

La fête des Mères fut suivie de celle des Pères, née, dit-on, elle aussi aux U.S.A. dans l'esprit d'une femme, Sonora Smart Dodd, qui en aurait eu l'idée en écoutant le sermon prononcé par un pasteur, le jour de la fête des Mères, en 1909. Toutes deux seront enfin suivies, en 1987, par le lancement de la fête des Grands-Mères, sur l'initiative, purement commerciale, d'une marque de café, qui réussit magistralement à l'imposer au début du printemps et pour la plus grande joie des fleuristes…

LES FEUX DE JOIE DU JOUR LE PLUS LONG

Bien avant 1982, qui vit naître la fête de la Musique, le 24 juin est célébré partout par nos ancêtres. Des feux qui n'ont rien de celtiques, contrairement à ce que l'on prétend souvent, célèbrent ce jour le plus long, autrement dit le solstice d'été. En Bretagne, dans le Bassin parisien, en Picardie, dans toute l'ancienne France de langue d'oc, on dresse des bûchers comme on l'a déjà vu faire à * carnaval.

Chacun apporte des fagots et des broussailles que l'on transforme en « borde », « bure », « folerie », « marole » ou en « brandon », selon les provinces, en ayant soin d'éloigner ces bûchers des maisons à cause du risque qu'ils font courir alors aux toits de chaume. Selon les règles complexes de tout un art architectural, on les dresse dans un pré ou à un carrefour. Aux fagots entassés, on ajoute un grand baliveau ou un sapin bien vert qui résiste longtemps au feu. À la nuit, après des prières à l'église, pendant qu'un solide gaillard se pend à la corde de la cloche pour la faire sonner à toute volée, le prêtre bénit le brasier et y met lui-même le feu. D'autres fois, selon les coutumes locales, le geste revient au maire, au doyen, ou souvent encore aux derniers mariés de l'année. Une fois encore, le feu purifie. Sous sa fumée, on fait passer les bêtes pour les préserver des maladies. Dans le brasier, on jette des gerbes de plantes parasites, nuisibles aux cultures, ainsi que des sacs remplis de serpents ou de rats, voire des chats, comme c'est d'usage à Paris. Il avait fallu une intervention de Louis XIV, en 1648, pour que cesse la mise à mort par le feu d'animaux vivants.

Tandis que le bûcher se consume, les rondes s'organisent tout autour ; des tisons enflammés sont jetés en l'air. Lorsque le feu s'éteint, les rondes cèdent la place aux concours de sauts au-dessus des braises encore rouges. Tard dans la nuit, chacun rentrera chez soi avec un charbon éteint en main, autre objet à conserver précieusement comme remède miracle contre la foudre, les orages, les voleurs, etc.

La Saint-Jean est aussi le jour où l'on cueille tout un assortiment de plantes magiques : la sauge, la camomille, le millepertuis, dit « sang de saint Jean », la verveine ou « tête de saint Jean », l'armoise, « ceinture de saint Jean », la fougère mâle, « racine de saint Jean », la cuscute normande ou « chandelle de saint Jean », ou encore le salsifis sauvage appelé « barbe de Saint-Jean ». On les cueille de préférence avant le lever du soleil pour en faire des onguents et des huiles qui guériront bêtes et gens.

La Saint-Jean est aussi le jour des * louées de domestiques saisonniers pour participer aux grands travaux d'été qui vont commencer. Le lendemain, c'est la fête de saint

Éloi, le patron des forgerons. On bénit les bêtes ferrées, bœufs ou chevaux, qui tireront les charrettes de foin et de gerbes de blé. Le 29 juin, c'est la fête des saints Pierre et Paul, autre grande fête rituelle qui ferme officiellement ce long cycle de maturation agraire commencé le premier jour de mai. Un nouveau cycle va suivre, lui aussi jalonné de fêtes, de repas et plein de symbolisme.

LA DERNIÈRE GERBE ET LES SUÉES D'ÉTÉ

L'été marque un sommet dans l'année de nos ancêtres ruraux. Les gros travaux vont enfin apporter les fruits de tant d'efforts. À condition, bien sûr, que la sécheresse ou quelque invasion de mulots ou d'autres bestioles nuisibles ne vienne pas les compromettre. C'est qu'à ces époques une sécheresse ou une canicule prolongée prend tout de suite des dimensions impressionnantes. Les témoignages sont nombreux et toujours angoissés. En 1623, le curé de Charnay rapporte que « depuys la Saint Jehan jusques à la Toussaint, l'eau a été plus rare que le vin ». Nombreux sont les étés catastrophiques : 1632, 1694, 1719, 1778, 1793, 1803, 1817, 1825, 1842, 1857, 1858, 1921, 1928, 1949, 1976, 2003 ; les plus dures années ayant été autrefois 1718 et 1719 qui ne connurent pas d'hiver, une sécheresse totale à partir de janvier et, comble de malheur, de fortes gelées à la fin d'avril. Cette année-là, on vit les hommes obligés de faire tourner eux-mêmes les meules des moulins à eau que les rivières, asséchées, ne pouvaient plus entraîner.

On comprend mieux comme il est important de s'être prémuni, en profitant des diverses cérémonies de mai et de juin, pour mettre toutes les chances de son côté.

Dès la fin de juin donc, la vie rurale prend un autre rythme. À la ferme, en famille, tout le monde est mobilisé.

Les femmes partagent souvent leurs tâches avec les enfants : préparation et liage des gerbes, râtelage, etc. Les ouvriers saisonniers qui ont été engagés à la * louée sont généralement payés à la tâche, c'est-à-dire à l'arpent. Ils s'installent et dorment dans les écuries et les fenils. Le cochon est retiré du saloir pour être servi régulièrement au cours des nombreux repas de la journée.

Commençant au lever du soleil (au plus tard souvent vers cinq heures), la journée est jalonnée de pauses-repas au cours desquelles la viande salée qui est servie force à boire et facilite ainsi la transpiration. Les repas sont portés aux prés ou aux champs : déjeuners le matin à sept heures et dix heures, dîner vers midi ou treize heures, goûter de seize heures puis souper à la nuit. Partout on entend aiguiser les faucilles, puis les faux, opération exigeant un art confirmé que chacun est fier de maîtriser.

Pour les foins comme pour les moissons, on retrouve les mêmes traditions : des messes et des bénédictions de début de travaux, parfois avec l'offrande à la Sainte Vierge de la première gerbe ; d'autres fêtes pour célébrer la dernière gerbe et le dernier char avec un bouquet garni de fleurs – appelé souvent le « mai » des moissons par analogie à l'arbre de * mai – et un repas final pris en commun, dénommé selon les régions « gerbaude », « paulée ou poêlée », « reboule » ou « passée ». Tout cela assorti de concours : c'est au moissonneur qui fauchera la dernière gerbe que l'on garnit ensuite de rubans, c'est aussi à la ferme qui terminera la première et qui pourra railler les retardataires.

Le travail est long, dur et pénible, surtout sous la canicule. Il exige un savoir-faire : tout le monde ne sait pas lier les gerbes ou les charger sur le char de manière à éviter la verse. Mais chacun sait aussi s'amuser, sans oublier de chanter, puisque toujours nos ancêtres chantent. Ils chantent au carnaval, à la Saint-Jean, aux mariages, lors d'une foule de fêtes, et au travail, derrière leurs bœufs pour les faire avancer en cadence, comme encore l'été, à tout instant, lors des fêtes de début ou de fin de travaux. Ils acceptent leur sort. L'Église ne leur répète-t-elle pas que Dieu a été le premier artisan et que travailler permet d'échapper à la tentation ?

L'été est par ailleurs encore souvent jalonné de fêtes patronales et il en est toujours une dans le voisinage, dont le nom lui aussi varie beaucoup (station, assemblée, vogue, kermesse, ducasse). Les gars ne manquent pas d'aller y faire un tour, histoire de jouer aux quilles et de faire danser quelque belle à la coiffe bien blanche et amidonnée. Personne ne penserait à réclamer des vacances, comme personne ne songerait à se faire bronzer au soleil.

BAINS DE MER SUR ORDONNANCE MÉDICALE : NOS ANCÊTRES ONT PEUR DU SOLEIL

Il est difficile d'imaginer les plages de la Côte d'Azur, au XIXe siècle et au début du XXe. Elles sont alors aussi désertes en plein mois d'août que les rues de Paris peuvent l'être le jour de la finale de Roland-Garros. Tout au plus trois ou quatre personnes sur le sable de la Croisette ou les galets de Nice !

À cela, il y a plusieurs raisons. À commencer par le fait qu'en ce temps-là les vacances n'existent pas. Nos ancêtres n'en ont jamais eu. Il est vrai que sous l'Ancien Régime leur calendrier compte une foule de jours fériés. Richelieu ne disait-il pas que « le peuple est un mulet qui se gâte par le repos » ? Le développement du capitalisme omit de prévoir des périodes de vacances. Certains s'en émurent, à commencer par le pape Léon XIII, mais il fallut attendre Léo Lagrange et les congés payés pour qu'elles arrivent vraiment.

À cette explication s'en ajoute une autre. En effet, si la Côte d'Azur est déjà lancée et accueille régulièrement les grands de ce monde, elle est longtemps restée le cadre d'un « tourisme d'hiver ». Il ne serait alors venu à l'idée de personne de passer l'été au bord de la mer, moins encore de s'y baigner. Nos ancêtres ont bien trop peur du soleil.

Vacances et chômeurs

Le mot « vacances » – qui l'imaginerait ? – désigne à l'origine une période de manque.

Pensez au poste « vacant »... L'étymologie est claire. Ces vacances, d'abord scolaires, étaient la période où l'école faisait défaut. Peu à peu, elles se sont ouvertes aux adultes, avec le Front Populaire les fameux « Cong. Pay. ».

Mais le mot « congé », lui aussi, a un sens originel peu en accord avec celui où on l'entend actuellement : il évoquait initialement le fait de circuler, de s'en aller, et donna ainsi naissance au « congé » militaire, correspondant à une permission ou à une libération, prometteuse en tous les cas de relâchement.

Longtemps, aussi, on parla de jours « chômés », en référence à un ancien terme latin signifiant « se reposer par la chaleur », pour peu à peu nommer *chômage* toute cessation d'activité, temporaire ou non, volontaire ou non. En ont découlé nos chômeurs, qui n'ont pas toujours très chaud et à qui manquent donc à la fois le travail et les vacances...

Sous l'Ancien Régime, les bains de mer sont inconnus. Ils figurent parmi les remèdes contre la rage. C'est ainsi qu'Henri IV dépêcha un garçon de chambre à Dieppe pour y conduire son chien favori mordu par un animal sauvage. Selon une méthode séculaire, on plonge neuf fois l'animal dans les flots et il guérit.

Au dire des médecins, il suffit que l'on aille prendre ce bain « avant que le venin n'ait pénétré jusqu'aux parties nobles, ce qui est d'ordinaire dans l'espace de neuf jours». Voilà pourquoi, en 1671, ce sont trois demoiselles d'honneur de la reine qui se précipitent à Dieppe. L'une d'elles prend son bain devant Mme de Sévigné qui l'observe avec compassion: «J'ai vu Mme de Ludre [...]. Elle a été plongée dans la mer; la mer l'a vue toute nue et sa fierté en est augmentée, j'entends la fierté de la mer, car pour la belle, elle en était fort humiliée.»

Partout des gens vont ainsi depuis fort longtemps guérir leur rage à la mer. Dieppe profite de sa proximité de Paris pour se spécialiser et s'équiper. Dès 1778, on ouvre une «maison de santé» qui emploie des «baigneurs-jurés» dont la profession consiste à assister les patients. Ils les attachent nus à une corde et les jettent brutalement dans les flots, de la rive ou d'un bateau. Lorsque ceux-ci sont bien immergés dans l'eau souvent glacée, on les y laisse le temps de trois prières. La brutalité fait partie du traitement. Le docteur Lieutaud, premier médecin du roi, ne dit-il pas que «c'est moins le bain qui guérit que la surprise ou la terreur qu'on a l'art d'inspirer à ceux qu'on précipite brusquement dans la mer»?

Outre qu'ils guérissent la rage, les bains de mer se voient bientôt prêter d'autres vertus. Ils «resserrent les vaisseaux et les rétablissent dans leur tonus [...] et resserrent les fibres de ceux qui les ont trop faibles». Il est donc accepté de prendre un bain de mer sur prescription médicale, à condition de subir un véritable supplice. Pour le reste, la mer n'attire personne, même si elle fait rêver un Bernardin de Saint-Pierre. Les Dieppois, quant à eux, n'ont de souci que de s'en cacher la vue, car elle n'est pour eux «qu'occasion de souffrances et de contrariétés».

Tout va changer, en 1806, lorsque la comtesse de Boigne, une des grandes dames de l'époque, éprouve du plaisir à prendre des bains de mer. Son exil en Angleterre lui a permis de voir la «high society» britannique, prince de Galles en tête, se baigner à Brighton, et elle décide d'essayer. Quelques années plus tard, la reine Hortense honore à son tour Dieppe de sa présence. On lui a aménagé une cabine spéciale où elle revêt « une grande blouse en laine chocolat fermant au col et un serre-tête en taffetas ciré qui renfermait ses cheveux blonds ». Deux matelots, habillés de laine et portant des gants en fil blanc, la portent au-dessus des flots et lui font faire le plongeon. Pourtant, la reine se lasse de ces exercices et préfère prendre ses bains dans une baignoire remplie d'eau de mer chauffée.

La mode ne sera réellement lancée qu'en 1824, lorsque la duchesse de Berry, belle-fille du roi de France et nageuse intrépide, se lance dans les flots. Elle est accompagnée de M. l'Inspecteur des bains, en habit de ville, gants blancs et paletot de laine marron, galonné de bleu, sans oublier des bottes – à cause des crabes. Chacune des entrées dans l'eau de la duchesse est ponctuée d'un coup de canon. Un publicitaire ne ferait pas mieux aujourd'hui pour lancer un produit.

La mode est bel et bien établie et Alexandre Dumas a beau trouver hideux le spectacle des dames à la plage, les hôtels se construisent à tour de bras. Le peintre Boudin immortalise les estivantes à crinoline s'abritant sous leurs ombrelles, car qui dit plage ne dit pas encore soleil.

Et la Côte d'Azur, dans tout cela ? D'abord, elle ne s'appelle pas encore ainsi. Ce n'est qu'en 1887 que Stéphen Liégard, ancien sous-préfet et poète à ses heures, la baptise de ce nom dans un de ses écrits – il serait complètement oublié s'il n'avait inspiré à Daudet le personnage de M. le sous-préfet aux champs. Puis la Côte d'Azur, qui, avant 1860 et le rattachement de Nice, n'est française que pour partie, est bien trop loin de Paris pour attirer les foules. Elle ne réussit qu'à séduire les Anglais qui ont pris l'habitude de venir là aussi pour s'y soigner. Un certain lord Smolett a été le premier à séjourner à Nice à la fin du XVIIIe siècle. Il lui a fallu six jours de voyage de Calais à Nice, au cours desquels il échappa de justesse aux brigands qui infestaient les monts de l'Estérel et manqua de périr noyé en traversant le Var à gué, car aucun pont n'existait. Installé à Nice, il trouva la ville d'une saleté repoussante et se dit importuné jour et nuit par les mouches, les puces et les punaises.

Autre découvreur, lord Brougham, ancien chancelier d'Angleterre. En décembre 1834, il conduit sa fille, de santé fragile, se soigner sous le ciel italien quand, à Saint-Laurent, au moment de passer le Var, des difficultés l'obligent à rebrousser chemin. La nuit va tomber. On se replie sur la première auberge venue qui sert aux voyageurs une soupe délicieuse et inconnue. Le lendemain matin, ils découvrent un paysage fabuleux et une plage de rêve. Lord Brougham décide de rester dans cette bourgade de pêcheurs et d'y faire construire un château à sa mesure. Le village s'appelle Cannes et la soupe était une bouillabaisse. Et voici la Côte d'Azur consacrée par les Anglais. Palais et palaces se multiplient. Les princes s'y précipitent. Rois, reines, grands-ducs russes et milliardaires côtoient les plus grands artistes et une foule d'aventuriers. Mais ce n'est là qu'un tourisme d'hiver qui, chaque année, ramène la reine Victoria dans son train de luxe privé. Chaque hiver voit aussi revenir l'aristocratie russe à la recherche des rayons de ce soleil qui lui semble torride. Et chaque printemps, tout ce monde repart sans s'être baigné jusqu'à ce qu'une duchesse russe découvre un beau jour l'agrément des bains de mer. Alors, comme à Dieppe et sur les plages de la Manche, on commence à se baigner sur les plages du Sud.

Tout est cependant compliqué dès lors que l'on veut profiter de l'eau tout en évitant le soleil. Sur la plage, pas de problème : les couturiers ont conçu des costumes de plage qui ne sont que des adaptations, en tissus plus légers et dans des teintes pastel, des vêtements portés à la ville. Sous leurs ombrelles et leurs parasols, les dames sont en crinoline, avec manches longues et chapeaux à voilette. Les intrépides qui veulent se baigner doivent s'enfermer dans des cabines de plage avec leur femme de chambre pour revêtir une tenue spéciale : pantalon long et blouse de lainage – foncé de préférence –, corset et marmotte sur la tête. Sur les plages normandes, du fait des marées, les cabines sont même surélevées avec des roues pour être tirées par des chevaux jusqu'à l'eau. Lorsque la dame est suffisamment loin des regards indiscrets, elle se risque à descendre de la cabine par quelques marches et à entrer dans la mer où elle gesticule quelques minutes. Une fois cet exercice accompli, elle regagne sa cabine, y boit un dé à coudre de frontignan ou de marsala pour la « réaction » et se rhabille de pied en cap avant de reparaître sur la plage, où il lui est conseillé de se remuer et de sauter pour activer la circulation du sang. Des guides pratiques expliquent aux usagers comment prendre des « bains de lame » au milieu des vagues : on doit présenter en premier lieu l'épaule et le flanc et non pas y entrer de front. Beaucoup de plages proposent un chemin de cordage auquel baigneurs et baigneuses qui ne savent pas nager – ils sont nettement majoritaires – peuvent se cramponner en entrant dans l'eau. Le commerce s'installe avec la location de sièges, de parasols, de tentes et de pliants. Parallèlement, on lance des modes nouvelles : bains de varech en Bretagne, bains de sable sur les plages méditerranéennes, à prendre une heure avant les repas.

Seul, le bain de soleil reste inconnu. Et pourtant, bientôt, les maillots vont évoluer. Dès la fin du siècle, les gens du peuple, résidant aux environs des plages, viennent se baigner en petite tenue. Un village de la Somme doit même prendre des mesures pour empêcher certains hommes de se baigner irrespectueusement nus, à moins de trois cents mètres du clocher de l'église qui donne elle-même sur la plage. Les villes balnéaires chics délimitent des zones « pour femmes seules », d'autres « pour baigneurs revêtus d'un costume ou maillot » ou pour ceux « portant un simple caleçon ». Mais encore le maillot doit-il toujours rester suffisamment ample pour cacher les lignes du corps. Puis, tout se précipite, d'abord avec les maillots collants, puis, surtout, avec la découverte de la plage et du soleil. Alors que les jeunes femmes s'évertuent à conserver des teints pâles et des peaux blanches et satinées, les Américains, débarqués à Juan-les-Pins dans les années 20 à la suite de

Scott Fitzgerald, s'enivrent de soleil. L'affolant Rudolph Valentino vient exposer langoureusement son mâle torse aux rayons du soleil. Les Antibois lui trouvent, paraît-il, les épaules bien étroites et la charpente bien maigrelette. Peu importe, la mode du bronzage est lancée. Les maillots de bain rétrécissent de saison en saison jusqu'à la mode du bikini et des paréos pour laisser place à ce scandaleux monokini qu'une joueuse de ping-pong osa arborer sur la Croisette le 7 juillet 1964. La cour d'appel d'Aix-en-Provence ne retint aucune charge contre elle, précisant « que la nudité du corps humain n'a rien en soi qui puisse outrager une pudeur normale, même délicate, et qu'un tel spectacle est fréquent à notre époque pour des raisons de sport, d'hygiène ou d'esthétique ». Les belles années du gendarme de Saint-Tropez, chasseur de naturistes, sont désormais comptées.

BATAILLE DE FÊTES : MARIANNE, BONAVENTURE ET LES AUTRES

On raconte que saint Bonaventure avait si bonne tête que le bon saint François d'Assise, lorsqu'il le vit enfant, s'écria : *« O ! buona ventura ! »* Il n'en fallut pas plus pour décider de son nom et aussi pour décider l'enfant à vivre d'une manière exemplaire, qui le mena tout droit à la canonisation.

Bonaventure canonisé, il fallut lui trouver une petite place dans le calendrier de l'Église romaine, une petite place où l'on pourrait chaque année penser à lui. On lui octroya le 14 juillet. À Lyon on lui confia les enfants, à Liège les portefaix et ailleurs d'autres corporations. Saint Bonaventure s'en trouva fort bien et vit longtemps en toute quiétude l'éternité égrener ses siècles. Il avait fermé les yeux, quelques années durant, lorsque l'on avait pris fantaisie, en France, de célébrer la prise de la Bastille. Mais Napoléon, passant par là, puis les Bourbons avaient mis bon ordre à tout ça et personne n'en parlait plus guère.

Lorsque la IIIe République atteint son âge de raison, l'instauration d'une fête nationale s'impose. Le choix d'une date fait couler encre et salive. Les uns reparlent du 14 juillet, les autres réclament le 4 août, en référence à la fameuse nuit, préférant célébrer une journée de réconciliation plutôt qu'un soulèvement populaire. Mais Raspail se bat si vigoureusement que les premiers l'emportent et la loi du 21 mai 1880 relègue définitivement le malheureux Bonaventure aux oubliettes. La République le remplace, sous le nom de Marianne, en souvenir du nom d'une société politique secrète naguère destinée à renverser Napoléon III et l'Empire.

Mais Marianne, qui n'a pas encore les traits de Brigitte Bardot ou d'Évelyne Thomas, se heurte d'emblée à des difficultés. Si elle n'a guère eu de mal à éliminer Bonaventure, elle doit en effet en découdre avec deux rivales.

La première est le 15 août, fête de l'Assomption de la Vierge Marie. Pour beaucoup de paroisses de France, placées sous le vocable de Notre-Dame, c'est le jour de la fête patronale. S'y greffent des pèlerinages liés à diverses sources réputées miraculeuses et associées mythologiquement à la Vierge. Un peu partout ce jour est occasion de processions solennelles. L'Église célèbre la mère de Jésus avec autant de faste que de foi. La France, sa « fille aînée », est officiellement sous la protection de Marie depuis que Louis XIII l'a invoquée à Apt en 1638 pour avoir un fils et que la prière a été exaucée dès l'année suivante avec la naissance de Louis XIV. Sous l'Ancien Régime donc, le 15 août faisait figure de fête nationale avant le mot et, un siècle après, sa célébration reste réelle un mois après la date choisie par Raspail.

Un mois plus tôt, Marianne a une autre rivale : la Fête-Dieu. Vieille de six siècles, elle s'est doublée, au XVIIe siècle, du culte de l'Adoration perpétuelle. À l'apogée du printemps, elle engendre facilement, dans les rues des villes et des villages, des spectacles féeriques. Nos ancêtres répandent par les rues de véritables tapis de pétales de fleurs et de rose et pavoisent leurs maisons. Ils tendent des draps sur les façades en les agrémentant de bouquets de fleurs des champs blanches, roses, jaunes, rouges ou bleues. L'après-midi voit le défilé souvent énorme d'une procession transportant sous un dais l'ostensoir éclatant de tous ses ors, précédé des enfants portant des bannières, du clergé, du chœur des vierges de la paroisse, et suivi par l'assemblée paroissiale tout entière et endimanchée, et des notables en grande tenue. Dans certaines villes, comme à Aix-en-Provence, au XVIIe siècle, la fête dure deux jours avec des représentations de mystères religieux, et pendant toutes ces réjouissances chacun se glorifie d'avoir la maison la mieux décorée de sa rue ou les bouquets les plus gros et les plus beaux.

Nul doute alors que le 14 juillet, s'il veut s'imposer, ne doive suivre leur exemple. Les premières célébrations sont tout à fait typiques et outrancières. Chaque mairie qui a pu s'offrir un buste de Marianne l'expose à sa fenêtre, drapé de tricolore et entouré de faisceaux de drapeaux. À Andernos, en Gironde, on organise même des processions théâtrales où une Marianne flambant neuve est portée triomphalement par les enfants dans les rues de la ville.

La fête de la République fait encore peur aux conservateurs ? Pour les rallier à sa cause, on décide de lui adjoindre une fête militaire, avec, pour « clou », un superbe défilé comme le général Boulanger sait en organiser un en 1886. Les Parisiens, en chantant, courent « fêter, voir et complimenter l'Armée françai-ai-se ».

Avec l'esprit revanchard à son apogée depuis l'humiliation de 1870, le 14 juillet va devenir, plus que la fête de la République, celle du patriotisme. Chaque élu ira de son refrain pathétique à la fin du défilé des enfants des écoles, après quoi l'on passera de la fête civique à la fête populaire. La fête est désormais dans la rue. Les jeux forains passionnent les foules. Des lampions allumés, ce sont ensuite des bals effrénés sur des estrades tricolores (de dix-huit bals ce jour de 1880, Paris en comptera mille deux cents en juillet 1914, avec jusqu'à trois orchestres par artère).

Et, le soir venu, les feux d'artifice, autrefois réservés aux palais royaux, lancent dans le ciel de France les fabuleuses figures pyrotechniques mises au point au XVIIIe siècle par les frères Ruggieri arrivés d'Italie.

En 1919, après la victoire française, ce sera l'apothéose. La « Fête nat » est bien installée sur l'almanach des postes, au point que plusieurs pères de famille de nos territoires d'outre-mer, séduits sans doute par sa consonance, l'ont quelquefois donnée comme prénom à leur fille !

COCHONS DE QUATRE-VINGTS KILOS ET HERCULES DE CENT QUARANTE : QUAND NOS ANCÊTRES FONT LA FOIRE

« Peut-il y avoir rien de plus absurde qu'un homme robuste et énergique faisant à pied plusieurs milles et perdant une journée de travail pour vendre une douzaine d'œufs ou un poulet ? » s'interroge en 1788 l'Anglais Arthur Young, en visitant la France. Soixante ans après Montesquieu, il se demande finalement comment on peut être français, sans réellement chercher à comprendre les habitudes de ceux qu'il observe. En l'occurrence, parlant des foires de nos aïeux, il n'a rien compris.

La foire, pour nos ancêtres, est un événement important, une obligation essentielle dans leur vie professionnelle. Au Moyen Âge, les premières foires sont organisées par les villes pour vendre leur artisanat aux vilains et aux paysans des campagnes à l'entour. Le commerce marche dans ce sens-là. Les campagnards n'y vendent pas grand-chose puisque la ville est émaillée de jardins et que les prés et les champs font partie de ses « faux bourgs ». Même les animaux sont présents et les rues sont aussi bien fréquentées par les hommes que par les poules, les cochons ou les chèvres. Peu à peu, le phénomène s'inverse. Les villes s'agrandissent, perdent leurs bêtes et leurs champs et c'est au tour des paysans de les alimenter par les marchés.

La foire n'a jamais été « sous » le pont !

La foire, où nos ancêtres aimaient se rendre, est encore présente dans certaines de nos expressions, comme « faire la foire », « s'entendre comme larrons en foire », « la foire d'empoigne », expressions au sens assez clair. Elle est également présente dans « la foire n'est pas sous le pont », au sens, quant à lui, nettement moins évident.

En fait, une fois de plus, on est ici en face d'une expression qui s'est altérée au fil du temps. À l'origine, en effet, elle disait au contraire que « la foire n'était pas "sur" le pont », autrement dit que l'on avait encore du temps devant soi.

Pour bien la comprendre, il suffit de se remettre dans le contexte d'autrefois, quand la plupart des villes étaient ceintes de murailles, souvent dotées de pont-levis. Lorsque la foire prenait fin, bateleurs et vendeurs rassemblaient leurs affaires et chacun rentrait chez soi, en retraversant le pont. Lorsque la foire était « sur » le pont, il n'était par conséquent plus temps de s'y rendre…

Les ponts, curieusement, semblent avoir souvent joué de malchance. La célèbre chanson « Sur le pont d'Avignon », sans doute plusieurs fois recopiée, avait, quant à elle, dit à l'origine « sous » et non « sur » le pont. Car c'était bel et bien sous l'arche subsistante du fameux pont, que l'on avait l'habitude d'aller danser…

Au cours des siècles, les foires se multiplient pour essaimer jusque dans les villages, avec toute une hiérarchie de grandes et de petites foires, dont les dates sont connues de tous et rappelées dans les almanachs. L'année tout entière en est jalonnée, mais particulièrement en ce temps de septembre et d'octobre, où les paysans doivent vendre le fruit de leurs récoltes et les bêtes engraissées durant l'été.

Aller à la foire est presque un rite dans la société d'autrefois. On va à la foire comme on va à l'église. C'est une institution et l'on doit y aller, même lorsque l'on ne vend rien, ne serait-ce que pour suivre les cours et les prix. Il est vrai, cependant, que la foire absorbe en général une journée complète pour l'homme qui s'y rend, une longue journée qui ne finit plus de le ramener à la maison.

Selon l'éloignement, on se lève tôt pour partir parfois avant le jour. Les plus riches y vont en carriole, les autres à pied. Les bêtes que l'on y conduit doivent toujours faire le trajet à pied, attachées derrière la voiture lorsqu'on en a. Le fermier charolais Emiland Matthieu, qui décide de conduire ses bœufs à la foire de Poissy, près de Paris en 1747, met dix jours pour s'y rendre. Il enregistre plusieurs pertes dans son cheptel au cours du trajet, mais Matthieu est un précurseur de l'élevage à haut niveau. Pour le paysan moyen, le voyage se limite à trois ou quatre heures. Et encore, a-t-il soin de ne pas trop forcer le pas pour ménager les bêtes.

Arrivé sur le champ de foire, qui est souvent un carrefour ou la place du village, notre paysan s'installe et attend l'acheteur. Déjà, il aperçoit les marchands qui, en professionnels, s'entendent souvent entre eux pour ne pas laisser « casser les prix ». Est également souvent là le régisseur ou le propriétaire qui, l'affaire conclue, demandera sa part.

Avec une corde ou de la paille tressée, notre homme redresse les queues de ses animaux. Les discussions et les marchandages vont durer des heures entières. L'acheteur examine la bête en détail. Il tâte la croupe, considère attentivement les pis, les dents et les sabots. Il doit éviter de se faire refiler une vache stérile ou un cheval rétif. L'affaire conclue, on tope dans les mains : « Coquin qui s'en dédit ! » Le vendeur coupe la cordelette qui fait retomber la queue de l'animal, signifiant qu'il n'est plus à vendre. Enfin, on va trinquer au café pour sceller l'accord.

Voilà pour la première partie de la foire. Mais une seconde partie la suit presque toujours, à la sortie du café, argent en poche. Le paysan passe alors souvent de l'autre côté de la barrière car il trouve mille occasions de dépenser le peu d'argent qu'il a pu gagner.

Au milieu des meuglements des vaches et des cris aigus des gorets, que l'on enfourne dans des sacs de toile en les tenant par la queue et les oreilles, s'élèvent souvent – du moins dans les foires quelque peu importantes – d'autres cris, d'autres appels, clamés comme autant de slogans publicitaires par une foule de forains, de gagne-petit, de charlatans ou de commerçants qui sont venus jusqu'ici en quête de clients.

Notre bonhomme sait en effet qu'il peut trouver là le coiffeur ou le barbier. Une fois l'an, il se refait une beauté. On sait que l'on y trouve aussi l'arracheur de dents, toujours accompagné d'un joueur de tambour qui a soin d'exécuter quelques bons roulements pour couvrir les cris du pauvre supplicié, le marchand de lunettes, le * colporteur, le marchand d'images pieuses, et encore l'écrivain public qui, longtemps, lira et écrira les très rares lettres que les paysans illettrés peuvent recevoir ou envoyer. Des marchands d'outils et des taillandiers proposent leurs produits, tout comme des tailleurs d'habits sont prêts à prendre les commandes. Et puis sont surtout là tous les forains, depuis les marchands de sucreries, de ces petits pains d'épice en forme de cochons sur lesquels les gars font inscrire en sucre le nom de leur belle pour le lui offrir le dimanche suivant, jusqu'aux bateleurs en tout genre.

Ce sont les montreurs d'ours, faisant danser leurs animaux au son de quelque instrument de musique, les dresseurs de puces costumées en princesses, tirant un carrosse ou exécutant des triples sauts, ou encore les montreurs de nains, de géants, ou d'hercules capables de supporter une table surmontée de quinze hommes ou de porter des enclumes.

Ce sont enfin les lutteurs qui trouvent toujours un naïf ou un fanfaron pour relever leur défi en sortant du café où il est resté trop longtemps.

Beaucoup de paysans, en effet, passent des heures à parler et à boire, assis à la table d'un cabaret. Ce jour-là, des prostituées venues de la ville voisine s'y retrouvent. L'atmosphère est bruyante, chaude, les hommes parlent fort, se bagarrent plus d'une fois, s'entraînant mutuellement.

Chez elle, la femme voit la nuit tomber. Elle se dit que son homme est encore en train de boire les quelques sous qu'il pourrait rapporter. Souvent, il ne rentre qu'à minuit. Mais, après tout, c'est comme ça : il a fait la foire. Pour avoir la paix, il lui ramène d'ailleurs quelque coiffe de coton qu'elle amidonnera pour aller aux fêtes du dimanche, celles où vont les femmes. Et puis, il rapporte toujours des nouvelles. Une telle a trompé son mari. Telle ferme a changé de métayer. Telle autre sera libre à la Saint-Martin. Nos ancêtres, M. Young, ne perdent pas leur temps à la foire. Car la foire, voyez-vous, c'est un de leurs « médias ». C'est à elle seule un programme de télévision, avec variétés, jeux à gains, informations. De quoi passer une journée pas comme les autres, de quoi échapper à la monotonie quotidienne.

FESSÉE DE SAINT VINCENT ET BATTAGE AU FLÉAU

Sous le Second Empire, le vignoble français est on ne peut plus florissant. C'est malheureusement compter sans les Américains qui nous préparent un cadeau empoisonné.

Quelques plants de vigne venant du nouveau continent semblent bien, en effet, être responsables de l'apparition en France de ce petit insecte parasite qu'est le phylloxéra. En quelques années, il saura menacer le vignoble national et le réduire comme peau de chagrin, à une vitesse qui ressemble fort à ce que l'on connaîtra plus tard pour un autre parasite, le doryphore, arrivé lui aussi d'outre-Atlantique[1].

En 1863, lorsque pour la première fois le phylloxéra fait des ravages sur quelques ceps à Pujaur, dans le Gard, le vignoble français est largement développé. On peut même dire qu'autrefois, lorsque les moyens de communication ne permettaient pas la circulation aisée des marchandises, chaque région avait ses vignes, produisant bon an mal an quelques litres de piquette dont se contentaient les populations locales. Alors Paris boit essentiellement des vins d'Île-de-France ou de Champagne, mais d'une Champagne ou dom Pérignon, moine bénédictin et cellérier de l'abbaye de Hautvillers près d'Épernay, n'a pas encore inventé la façon de faire mousser le vin dite champagnisation. À la même époque, le vin de Bourgogne est introduit à la cour de Versailles lorsque le médecin de Louis XIV, Fagon, lui prescrit de se soigner en buvant du vin du pays de Nuits et de Romanée-Saint-Vivant.

Avant la découverte et la diffusion des grands vins et la gloire des grands crus, il n'est donc pas, en France, de coin de terre qui ne parvienne à produire sa vigne. Les rares exceptions sont signalées par des noms de lieu, comme cette commune de Bourgogne nommée si justement Sanvigne.

Certes, le vin ne figure pas tous les jours au repas de nos ancêtres et, lorsqu'il y figure, est-il souvent réservé aux hommes adultes. Mais il est bu dans les grandes occasions, aux fêtes, aux mariages, aux foires, aux repas traditionnels, comme il est toujours servi, en été, à chaque repas des foins ou des moissons. Le dimanche, on peut le boire au cabaret ou au café et l'on connaît partout – de nombreux surnoms devenus noms de famille en témoignent – des hommes qui savent en user et en abuser[2].

La vigne constitue donc, dans l'économie fermée

1. Voir p. 209.
2. Voir *Laissez parler les noms*, Jean-Louis Beaucarnot, Lattès, 2004.

d'antan, une richesse que chacun se préoccupe de protéger. Dans bien des régions, les vignobles sont gardés nuit et jour par des hommes armés de hallebardes.

Pour éviter le grappillage, chacun se doit de vendanger en temps voulu. Le « ban des vendanges » proclame leur commencement. Ban seigneurial au début, lorsque le pressoir ou le treuil est encore une « banalité » – un bien d'équipement collectif soumis à une taxe d'usage, pourrions-nous dire aujourd'hui plus savamment. Ban municipal ensuite, proclamé par la voix et le tambour du garde champêtre quand ce n'est pas par la sonnerie des cloches. Alors commencent plusieurs journées harassantes, assez proches dans leur esprit de celles des foins ou des moisons, qui se terminent elles aussi par une procession triomphante et des feux de joie allumés avec de vieux balais, sans oublier le repas de vendanges.

Vient ensuite le travail en grange : celui du foulage puis du pressage. Les femmes, si elles participent au travail dans la vigne, s'abstiennent généralement ici. De plus il est formellement interdit à une femme impure (ayant ses règles) d'entrer dans le lieu où le vin est pressé car elle le ferait sans aucun doute « tourner ». Enfin, le dernier jour, on donne une grande fête, souvent en l'honneur du bon saint Vincent, au nom si prédestiné[1]. Sa statue est confiée chaque année, à tour de rôle, à l'un des vignerons et l'on va officiellement la récupérer ce jour-là. Celui qui « rend » saint Vincent doit offrir le banquet. C'est un honneur particulièrement onéreux, qui oblige bien souvent le préposé à vendre une vache pour en assumer les frais. Le pays tout entier vient chez lui rechercher la statue et gare à celui, qui, en entrant, oublie de s'incliner y devant le saint : les autres, aussitôt, lui infligent une solide fessée en public.

Dans les quelques régions qui n'ont pas de vignes, en particulier les régions de haute montagne, les bouviers descendent de l'alpage. Le folklore, là aussi, intervient sou-

1. Voir article p. 227.

vent, avec le couronnement de la reine des vaches, celle qui a donné le moins de tracas au cours de l'estive ou pour qui les amulettes ont été les plus efficaces. L'ours, le loup, les pluies ont parfois mené la vie dure aux gardiens durant les mois d'été. Heureusement, les sonnailles bénites sont là pour réveiller le berger que les saints, de saint Maimbœuf à saint Roch, protègent en permanence.

L'automne, enfin, est le temps des battages. Avant que n'apparaisse la batteuse à vapeur se promenant de ferme en ferme et faisant naître elle aussi son folklore, notamment avec l'abondant repas en commun, le battage se fait, comme on sait, au fléau. Dans la grange où l'air est irrespirable, ou à l'extérieur, sur une aire appropriée et savamment fabriquée avec de l'argile battue, enrichie de boue et de bouse de vache, le battage est un art qui exige une grande maîtrise. Des équipes de sept à huit batteurs, et de quatre à cinq hommes pour les alimenter en gerbes, travaillent le bas du visage enveloppé dans de grands foulards à carreaux noués autour du cou. Chacun doit savoir tenir le rythme, respecter la cadence, frapper régulièrement et précisément les épis s'il ne veut risquer de recevoir le fléau du voisin en pleine figure.

Souvent, dans les petites fermes, un ou deux hommes assurent la tâche au fil des jours d'hiver. Puis, c'est le temps des labours, avec la charrue à roue dans le nord du pays et l'araire sans roue dans le sud ; le pas pesant et lent des bœufs est conduit par la lancinante mélopée du laboureur qui « tiaule » ou « briole » sa chanson préférée. Une fois qu'on a procédé au semis d'automne, « * Guinando » est là. La nature s'endort. Alors, un autre temps commence, avec d'autres rythmes et d'autres rites.

LE TEMPS DES VEILLÉES : DES SALLES OBSCURES OÙ L'ON DRAGUAIT DÉJÀ

« C'est une vieille coutume en ce pays et [je] croy que partout ailleurs, de se retrouver et amasser chés quelqu'un du village au soir, pour tromper les longueurs des nuits, et principalement à l'hyver. » Ce que Noël du Fail décrit en 1603 pour la Bretagne est en effet d'usage général. Que l'on se garde bien cependant, de tomber dans l'image d'Épinal. Si le « Guinando » marque, à la fin d'octobre, la date de reprise officielle des veillées, il annonce également l'hiver. Jeunes gens et jeunes filles partent en « tournée » pour une nouvelle quête d'où ils rapportent farine, noix, pommes, huile, chandelle, bois, etc. On décide aussi qui abritera la première veillée, entre la Toussaint et la Saint-Martin (11 novembre). Ensuite, de jour en jour, on fait le tour des maisons du village ou du hameau pour s'y retrouver et s'y chauffer jusqu'à neuf ou dix heures du soir.

S'y chauffer est un bien grand mot. La cheminée monumentale tire généralement mal et enfume la pièce commune et unique où se tiennent souvent jusqu'à trente personnes assises en demi-cercle devant son foyer. Tout près du feu, les vieillards, dont les membres sont déjà à demi refroidis, n'ont pas peur de s'y brûler ; les gosses, au centre, ont la figure roussie par les flammes. Les adultes ont souvent froid dans le dos, du fait que l'atmosphère, pour être respirable, exige que l'on maintienne la porte entrouverte. Voilà sans doute pourquoi dans beaucoup de fermes, ces veillées – nommées parfois « sérrées », « séries », « escreignes », selon les régions – ont lieu à l'étable, où la chaleur animale économise les bûches de la cheminée. Elles ne coûtent alors que le prix de la chandelle, souvent faite par le paysan lui-même avec de la résine de pin dans laquelle il trempe à plusieurs reprises une mèche de coton jusqu'à obtention d'un diamètre suffisant.

À la nuit, tout le monde arrive, et aussitôt les doigts comme la langue vont bon train. Hommes, femmes, vieillards, enfants, chacun travaille à quelque ouvrage. Les femmes filent avec leur quenouille, teillent le chanvre, car quelle maison, autrefois, n'a pas sa chenevière sur quelque parcelle humide ? Les hommes tressent ou réparent des paniers. Souvent, aussi, on casse les noix avec des maillets pour les « monder » et faire de l'huile, on écosse des haricots, etc.

Tout en travaillant, on peut écouter une lecture, lorsque quelqu'un sait la faire. On lit de petits livres drôles comme *L'Art de péter* ou *La Consolation des cocus*, mais surtout l'almanach. Sinon, on se raconte des histoires. Il se trouve toujours, parmi l'assemblée, un vieux soldat prêt à conter, selon les temps, la Berezina, la campagne d'Allemagne, la conquête de l'Algérie (avec description des femmes voilées) ou celle du Tonkin (avec évocation des baguettes à manger du riz), voire tout simplement son * service militaire, seul grand voyage de la vie d'un homme de l'ancienne France. On parle aussi des défunts et des légendes, dont les récits sont tour à tour merveilleux lorsqu'il s'agit de fées et autres dames blanches, ou terrifiants lorsqu'on évoque les bêtes faramines, dont les * loups, toujours très présents, ou encore les « chauffeurs » ou brigands. On écoute en croquant des pommes, des noix ou des châtaignes grillées et, si l'histoire effraie trop les enfants, une grand-mère recourt à son répertoire de comptines ou de devinettes. Les refrains des chansons sont repris en chœur. On fait des jeux, comme colin-maillard. Il arrive même qu'un vielleux ou un flûteux soit là pour proposer un branle ou une bourrée.

Partie de colin-maillard et danses ne sont pas toujours dénuées d'innocence. Dans les veillées, les jeunes ne se privent souvent pas de « draguer », au vu et au su de tous. « En telles assemblées, nous dit encore Noël du Fail, beaucoup d'honnestes familiaritez sont permises. » Et il les décrit en des termes si agréablement pittoresques qu'il serait dommage de se priver de son récit : « Les filles, leurs quenoilles sur la hanche, filaient : les unes assises en lieu plus eslevé, sur une huge [une huche] ou met [une maie, un pétrin], à fin de faire plus gorgiasement [ostensiblement] pirouetter leurs fuseaux, non sans être espier s'ils tomberaient : car en ce cas y a confiscation rachetable d'un baiser. » Certaines se montrent ostensiblement maladroites et les gars de réclamer leur salaire pour les avoir ramassés. « Les autres, moins ambitieuses, ajoute notre commentateur, estant en un coin près du feu, regardaient par sur les espaules. [...] Si, par fortune le gros Jean, Robin ou autre monstraient le haut de leurs chausses à descouvert, ce n'étaient pas les dernières à rire à gorge déployée avec la main entrouverte devant les yeux, pour assurer toute chose et se garantir du hasle. » Tout cela, ajoute-t-il encore, était contrôlé « par un tas de vieilles, qui perçaient de leurs yeux creux jusques dedant le tect aux vaches ou par le maistre de maison, estant couché sur le costé en son lict bien clos, et en telle vue qu'on ne luy put rien cacher ». Dans la salle obscure qu'est l'étable ou la pièce commune, nos ancêtres draguent donc déjà.

DES CHRYSANTHÈMES AUX « GRANDES Ô », EN RENCONTRANT POILUS ET CATHERINETTES

Depuis un siècle, le chrysanthème inonde les cimetières de ses couleurs mauves, mordorées, jaunes ou blanches. La fleur vient d'Extrême-Orient où elle est curieusement symbole de vie. Chez nous, depuis le Second Empire, elle s'est pourtant vue associée à la mort. Elle doit sa fortune aux horticulteurs qui peuvent aisément en prévoir l'éclosion et à l'évincement des anciennes bougies que nos ancêtres allumaient pour la Toussaint sur les tombes de leurs défunts ou à l'intérieur de l'église lorsque le temps était mauvais.

Depuis fort longtemps déjà, l'Église fête les défunts. Tout d'abord, ceux qui ont « réussi », en l'occurrence les saints et les martyrs en tout genre lors de la fête de la Toussaint, le 1er novembre, puis tous les morts sans discrimination aucune lors de la fête des Morts, le jour suivant, deux fêtes naguère distinctes mais qui se voient plus ou moins confondues en une seule aujourd'hui.

En ces jours, il est autrefois formellement interdit de s'amuser, de travailler, de faire la lessive (par référence aux linceuls des défunts), de remuer la terre (par référence au travail du fossoyeur), et de se marier. De la fin des vêpres du premier jour à la messe du second, les gars du village se relayent pour sonner un glas ininterrompu qui résonne dans la nuit. C'est que cette nuit est une de celles qui ramènent les morts sur terre. Chacun le sait et a soin, chez lui, de laisser la porte ouverte et d'allumer un feu dans la cheminée pour réchauffer le corps glacé du trépassé. Parfois même, un couvert et un repas, comme en Provence ou en Normandie où l'on prévoit volontiers un verre de cidre, sont préparés.

Dans certaines régions, cette fête est choisie comme terme des fermages et des emplois saisonniers. Ailleurs, comme en Bretagne, c'est la Saint-Michel, à la fin de septembre, mais, plus généralement, c'est le jour de la Saint-Martin.

Avant d'être la fête de la Victoire de 1918, le 11 novembre est le jour des déménagements. Le déménagement de nos paysans d'autrefois n'exige guère plus d'une charrette ou d'une carriole. On y entasse les quelques bancs et tabourets, parfois un coffre ou une armoire, et surtout des cages remplies de poulets caquetant, du linge, quelques outils et un peu de vaisselle, ainsi que divers ustensiles, comme la cage à faire sécher les fromages. Les mioches trop petits pour faire la route à pied sont juchés au-dessus. On attache éventuellement une ou deux bêtes à l'arrière et l'on part sur les chemins défoncés pour quelques kilomètres, avec deux ou trois bouviers qui aident à décharger et que l'on devra copieusement abreuver en fin de journée. Finalement, déménager coûte cher aux petites gens d'autrefois ! Heureusement que le bon saint Martin, plein de prévenance, ménage souvent quelques jours de redoux, traditionnellement appelés « l'été de la Saint-Martin ». Voilà sans doute de quoi augmenter encore sa popularité, si tant est qu'elle en ait besoin car peu de saints ont été plus populaires au Moyen Âge que ce saint évêque de Tours. Il évangélisa en grande partie le pays et l'histoire du partage de son manteau avec un pauvre est alors connue de tout le monde chrétien. En France, quelque 3 668 églises lui sont consacrées et il arrive en tête de tous les noms de famille avec plus 70 000 foyers français portant ce prénom comme patronyme, Durand n'arrivant qu'en onzième position et Dupont en vingt-huitième[1]. Outre sa protection, il guérit un tas de maux, sauf sans doute le « mal de Saint-Martin » qui atteint les hommes ivres en pays de vignes, où l'on goûte le vin nouveau le jour de sa fête. Dans beaucoup de régions, on joue aussi ce jour-là à l'oie. Non au jeu de l'oie pacifique et enfantin que nous connaissons encore aujourd'hui, mais à décapiter une malheureuse oie pendue par les pattes. Ce rituel rappelle celui de * carnaval du fait qu'alors la Saint-Martin commence le « petit-carême », autre nom de la période de l'Avent.

De nos jours, même si en milieu rural cette date est parfois utilisée pour mettre un terme aux fermages, elle a perdu sa signification traditionnelle au profit de la cérémonie commémorative de l'Armistice de 1918.

Longtemps, c'est le jour des anciens combattants de la « Grande Guerre ». De la classe 1890 née en 1870 – ils ont quarante-quatre ans en 1914 –, à celle de 1919, huit millions de Français ont participé à ce grand conflit, à cette grande revanche, où ils sont partis en chantant, certains que cette guerre ne durerait pas plus de quelques semaines. En pantalon rouge lors de l'été 1914, puis en uniforme bleu

1. Voir *Laissez parler les noms !*, Jean-Louis Beaucarnot, Lattès, 2004.

horizon, ils sont tombés par centaines « pour la patrie reconnaissante » et presque chaque famille française a été cruellement éprouvée. Pour commémorer ce deuil, on construit entre 1920 et 1925 trente-six mille monuments

Les Poilus et la Madelon

Pour ne pas s'être souvent rasés, dans les tranchées où ils vivaient l'enfer, les soldats de la Grande Guerre ont été surnommés les « Poilus »... Encore un mot qui tombait bien pour l'argot militaire, puisque la pilosité, traditionnellement, passait pour un signe de virilité.

Cette appellation, très familière, fut cependant longue à devenir officielle. Elle le devint en 1918, lorsque deux chansonniers ajoutèrent un couplet à la fameuse *Madelon,* pour en faire *La Madelon de la victoire,* que Maurice Chevalier allait créer, avec pour nouveau refrain :

Madelon remplis mon verre
Et chante avec les poilus
Nous avons gagné le guerre.

Difficile d'imaginer, au succès de cette chanson, qu'elle avait commencé par faire un flop total à son lancement, un an trop tôt, en 1913.... Il y avait bien la fille, le cabaret, le vin, mais il manquait la guerre, à laquelle Madelon doit tout, puisque c'est dans les tranchées même que son auteur, Charles-Joseph Pasquier, plus connu sous le pseudonyme de Bach, était allé parfois la chanter aux soldats... On notera enfin qu'en 1939 un nouveau parolier écrivit une troisième chanson qui en était inspirée, dont le titre suggestif était *Victoire, la fille de Madelon*, mais qui ne connut pas le moindre succès...

aux morts, soit au rythme de plus de seize par jour. Monuments à la victoire et à la douleur, ils célèbrent aussi la gloire de la République, même s'ils ont souvent des allures d'images d'Épinal avec objets sortis du catalogue de la Manufacture des armes et cycles de Saint-Étienne.

Selon les régions et les communes, ils vont de la simple stèle au mausolée-œuvre d'art. À Quiberon, c'est un menhir ; le plus souvent, c'est une simple colonne – qui vaut tout de même 10 000 F de l'époque – surmontée, lorsqu'on est riche, de la statue d'un poilu – coût : 4 800 F.

Dans les Cévennes protestantes, on se contente d'une simple plaque sur le mur de la mairie, alors que dans les pays fortement catholiques on représente un poilu portant la statue de Jeanne d'Arc. D'autres donnent dans le pathétique du soldat mourant. On affectionne les clôtures d'obus, les bas-reliefs représentant les mères pleurant sur le corps de leur fils, ou quelque allégorie de la commune pleurant sa jeunesse. Parfois, on est plus réaliste ou plus amer. Au lieu du slogan traditionnel du genre « honneur à nos enfants », la commune de Gy-l'Évêque, dans l'Yonne, tonne un violent « Guerre à la guerre ! », alors que Saint-Martin-d'Estréaux, dans la Loire, grave sur la pierre : « Des fortunes scandaleuses édifiées sur les misères humaines. »

Le 28 janvier 1921, un aveugle de guerre choisit, parmi huit cercueils, celui qui deviendra le Soldat inconnu de l'arc de triomphe de l'Étoile. Dans toutes les communes, discours ampoulés et banquets de combattants évincent la fête de Saint-Martin d'hiver, à la grande joie sans doute de toutes les oies du pays.

L'été de la Saint-Martin passé, on a définitivement dit adieu aux beaux jours. Noël approche, avec quelques jalons tout au long du calendrier.

Le 25 novembre est le jour de Mme Catherine. On fête en effet sainte Catherine d'Alexandrie dont la vie, hypothétique semble bien avoir été inventée par quelque clerc médiéval, avec pour final son supplice avec roue et décapitation d'où le lait coule à la place du sang. Cette vierge martyrisée est la patronne des jeunes filles qui, à l'âge de quinze ans, ne peuvent plus sortir ni aller au bal si elles ne sont décemment « coiffées » et cela jusqu'à leur mariage. Dans chaque paroisse, la plus âgée des célibataires, confectionne un chapeau dont elle coiffe la statue de la sainte. C'est de là que vient l'actuelle coutume des catherinettes qui se développera lorsque le monde de la couture choisira cette sainte comme patronne.

Le 30 novembre, jour de saint André, compte au nombre des fêtes chômées jusqu'à la Révolution, sans doute parce que saint André a été le premier apôtre choisi par Jésus-Christ.

Le lendemain, c'est la fête de saint Éloi. Le Christ ayant ferré un cheval sous ses yeux en lui coupant la patte pour la recoller ensuite après avoir travaillé plus à son aise, saint Éloi est devenu le patron des forgerons. Il est également celui des cultivateurs et des animaux ferrés que l'on fait parfois ce jour-là aller en cortège, brossés, lavés, harnachés, crinières tressées et décorées, pour les faire bénir.

Le 6 arrive la Saint-Nicolas, bientôt en concurrence avec le Père Noël[1], et le 13, enfin, c'est jour de sainte Luce (ou saint Lucie). Largement fêtée, chaque année, cette fête rappelle qu'« à la Sainte-Luce, les jours avancent du saut d'une puce, et au Jour de l'An, du saut d'une jument ». Le proverbe est encore répété aujourd'hui par nos météorologistes qui ignorent bien souvent qu'il est en réalité complètement obsolète.

Luce, à l'origine, vient du latin *lux* (la lumière) et sainte Luce ne se trouve pas là par hasard. Avant le réalignement du calendrier sur l'année solaire par le pape Grégoire XIII en 1582[2], le 13 décembre coïncide avec le solstice d'hiver et le jour de sainte Luce est effectivement le plus court de l'année. Le calendrier a changé, mais pas le dicton dont les rimes tombent trop bien... Enfin, depuis le quatrième dimanche avant Noël, l'Avent (ou encore les « Avents ») a commencé avec ses interdits, sexuels et alimentaires, moins rigoureux et moins respectés, semble-t-il, qu'en temps de carême. Pas de mariage, pas de lessive, parfois même l'interruption des veillées, puis les quêtes de

1. Voir article p. 278.
2. Voir article p. 197.

préparation de Noël de maison en maison où l'on « chante les Ô » et où l'on « dit les grandes Ô », cantiques religieux commençant tous par l'invocation « Ô ! » Ce petit-carême amène parfois feux follets et revenants, et dure jusqu'à la veille de Noël. Sa clôture est l'occasion d'un nouveau repas qui n'est autre que l'ancêtre de notre réveillon.

NOS ANCÊTRES AVAIENT LEUR « LIVRE DES RECORDS » : L'ALMANACH

Les veillées, commencées les premiers jours de novembre, durent selon les lieux jusqu'à carnaval ou à Notre-Dame-de-Mars (Annonciation), parfois même jusqu'à Pâques. On dit qu'elles ont été tuées par la télévision, mais en fait, elles régressent dès la guerre de 1914-1918, victimes de la mécanisation et surtout de l'électricité qui, dans les années 20, pénètre peu à peu dans toutes les maisons, jusque dans les campagnes les plus reculées. Mais avant la radio, puis la télévision, la grande attraction de la veillée est sans nul doute l'almanach.

Acheté au colporteur de passage avec d'autres petits livrets couverts de papier bleu (La Bibliothèque bleue), l'almanach est un livre que l'on regarde en famille. Je dis « regarder » car, en ce temps d'analphabétisation, ce livre raconte tout ou presque tout en images, avec des signes, des figures et des « logos » que chacun peut comprendre. Né vers le XVe siècle et diffusé dès le XVIe, l'almanach, dont le nom a été emprunté à l'arabe, renseigne nos ancêtres sur un éventail de faits capitaux : lunaisons, dates des foires, prédictions, conseils agronomiques..., tout en alimentant largement les récits des veillées par la transcription d'aventures saintes et merveilleuses, de secrets admirables, de curiosité inouïes. D'un certain point de vue, il est à la fois le *Quid* et le *Livre des records* de ces époques. On y trouve ainsi un « reportage » sur tel enfant qui a parlé (pour invoquer Dieu) le jour de son baptême, ou sur une certaine dame Vairet, de Blois, qui a dans les yeux un cadran solaire où l'on peut lire les heures. Les ouragans, les batailles militaires, la vie publique, la morale y nourrissent de larges rétrospectives d'actualité.

Grande ourse ou Grand chariot ?

Le mot *almanach*, emprunté à l'arabe, semble avoir désigné au départ « le livre de la Grande Ourse », autrement dit celui des prévisions astrologiques faites à partir des étoiles, au nombre desquelles celle-ci a toujours et partout figuré en bonne place.

Considérée par les Hindous comme la demeure des sept sagesses, tout en symbolisant le cœur de l'homme (dont les sept étoiles représentaient les sept ouvertures), son nom varie selon les mythologies...

Ce sont les Romains qui en firent une ourse, en souvenir de Callisto, une des conquêtes de Jupiter, transformée en ourse par l'épouse divine de ce dernier, dans une crise de jalousie. Elle erra alors dans les forêts, jusqu'à ce qu'elle rencontre son fils, resté quant à lui humain, et qui s'apprêtait à la tuer d'un coup de javelot ; tous deux furent enlevés par Jupiter et placés parmi les étoiles, pour donner… la Petite et la Grande Ourse.

Ailleurs, chez les Celtes, elle se voyait plus volontiers nommée « grand chariot », en référence à celui avec lequel le fameux roi Arthur errait la nuit. Mais Arthur venait du mot gallois « artos », signifiant « ours ». Décidément, on y revient toujours…

Les livres de l'époque atteignent des tirages époustouflants pouvant dépasser cent cinquante à deux cent mille exemplaires ! Ces « best-sellers » se nomment, au XVIIIe siècle, *le Grand Compost des Bergers* ou *le Petit Désiré*, puis le *Messager boiteux*, *le Bavard*, *le Postillon de la Paix*, pour devenir, à la fin du siècle dernier, *la Nouvelle Lanterne magique*. En réalité, les titres sont beaucoup plus longs et descriptifs, tel *L'Almanach historique*, nommé le

Messager boiteux, contenant « des observations astrologiques sur chaque mois, le cours du soleil et de la lune et le changement d'air de jour en jour, exactement calculé pour l'an de grâce mil sept cent quatre-vingt, par Antoine Souci, astrologue et historien ». L'auteur, cependant, a soin de prévoir une petite postface pour se dédouaner : « Finissans mes prédictions, dit-il, je remettray tout sur la Miséricorde de Dieu, lequel comme Maître et Créateur de toutes choses changera quand il lui plaira les mauvaises Prophéties en bonnes, donnant paix pour guerre, libéralité pour famine et autres bénédictions provenant de sa bonté infinie, et c'est ce que j'espère, Amen. » Les voies du Seigneur, même dans les almanachs, restent impénétrables !

LA FÊTE DU COCHON : « SON ET LUMIÈRE » OU SACRIFICE ?

« Viande de femmes que celle du boucher », proclament souvent nos ancêtres avec tout le mépris que cela sous-entend. C'est qu'en effet, jusqu'à la guerre de 1914-1918, la plupart des paysans ne mangent de la viande de boucherie pas plus d'une fois par semaine, et encore ! Plus avant dans le temps, c'est à peine une ou deux fois l'an, en général à Noël et à la fête patronale. Le reste de l'année, on vit sur le cochon. L'été, durant les grands travaux, on mange le jambon. Dans l'assiette, le porc est roi. Si autrefois l'on avait pris l'habitude de « jurer par le cochon », c'était lorsqu'il était en liberté dans les bois où il avalait tout ce qu'il trouvait, feuilles, faînes, glands, fruits. Mal nourri à ce régime, il lui arrivait d'attaquer quelque marmot de passage et de lui manger un bras ou un pied. On a vu[1] comme on savait les juger avec la sévérité que ces crimes

1. Voir article p. 43.

méritaient. Mais tout cela remonte au Moyen Âge. Depuis, les temps ont changé et, à la ferme, le cochon est gâté et choyé des mois durant afin de fournir, le moment venu, des jambons de poids et de qualité. Lorsqu'ils ont atteint les trois semaines, les porcelets sont vendus à la foire ou au marchand. Le plus pauvre les vend tous, ne pouvant se permettre d'en engraisser un pour son saloir. Les autres, selon leurs moyens, en élèvent parfois plusieurs. L'élevage porcin est alors fort intéressant car l'espèce se reproduit à un bon rythme. Avec quatre portées par an de dix à douze gorets, une seule truie, à sa mort, peut facilement se voir aïeule d'une bonne douzaine de générations, soit au total de cinq à six milliers de cochons.

À peine le cochon acheté, on passe un fil de fer dans son groin afin qu'il ne gâte pas ses lards en fouissant le sol. Si c'est une treue (une truie), pas de problème. Si par hasard elle se révèle pleine, c'est une véritable bénédiction, un cadeau du Bon Dieu et un bon pied-de-nez au marchand. Si c'est un mâle, il faut le faire castrer. Cette opération est du ressort du spécialiste, nommé selon les régions le « châtrou » ou « l'affranchisseur ».

À la ferme, on installe l'animal dans la « soue » ou la « seu », qu'il ne quittera que le jour de son exécution. Pendant tout le temps de son élevage, le cochon appartient au monde des femmes. Ne les rapproche-t-on pas, dans certaines régions, par un de ces adages mysogines comme savent en avoir nos ancêtres : « Jamais femmes ni cochons ne doivent quitter la maison » ? La maîtresse de maison ne s'en offusque pas, et chaque jour verse dans l'auge pâtée, épluchures, pommes de terre bouillies, raves, betteraves, maïs et petit-lait. De temps en temps, son homme ou le grand valet va tâter les jambons et apprécier la fermeté de la couenne et la luisance de la soie de l'animal. Jusqu'au jour où il l'estime bon à passer au saloir.

Il faut alors prendre date et là aussi, on ne la choisit pas au hasard. Tout d'abord, on ne tue qu'en hiver, par temps froid pour favoriser la conservation des salaisons.

La date varie selon les régions entre les premières semaines de décembre et le début de février. Plutôt décembre dans le Centre, janvier en Gévaudan et en Bretagne, et février en Languedoc, où elle se conjugue souvent avec les fêtes de carnaval. On ne tue pas non plus n'importe quel jour : pas le vendredi, jour maigre, ni le dimanche, jour du repos. On se garde de tuer perdant la pleine lune en Bretagne, pendant la vieille lune (la lune descendante) en Bigorre, sinon les boyaux seraient craquants.

Une fois le jour choisi, il faut s'assurer de l'aide des amis et des voisins, que l'on va retenir en les visitant chez eux. On s'enquiert d'un « exécuteur » si l'on ne dispose pas, parmi les proches, d'un homme compétent. « Il faut tuer un cochon comme on cueille certains fruits : avec mille précautions et une oraison préalable, remarque Pierre-Jackez Hélias, car la valeur du lard dépend autant de la mort de l'animal que de sa vie. » Chaque contrée a donc son spécialiste. C'est le charcutier du bourg, en général assez cher, ou un « tueu », un « saigneur », un « gognier », un « escanaire » ou un « sanaire », selon les régions. En Catalogne, c'est généralement un homme au physique assez repoussant mais à qui, le jour de l'abattage, sont permises bien des libertés envers les femmes de la maison.

La veille, la maîtresse de maison prépare ses récipients, ses linges et ses nappes. Au matin, la fête peut commencer. Car c'est véritablement une fête, avec ses règles et ses rites, au point qu'elle ressemble souvent à un sacrifice antique. Tout le village en profite tant elle s'accompagne de bruits caractéristiques. « Tiens, les Untel font pèle-porc », dit-on dans le Sud.

Après un bon breakfast et un bon verre pour soutenir les participants, c'est le branle-bas de combat qui commence avec le baroud d'honneur du cochon, avec parfois certains animaux plus hardis qui arrivent à s'échapper et qu'il faut courser jusque sur la place du village sous les rires moqueurs des voisins. Finalement, le tueur l'assomme sans ménagements d'un coup de masse entre les yeux et le saigne immédiatement. La maîtresse de maison recueille précieusement ce sang dans une grande poêle à long manche, afin de s'en servir pour la préparation du boudin. Parfois, elle en répand un peu à terre comme un vieil héritage d'antiques libations accentuant bien là l'image du sacrifice rituel. Ensuite, la bête, dans les derniers soubresauts de l'agonie, est grillée sur un feu de paille flamboyant en poussant des cris aussi aigus qu'horribles. C'est le curieux « son et lumière » de nos ancêtres. Jadis les soies étaient récupérées pour être vendues ou échangées auprès du premier colporteur de passage, mais l'usage se perd vite. On le racle avec divers instruments de fortune, enfin on l'attache à une échelle inclinée pour l'ouvrir et le dépecer. Un va-et-vient incessant commence alors avec la maisons, où chaque morceau est emporté pour être traité selon sa nature et recevoir une destination propre. À midi, le repas du cochon comporte une bonne côtelette pour chacun ; ensuite, on se remet au travail.

Certaines familles installent jambons et lard dans la cheminée, mais la plupart du temps la viande va au saloir. Selon un art très précis, couches de viande et saumure sont intercalées et recouvertes d'un épais couvercle couronné d'une grosse pierre bien lourde. Une partie du cochon est tout de même consommée les jours suivants. En Gascogne, la fête du cochon dure plus de deux jours. Un bon morceau est donné en paiement au tueur. Le boudin et la longe, les rôtis sont un peu partout traditionnellement offerts aux parents et voisins. La maîtresse de maison passe chez les uns et les autres en déposant du boudin et un morceau de cochon dont la grosseur est proportionnée à l'amitié. Elle a soin d'envelopper le morceau dans un linge car il serait malséant, de la part d'un voisin ainsi gratifié, de chercher à comparer sa part et celle des autres. La tradition veut, bien sûr, que l'on rende morceau pour morceau.

Chacun est fier de son cochon. Avoir du cochon au saloir ou dans la cheminée est signe de richesse. Seul fait grise mine quelque benêt de village qui se sent lésé. Sur le chemin, il a trouvé un petit paquet bien ficelé, s'est précipité pour le récupérer mais n'a trouvé qu'une queue en tire-bouchon. Penaud, il peste, provoquant l'hilarité générale. « Ah, si je tenais seulement le cochon qui m'a fait ça ! » Après tout, il est bien le seul à avoir le droit de jurer au nom du cochon !

LE PÈRE NOËL ET SES RIVAUX : UNE VICTOIRE INDISCUTABLE

Le « petit papa Noël qui descend chaque année du ciel avec des jouets par milliers » selon la chanson immortalisée par Tino Rossi, la bûche de Noël, la crèche, tout comme le beau sapin, roi des forêts, ont une longue histoire. Le nom même de la fête se perd dans la nuit des temps chrétiens. Vient-il d'une simple interjection d'allégresse : Noël ! Noël ! n'ayant d'autre valeur qu'Alléluia, ou bien du latin *natalis dies* qui signifie « jour de la naissance » évoquant l'anniversaire de la naissance de l'enfant Jésus ?

Mais une autre question se pose. Quand est né exactement cet enfant Jésus ? Aucun texte ne le précise, puisque dans l'Antiquité on ne juge pas utile de retenir la date de naissance, comme c'est le cas jusqu'à un passé très proche[1]. Très tôt, donc, eurent lieu discussions et disputes acharnées sur la datation de cet événement. Les quelques passages de textes y faisant allusion laissent plutôt penser que la Nativité s'est produite au cours d'une saison douce. La controverse dure plus d'un siècle. Les uns retiennent le 18 avril, d'autres le 25 mars, un autre encore le 6 janvier, jusqu'à ce que, en 354, le pape la fixe d'autorité au 25 décembre, qui correspond à la dernière nuit du solstice d'hiver. Ce solstice est célébré depuis les temps les plus lointains par les fêtes païennes de Yule, du feu, de la

1. Voir article p. 177.

lumière, ou de la Freya nordique, déesse de l'abondance et de la fécondité. Due au hasard ou au calcul, cette coïncidence fait de Noël la grande fête qui tend aujourd'hui à devenir universelle.

Un jésu, des saucisses !

S'il a toujours été couramment admis comme prénom au Portugal, Jésus, qui en hébreu signifie « Dieu sauve », fut rigoureusement interdit comme tel par l'Église de France, estimant que nul homme ne saurait être digne de ce nom. On se rattrappa en quelque sorte sur Noël, date à laquelle les Portugais souhaitent la fête à leurs Jésus, ou par Emmanuel, son presque parfait synonyme, puisque signifiant en hébreu « Dieu est avec nous ».

Mais l'Église ne s'arrêta pas là. Elle étendit ce tabou au nom du saucisson lyonnais et franc-comtois, qui de ce ce fait s'orthographie toujours non seulement sans capitale initiale mais encore sans « s » final. On dit ainsi « un jésu » de Morteau (ou de Lyon), pour se contenter, au pluriel, de parler de saucisses. Pourquoi ce nom de « jésu » ? Selon les uns parce que cette saucisse était emmaillotée comme l'enfant Jésus dans ses langes, selon les autres parce qu'elle était tout simplement confectionnée en période de Noël, temps qui était d'ailleurs classiquement celui au cours duquel on tuait le cochon[1].

1. Voir page 274.

Voyons maintenant le Père Noël. Au risque d'étonner, je peux presque dire qu'il a une généalogie. Depuis longtemps, en effet, les fêtes solsticiales, appelées saturnales par les Romains, sont prétexte à des distributions de cadeaux. Dans l'Europe du Nord, ce rôle revenait à Odin alors qu'à Rome la déesse sabine Sternia distribuait des cadeaux de bon augure qui sont à l'origine du nom de nos « étrennes ».

Au début de l'ère chrétienne, plusieurs saints se sont fait concurrence selon les pays et les régions : sainte Barbe en Autriche, sainte Catherine en Catalogne, les rois mages en Espagne. En France, on rencontre aussi plusieurs personnages. Dans les Flandres maritimes, c'est saint Martin qui vient avec son âne le jour de sa fête (11 novembre) et l'on a bien soin de laisser sur la table quelques choux et quelques carottes à l'intention de l'animal. Au matin, les légumes ont disparu et les enfants trouvent des fruits secs, qu'il est censé leur avoir laissé en échange. En Alsace, en Auvergne, en Franche-Comté, comme souvent en Bretagne, c'est le petit Jésus en personne qui apporte les jouets. En Nivernais et en Morvan, il faut attendre le Nouvel An pour que passe le Père Janvier, correspondant ailleurs à une vieille fée appelée tante Arie, personnification évidente de la vieille année qui se termine.

Dans le nord et l'est du pays, enfin, le rôle est attribué à saint Nicolas. Ce choix n'a rien d'étonnant car chacun sait que, depuis l'épisode de son arrivée chez le boucher pour sauver les trois « escholiers » que celui-ci avait écorchés et mis au saloir, le bon homme est le protecteur incontesté des enfants. Sa popularité, cependant, n'est guère ancienne. Ce n'est qu'avec les croisades que l'Occident découvrit cet évêque de Myre, en Asie Mineure, surtout lorsque ses reliques furent rapportées à Bar, en Italie. Là, un croisé lorrain, le sire de Varangeville, réussit à subtiliser une phalange du saint et à l'amener en Lorraine, où il fait construire la chapelle de Saint-Nicolas-de-Port pour quel l'on vienne l'y adorer. De là, son culte se répand dans les régions de l'Est et du Nord où on le charge des cadeaux pour les enfants. Dans la nuit du 5 au 6 décembre, jour de sa fête, il se promène donc dans les airs, accompagné de son âne chargé de deux paniers, l'un rempli de friandises et l'autre de verges et de martinets. Seul ou aidé d'un croquemitaine – les maîtres d'école semblent lui avoir inventé cet acolyte au XVIIIe siècle sous le nom du père Fouettard –, il procède à la distribution des récompenses et des pénitences en descendant éventuellement par la cheminée, où il trouve les souliers ou les bas des enfants dormant pendant ce temps à poings fermés.

Mais point de Père Noël autrefois et point de sapin. L'un et l'autre n'apparaissent que récemment. Le Père Noël est né aux États-Unis de l'imagination de Clarke Moore, en 1822, à partir de saint Nikolaus, le saint Nicolas hollandais, popularisé là-bas sous le nom de santa Claus. Dès lors, son personnage et sa légende prennent corps. Symbole du froid et de l'hiver, le Père Noël porte un bonnet de fourrure et une vaste houppelande rouge, parfois bordée d'hermine ou de peau de lapin blanche. Symbole également de la vieille année qui s'en va, il est un grand vieillard à barbe blanche qui se déplace dans les airs sur un traîneau conduit par des rennes. Au nom de l'année qui arrive, il distribue aux enfants des jouets qui garnissent sa hotte à ras bord. Toutes les coutumes sont donc respectées mais également réunies et incarnées dans ce personnage de rêve que le commerce va se charger d'imposer.

Longtemps, il restera discret, ne pouvant, chez les familles pauvres, mieux faire que ses prédécesseurs, Janvier ou Nicolas, que bien souvent il ne parvient d'ailleurs pas à détrôner. L'enfant trouve dans ses souliers tout au plus un petit Jésus en sucre, une barre de chocolat ou encore une de ces délicieuses « pommes oranges », longtemps restées un fruit de luxe, que l'on n'offre que dans les grandes occasions. Chez les plus riches, on trouve parfois, comble du bonheur, quelques billes de verre ou une poupée de chiffon.

Avec le développement de la grande consommation et plus généralement l'évolution que connaît la France d'après-guerre, le Père Noël se répand. L'école, encore en opposition avec l'Église qui y voit une manœuvre pour effacer peu à peu la fête religieuse de la Nativité, se charge de le rendre populaire. En 1940 ou 1941, le curé de Clichy-sous-Bois placarde sur la porte de son église un quatrain contre le Père Noël et à la gloire du petit Jésus. Les mères de famille se mettent en colère et veulent porter plainte à l'évêché. En 1951, le clergé de Dijon brûle solennellement une effigie du Père Noël pour réagir contre son essor.

Aujourd'hui, le Père Noël s'est finalement imposé partout. Mieux, il a une adresse et un numéro de téléphone avec répondeur. Finalement, ne lui doit-on pas la nouvelle dimension qu'a prise cette fête de par le monde ? Fête de la trêve et de la réconciliation, Noël, aujourd'hui, fait rêver la planète entière.

SAPIN, BÛCHE ET LÉGENDES : LES MERVEILLES DE NOËL

Le Père Noël n'apparaissant guère en France avant 1900, on peut dire que le sapin de Noël l'a précédé d'assez peu.

Sa parure qui reste verte en hiver lui a valu depuis longtemps d'incarner l'immortalité de la nature. Dans les pays nordiques, il est donc associé aux fêtes antiques de la lumière, souvent orné de rubans colorés, voire agrémenté de torches largement symboliques. Sa tradition s'est maintenue dans les pays germaniques au point que leurs princes et princesses, lorsqu'ils partaient se marier en Europe de l'Ouest, l'emportaient souvent avec eux. Ce fut ainsi qu'Albert de Saxe-Cobourg-Gotha, mari de la reine Victoria, l'introduisit en Angleterre au XIXe siècle. Il aurait pu pénétrer aussi en France, mais la tentative de la duchesse de Mecklembourg, belle-fille du roi Louis-Philippe, qui le présenta aux Tuileries en 1840, se solda par un échec. Les Parisiens, soupçonnant quelque habitude protestante, se refusèrent à l'adopter.

Tout va basculer, en 1870, lorsque les Alsaciens, réfugiés en France après la défaite de Napoléon III, veulent reprendre de vieilles coutumes locales : à Sélestat, depuis

1521, des arbres sont chargés d'hosties et de pommes que les enfants se disputent en les secouant. Dès lors les nombreuses fêtes de charité ou de solidarité pour les réfugiés d'Alsace-Lorraine ont toutes leur sapin qui est rapidement adopté par l'ensemble de la France, cocardière et revancharde. Dès la fin du siècle, des dizaines de milliers se vendent ainsi chaque année.

Autre tradition indissociable de Noël, la crèche. Elle fait son apparition dans le sud de la France et de l'Italie. Les santons sont d'abord fabriqués en bois par des artisans de la Forêt-Noire. Vendus à la foire de Toulon, ils deviennent à la Restauration des petits sujets en cire que les marchands italiens vendent aux cris de « Santi Belli ». Leur vogue est à son apogée sous le Second Empire, au moment de la grande amitié franco-italienne qui défend la cause de l'unification de la péninsule.

L'origine de la bûche de Noël est plus ancienne et de tradition beaucoup plus générale. Appelée « tronc », « cosse », « tison », « souche », « tréfoir » selon les régions, elle est installée dans la grande cheminée la veille de Noël, avant la messe de minuit. Elle doit être de dimensions importantes et de bois dur, afin de brûler un temps variant de la durée de la messe à trois ou huit jours, voire jusqu'à la fête des Rois. Traditionnellement, on choisit du bois d'arbres dont les fruits sont consommés et prisés : pommier, prunier, olivier, chêne ou hêtre. Sans doute ce choix a-t-il pour but d'assurer une abondante récolte pour l'année à venir. Parfois, on procède à des libations en versant sur l'écorce du vin ou de l'huile, quand ce n'est pas du * sel pour se garantir des esprits et des * sorciers, ou même de l'eau bénite. D'autres fois encore, on a soin d'y faire couler quelques gouttes du précieux cierge de la * Chandeleur. Charbons et cendres sont dotés, comme ceux de la * Saint-Jean, de pouvoirs en tout genre. Précieusement conservés, ils seront volontiers utilisés pour rallumer la bûche de l'année suivante. De nos jours, cette bûche ne subsiste plus guère que glacée ou chocolatée.

Une fois sa bûche allumée, chaque famille se rend à la messe de minuit, à pied ou en char à bœufs, à travers les chemins. Chacun porte à la main une torche, remplacée ensuite par des lanternes. L'église est illuminée. Dans beaucoup de régions, les bergers viennent offrir un agneau à la crèche. Enfin arrive « l'Heure solennelle », chantée à la fin du siècle dernier par le célèbre « Minuit, Chrétiens ! » dont les paroles sont curieusement dues à l'imagination d'un radical, Placide Cappeau. Ce négociant en vins n'était pas encore engagé politiquement lorsqu'il répondit, en qualité de poète, à la commande du curé de Roquemaure, près d'Uzès. Le 24 décembre 1847 fut donc chanté pour la première fois à minuit le célèbre cantique.

De retour de la messe de minuit, nos ancêtres vont à l'étable donner aux animaux la « gerbe de Noël », un foin meilleur qu'à l'ordinaire, afin de remercier les bœufs et les ânes d'avoir réchauffé l'enfant Jésus. S'ensuit le réveillon, souvent assorti d'une oie ou du * porc que l'on vient de sortir du saloir. On chante des cantiques de Noël, dont l'énumération exigerait des livres entiers tant ils sont nombreux. On s'amuse et le lendemain, lorsque la météorologie le permet, on joue souvent à la * soule sur la place du village.

Noël est aussi le temps d'une foule de traditions. Les enfants quêtent pour recevoir quelques étrennes sous forme de fruits ou secs ou d'œufs. Parfois, la quête est reportée au * Jour de l'An. Les croyances veulent aussi que les morts reviennent cette nuit-là sur terre. Aussi, comme pour la * Toussaint, on leur prépare volontiers à boire et à manger. Pendant que résonnent les douze coups de minuit, on dit que les rochers se déplacent pour faire entrevoir les trésors perdus dans leurs entrailles et que l'on peut entendre tinter les cloches des villes maudites englouties à jamais. Sans doute explique-t-on ainsi la croyance qui veut que les enfants nés ce jour-là ont le don de communiquer avec l'au-delà ! Une légion d'interdits accompagnent cette fête : interdiction de travailler, de cuire du pain, de faire la lessive, de filer, de coudre etc. Jusqu'à celle-ci, toujours très respectée : ne pas essayer d'entendre ce que se racontent les animaux. Le curieux qui le ferait risquerait d'apprendre sa mort prochaine. Car, en cette nuit de Noël, les animaux sont doués de parole. On dit même qu'à l'étable ils s'agenouillent parfois sur leur litière.

DE LA FÊTE DES FOUS À LA FÊTE DES SAGES

Dans les jours qui suivent Noël, parfois dès le lendemain, se déroule une curieuse fête, la fête des Fous, qui fait un tel scandale dès le Moyen Âge que certaines villes ainsi que des évêques l'interdisent. Cette fête est en effet celle de l'inversion, du désordre, des sacrilèges et ce jour-là, clergé en tête, de véritables orgies sont organisées dans les églises. Diacres, chantres, bedeaux et sacristains, bref tout le petit personnel clérical, s'en mêle pour, un peu comme à * carnaval, y célébrer la négation de l'ordre et l'inversion des rôles et des rites. En vêtements souillés et déchirés, certains disent des messes à rebours, lisent les Évangiles à l'envers, et vocifèrent à tout moment des hi-han d'âne ou des paillardises. Dans certaines églises, on mange sur l'autel du boudin et des saucisses tandis que, dans les encensoirs, on brûle de vieilles chaussures. Ou chante des chansons obscènes. Les hommes s'exhibent nus et s'arrosent de seaux d'eau. Peut-être faut-il y voir un vieil héritage païen des saturnales romaines ? Quoi qu'il en soit, cette fête des Fous se termine souvent mal. Insultes et tapages conduisent certains au cachot, pendant que d'autres n'hésitent pas à s'en prendre aux croix ou aux divers objets de culte.

Heureusement, saint Sylvestre met fin à ce tapage, bien que l'habitude du réveillon que nous pratiquons aujourd'hui ne semble pas remonter au-delà de la fin du XIXe siècle. Il n'en reste pas moins que, dès l'installation de la nouvelle année, nos ancêtres n'ont pas besoin de klaxons pour laisser libre cours à leur joie. Le 1er janvier, dès qu'il commence l'année[1], a tôt fait de se remplir de traditions. Des vœux de bonne année, souvent alliés à ceux de bonne santé et de « paradis à la fin de vos jours », sont distribués par les gosses de maison en maison, en quête là encore de quelque fruit sec ou autre menu cadeau. Les personnes qui ne donnent rien sont la risée du groupe et ont droit à une chanson bourrée de gros mots.

Les familles entières vont en visite. On commence par les grands-parents lorsqu'ils n'habitent pas sous le même toit. Autrefois, à Paris, trouver un fiacre libre ce jour-là tient de la gageure. Partout, la visite est ponctuée de repas ou plus simplement de verres au contenu variable : calvados, eau-de-vie, café, que l'on est tenu tant d'offrir que d'accepter. S'ajoutent toute une liste de prédictions à caractère météorologique, selon le jour où tombe le 1er janvier. Si c'est un lundi, l'hiver sera commun et assez raisonnable, le printemps et l'été humides avec inondations, la vendange ne sera pas bonne mais les blés seront à juste prix. Les mouches à miel périront. Les impôts seront lourds, les dames de qualité seront tristes... Et chacun, connaissant tout cela, de le débiter lors des visites rituelles, souvent espacées sur une semaine entière.

En ville, la première semaine de l'année donne lieu à la représentation de Mystères, dont celui de la visite des Rois mages. Il n'est guère de fabrication plus complexe que celle de cet épisode. Seul saint Matthieu en parle dans son Évangile, disant que « Jésus étant né à Bethléem de Judée, aux jours du roi Hérode, voici que les mages d'Orient arrivèrent à Jérusalem, disant : "Où est le roi des Juifs qui vient de naître car nous avons vu son étoile à l'Orient et nous sommes venus l'adorer." » Nul autre texte n'en dit

1. Voir article p. 197.

davantage. Au Ve siècle, ces mages, qui devaient être des savants ou des sages, deviennent tout à coup des rois. Au VIe siècle, ils sont trois et reçoivent les noms de : Gaspard, Melchior et Balthazar. Au XIIe siècle, on retrouve leurs reliques et au XVe, on sait d'où ils viennent : Melchior d'Arabie, Balthazar de Chaldée et Gaspard d'Éthiopie. Il est Noir ! Voilà pour nos Rois mages.

Chers rois mages : ils ont pensé à tout !

Si seul l'évangile de saint Matthieu évoque trois mages venus d'Orient, sans en dire davantage, on verra les détails les concernant s'ajouter curieusement au fil des temps, notamment au VIIIe siècle, lorsque l'Irlandais Bède-le-Vénérable les décrira comme s'il les avait croisés le matin. « Le premier, écrit-il, s'appelait Melchior ; c'était un vieillard à cheveux blancs et à la barbe longue ; il offrit de l'or au seigneur pour reconnaître sa royauté. Le second, Gaspard, imberbe et encore jeune, lui offrit de l'encens pour reconnaître sa divinité. Quant au troisième, de visage noir et portant également toute sa barbe, il avait nom Balthazar et présenta de la myrrhe[1] ». À quoi saint Bernard ajoutera plus tard ses propres commentaires, selon lesquels l'or aurait permit à la vierge Marie de sortir de la misère, l'encens de désinfecter l'étable et la myrrhe… de guérir l'enfant Jésus, qui avait des vers (!) ». Mais saint Bernard ne devait-il pas être concret et imagé, s'il voulait être suivi par son auditoire, médiéval et rural ?

1. Une résine odorante.

La date étant en principe aussi celle de la dernière nuit solsticiale, elle peut avoir été, à ce titre, honorée depuis longtemps. Là encore, la coïncidence n'est pas étrangère au fait que ces deux événements se superposent.

La tradition de la galette, qui représente le soleil renaissant, s'installe tout naturellement. Son nom de galette des Rois lui vaut quelques ennuis en 1789. À Bordeaux, un texte du mois de nivôse an III témoigne que « le comité révolutionnaire dénonce au citoyen-maire des pâtissiers qui se permettent de fabriquer et de vendre encore des gâteaux des Rois ». Aussitôt le citoyen-maire d'intervenir : « Considérant que plusieurs particuliers ont commandé des gâteaux des Rois sans doute dans l'intention de conserver l'usage superstitieux de la fête des ci-devant rois, il faudra découvrir et suspendre les pâtissiers délinquants. » On fait alors de l'Épiphanie la fête des sans-culottes et on débaptise les galettes pour en faire des « gâteaux de la liberté ». Leur suppression serait par trop impopulaire tant le peuple est attaché à cette gourmandise.

Chacun connaît enfin le cérémonial de l'enfant caché sous la table qui attribue la part de galette à chacun des convives, avec, en principe, une part pour la Sainte Vierge, une pour Dieu ou pour le pauvre. Chacun connaît de même la coutume de la fève. Autrefois véritable fève, devenue un sujet de porcelaine aujourd'hui recherché des collectionneurs. Elle vaut à celui qui la trouve de payer à boire. Les radins s'empressent donc de l'avaler. Viennent ensuite les saluts au roi qui boit. Toutes ces pratiques se sont généralisées en ville, alors que dans les campagnes, à part dans les régions situées au nord et à l'est d'une ligne Saint-Malo-Grenoble, elles sont inconnues.

Mais ce jour est aussi jour de pronostics en tout genre. Les jeunes filles, un peu partout, mais selon des recettes variées, essaient de voir (en rêve, dans un seau d'eau glacée, etc.) le visage de leur futur mari. Douze grains de blé, alignés sur la plaque du foyer au cours de la nuit, révéleront les variations du cours du blé au cours des mois de l'année selon qu'ils sautent là ou là, sous l'effet de la chaleur. Et chacun, la nuit venue, de les interroger devant l'âtre, alors qu'au-dehors la gelée fend les pierres.

LE « GRAND HYVER » OU LE VILLAGE ENDORMI

S'il est curieusement le mois des * mariages, janvier est avant tout celui des glaces. Fabre d'Églantine en à fait celui des neiges sous le nom de nivôse. Personne ne s'y trompe, janvier est toujours associé au froid et l'on ne s'en plaint pas car :

Mieux vaut voleur dans un grenier
que du beau temps en janvier.

Les sports d'hiver n'existent pas, il faudra du temps et des vacances pour leur permettre de triompher. Lorsque, dans les années 1860-1870, un jeune Norvégien du nom de Nansen décide de traverser le Groenland à skis, les journalistes du monde entier se gaussent. « On peut d'ores et déjà, écrit l'un d'eux ironiquement, retenir ses places pour assister, assis sur un glacier, au passage du sportif. Les réservations pour le retour ne semblent pas s'imposer. » Et pourtant Nansen revient. Dès lors le ski commence sa longue aventure. Il pose bien des problèmes aux femmes et aux curés. Celui de Sarcenas, en Dauphiné, est violemment réprimandé par son évêque en 1906 pour avoir fait du ski et être ainsi tombé, soutane relevée ! Quant aux femmes intrépides qui y goûtent, on leur conseille de porter « une culotte de drap avec ou sans jupe, en supprimant les jupes de dessous remplacées par une combinaison ». Peu, cependant, osent se mettre en pantalon. Tout au plus revêtent-elles la jupe par-dessus la culotte. Quant aux cheveux, alors toujours longs, il serait indécent de ne pas les cacher sous un chapeau, au risque de le voir s'envoler au cours d'une descente. Finalement la consécration du ski n'arrive que très tardivement, à une époque qui n'est déjà plus celle qui nous intéresse ici.

En revanche, les glissades sur glace, avec ou sans patins, sont un exercice très apprécié depuis des siècles. Il n'est qu'à songer aux tableaux de Breughel ou au *Roman de Renart* pour s'en convaincre. C'est aussi en janvier que l'on pense à conserver la glace, comme le rapporte Jean-François Baqué en 1640, à propos d'un petit village du bas Languedoc. « Comme il n'est pas question, explique l'auteur, de faire venir ici de la glace par bateau depuis les montagnes du Dauphiné, comme on le faisait pour la foire de Beaucaire, il fallait conserver dans une glacière celle ramassée durant l'hiver. » Le stockage se fait alors dans une pièce souterraine voûtée. « Le remplissage commença le 10 janvier et se poursuivit les 3, 4 et 5 février. Il fallut pour ce faire 76 journées de mules et 80 journées d'hommes. » Pour une fois, la glace est l'amie de l'homme, il n'en va pas toujours ainsi.

En ce temps-là il n'y a déjà plus de saisons ! À qui la faute ? Les scientifiques ne peuvent évidemment invoquer les avions ou, plus sérieusement, la pollution de la haute atmosphère par les trop fortes quantités d'énergie nucléaire ou industrielle. Timidement, ils songent à certaines irruptions volcaniques… Quoi qu'il en soit, on n'en finirait pas de citer les années d'étés pourris ou d'hivers exceptionnellement doux. En 1316, en 1675, en 1816, tous les habitants de l'Europe passent l'été au coin du feu, à l'abri de la pluie et de la froidure. Or en ce temps de régime économique primitif, lorsque chacun et chaque région vit en complète autarcie, la disette, quand ce n'est pas la famine, est souvent la conséquence inévitable de telles errances météorologiques.

Le plus dur de tous les hivers a apparemment été celui de 1709, que nos ancêtres ont d'ailleurs appelé « le grand hiver ». Laissons à Messire Jorhant, curé d'Etrelles en Ille-et-Vilaine, le soin de le raconter : « Le sixième jour janvier, jour des Roys 1709, vers les deux heures et demie d'après-midi, il commença un froid terrible par un vent du haut, et continua pendant dix-huit jours de suite, la terre étant couverte de neige, ce qui consternait les blasteries [les blés semés en automne]. » À Paris, le thermomètre descend à – 23 °C et reste plus d'une semaine au-dessous de – 20 °C. Un témoin, près de Poissy, raconte que « les arbres dans les forêts pétaient comme des coups de fusil » en se fendant sous l'action du gel. Le bétail, lui aussi, a froid. Les oiseaux meurent dans les haies. En Anjou, on raconte que la crête des coqs tombe ! À Versailles, le château étant inchauffable, un page a une main gelée et l'on envisage de lui couper les doigts.

Lorsque arrive le dégel, la neige fond et chacun reprend espoir, mais un second gel, survenant fin janvier, suivi d'autres en février achève de ruiner la nature tout entière. Notre curé Jorhant raconte qu'il « n'a laissé ni choux, ni romarins, ni boutons de poiriers [...], que la fourmille a gelé, que l'on ne voit presque plus de ramier ni de merles ». En avril, aucun champ semé n'offre par conséquent la moindre pousse.

Cependant, c'est une fois le froid passé que nos ancêtres paieront le plus lourd tribut. Car chacun est à l'affût de grains et les prix du blé s'enflamment. Le marché noir s'installe. La famine règne. Dans la région d'Autun, on voit « les pauvres, décharnés, la peau collée sur les os, couchés sur le pavé des rues ». Le 4 mai, le procureur général de Bourgogne peut observer, dans des prairies, des hommes et des femmes paissant l'herbe « comme des moutons ». Traversant la France durant l'été 1709, l'ambassadeur d'Espagne décrit les mêmes scènes.

Heureusement, le pire est évité, grâce à l'orge et à sa rapide croissance. Laissons encore la parole à un témoin du temps, échevin de la ville de Mantes : « Tout le monde croyait qu'il allait mourir de faim ; mais Dieu, qui est bon père, qui n'abandonne jamais ceux qui Le servent, inspira aux laboureurs de semer de l'orge dans les terres où ils avaient semé du blé, ce qu'ils firent, quoi qu'un peu avancé en saison. L'orge a produit trois fois autant qu'on espérait de blé ; on peut en quelque façon dire que c'était une multiplication des cinq pains d'orge dont il est parlé dans l'Évangile. »

Le curé Reignauldin, à Étang-sur-Arroux (Saône-et-Loire), a soin de faire état de l'effrayante mortalité de cette année terrible. « Il est à souhaiter, écrit-il le 31 décembre, que Dieu ne soit pas davantage irrité contre son peuple et que l'année prochaine soit plus heureuse et plus fertile. » On mesure combien, pour tous ces hommes et ces femmes, prévoir le temps revêt une importance capitale.

Aussi, lorsque la nature prépare son réveil, convient-il de s'assurer du concours des saints et de ne pas risquer de déplaire à Dieu en ignorant ses lois. On comprend aussi comme nos ancêtres sont heureux, menacés par tant de malheurs, de pouvoir célébrer ce renouveau, et de ponctuer le lent rallongement des jours par des fêtes souvent joyeuses où ils peuvent rire et s'amuser. On comprend mieux avec quelle joie ils se rendent à l'église, le matin de la * Chandeleur, à la recherche de cette chandelle symbolique. Et cette joie, surtout, se double d'espoir, l'espoir d'une année meilleure, d'une année où pluie et beau temps alterneront enfin pour leur procurer non le bonheur mais une vie plus agréable. Le bonheur, ils le savent bien, n'est pas alors pour eux un bien terrestre…

4.

LE ROMAN VRAI D'UN JOUR

JOURS ORDINAIRES ET JOURS EXTRAORDINAIRES

Au fil des âges, comme au fil de l'année et des saisons, nos ancêtres vivent de siècle en siècle une même vie quotidienne de travail dans les champs, les bois, les vignes, les échoppes d'artisans ou de boutiquiers. La vie sociale dans les rues, les villages et les hameaux, les occupations entre générations ou en famille, tout cela ne varie guère au fil des jours.

Cependant, on ne peut pas parler de monotonie. Du lundi au samedi, chaque journée de la semaine est ponctuée si ce n'est de rites différents du moins d'habitudes variées et le dimanche, quant à lui, est par bien des angles exceptionnel, comme le sont aussi certains jours déjà rencontrés comme ceux de * foire, de * pèlerinage, de * mariage, de * carnaval où se mêlent le religieux et le profane, la prière et le divertissement. Finalement, le dimanche est un peu une répétition générale des grands jours de fête qui jalonnent l'année.

Outre ces dimanches, certains jours d'exception ont un caractère également festif, mais ils sont plus banalisés, plus intégrés au quotidien. Je veux parler du jour du pain et du jour de la lessive qui sont pour nos ancêtres autant de moments à part. Là encore, on mesure les différences de rythmes avec ceux aujourd'hui.

PAS ASSEZ DE JOURS OUVRABLES !

Pourquoi faut-il donc travailler ? Pour vivre ? Pour s'enrichir ? Au Moyen Âge, la réponse de l'Église est catégorique : l'homme doit travailler pour échapper à la tentation. Et les cathédrales de célébrer par les sculptures de leurs chapiteaux les travaux des champs et des artisans, les prêtres faisant observer à leurs paroissiens que Dieu en personne a été le premier de tous les artisans lorsqu'il a construit le monde en six jours.

Le travail, c'est donc le salut, et l'homme devant imiter Dieu calque son emploi du temps sur le sien : six jours de labeur et un jour de repos bien mérité. Il en est ainsi partout au rythme des saisons dont la météorologie dicte les travaux. Et les jours de la semaine se succèdent, remplis d'activités, mais aussi bien souvent assortis d'obligations ou d'interdits.

Le lundi et le mardi sont assez banals. On a vu qu'ils sont souvent choisis pour la célébration des * mariages. Au demeurant, le lundi est longtemps jour chômé dans les villes ouvrières comme à Paris ou à Lille, aux XVIIIe et XIXe siècles, pour le plus grand profit des « marchands de vin », dénomination ancienne des cafetiers.

Le mercredi, on l'a dit aussi, est autrefois jour de jeûne du fait que Judas avait ce jour-là vendu le Christ. Le jeudi, pour les Grecs, les Romains et les Gaulois, est jour de fête hebdomadaire et l'Église devra lutter pour imposer le respect du dimanche. Au VIe siècle, le concile de Narbonne menacera d'excommunication ceux qui continuent à chômer le jeudi.

Volontairement elle laissera longtemps ce jour sans célébration. Au Moyen Âge, il devient le « jour le plus gras de la semaine », jour de bombance (souvent relative) et de récréation, ce que l'école consacra beaucoup plus tard avant de se replier sur le plus central mercredi.

Le vendredi, par contre, jour de jeûne et de deuil en souvenir de la mort du Christ, est plein d'interdictions : pas de lessive, pas de bain, pas de cuisson du pain. De façon générale, on ne doit rien faire qui puisse engager l'avenir : semailles, moissons, etc. Impossible de mettre à couver des œufs ; impossible aussi de baptiser un enfant (seul cas pour lequel le retard du baptême est admis). Et tous ces interdits culminent le Vendredi saint.

Le samedi est consacré à la Vierge. Les femmes se doivent de s'abstenir de tout travail. Même filer la laine leur est interdit après l'angélus du soir, sous peine, après leur mort, d'errer un certain temps, leur rouet à la main. D'autant que le samedi est réputé être le jour où les âmes délivrées du purgatoire montent au ciel…

Le dimanche, enfin, termine la semaine et doit donc o-bli-ga-toi-re-ment être chômé. Du Moyen Âge au XIXe siècle, cette règle est appliquée à la campagne. En ville, on ne peut pas en dire autant ; ainsi en 1893, 27 pour 100 des salariés travaillent ce jour-là. C'est un jour « ouvrable » – l'origine du mot venant, non pas de l'ouverture des commerces et des bureaux, mais du mot « œuvrable ».

Un rapide décompte fait donc apparaître six jours « œuvrables » par semaine, ce qui semble contraindre nos ancêtres à un travail incessant. Pourtant, il en va bien différemment et il suffit d'écouter les lamentations du savetier de La Fontaine qui ne partage pas du tout ce point de vue :

Le mal est que dans l'an s'entremêlent des jours
Qu'il faut chômer : on nous ruine en fêtes.
L'une fait tort à l'autre, et monsieur le curé
De quelque nouveau saint charge toujours son prône.

C'est qu'en effet les dimanches ne sont pas les seuls jours où le travail est interdit à nos ancêtres. Il faut leur ajouter de nombreuses fêtes de la liturgie catholique ou du folklore : celle du saint patron du village ou de la paroisse, ou encore celui du diocèse (Saint-Arbogast à Strasbourg, Saint-Sernin à Toulouse, etc.), puis celle du saint patron du métier ou de la corporation (Saint-Crépin pour les cordonniers,

Quand le travail était une torture

«Œuvrer», à l'origine « ouvrer », signifiait travailler et était employé à la place de ce verbe, qui avait quant à lui le sens initial de souffrir. « Travailler » venant en effet du mot *tripalium,* qui n'était autre qu'un instrument de torture, on avait de ce fait, plus volontiers de cœur à l'« ouvrage » qu'au travail et voilà pourquoi on parle aujourd'hui encore d'un bois bien ouvragé, pour dire bien travaillé.

Voilà aussi comment sont nés nos jours « ouvrables », l'adjectif « désœuvré » et notre mot « ouvrier », travaillant lui-même souvent à l'origine dans des ateliers nommés des « ouvroirs », dont le nom désignera, au XIXe siècle, des établissements de bienfaisance. Parallèlement, on trouvait aussi « l'ouvrée », le nom d'une mesure de surface, utilisée pour estimer la superficie des vignobles.

Comment œuvrait-on ? D'abord, bien sûr, avec ses mains, d'où le qualificatif si fréquemment rencontré chez nos ancêtres d'Ancien Régime, dits « manouvriers », avant que le terme n'évolue en « manœuvre » (et ne donne aussi le verbe « manœuvrer »), parallèlement à la naissance des « manufactures », désignant les ateliers où l'on faisait des objets.

Dans d'autres régions, on préférait se référer aux bras, d'où les appellations équivalentes de « brassiers » ou de « brasseurs », qui cependant ne fabriquaient généralement pas de bière…

Saint-Honoré pour les boulangers, etc.). Les animaux sont aussi dispensés d'attelage les jours de leurs protecteurs : les chevaux le jour de la Saint- Éloi, les bœufs celui de la Saint-Blaise. Sans compter, bien sûr, une multitude de saints locaux, objets de pèlerinage ou de pardon. C'est ainsi que le nombre de ces fêtes d'obligation est de cinquante-trois dans le diocèse d'Angers au XVIIe siècle, de quarante-trois dans celui de La Rochelle. Et même si le XVIIIe siècle procède à de sévères réductions, ce nombre reste encore imposant. Ainsi, dans le diocèse de Poitiers, de cinquante, on n'a pu descendre à moins de vingt-sept.

À tous ces jours, enfin, s'ajoutent ceux des fêtes familiales, en particulier mariages et enterrements. Pour nos ancêtres chaque année leur fournit donc l'équivalent de trois à quatre bonnes semaines de congés, mais de congés non payés et non rentabilisés !

LA VIERGE MARIE ÉTAIT-ELLE COUTURIÈRE ? JOUR DU SEIGNEUR ET JOURNAL TÉLÉVISÉ

Le dimanche, consacré à Dieu, est, comme on l'a dit, o-bli-ga-toi-re-ment chômé. Interdit de travailler. Interdit de vendre (à commencer, en principe, pour les auberges et les cafés). Interdit de se divertir. Par contre, messe et vêpres sont impératifs. La première, le matin, dure parfois deux heures, les secondes, l'après-midi, comportent chants et psaumes en tout genre puis le salut solennel au saint sacrement qui occupent largement une heure.

Si l'on peut manquer ces vêpres – ce qui se fait de plus en plus à mesure que d'autres distractions apparaissent –, il n'est pas question pour un baptisé de manquer sa messe. Même les petites églises de campagne proposent plusieurs offices à des horaires différents, faisant ainsi échec à toute excuse de ne pas y assister. À Bleurville, dans les Vosges, les absents sont contraints, au XVIIe siècle, à payer une amende de cinq sous (ce qui vaut largement le prix d'un rôti aujourd'hui). Tant pis si on habite loin de l'église et si les chemins sont détrempés et défoncés. Chacun doit être là et, d'ailleurs, chacun y est le plus souvent, car on tient beaucoup à la messe dominicale. Le nombre des messes clandestines sous la Révolution suffit à le prouver. Le calendrier révolutionnaire, qui tente en vain de supprimer le dimanche pour en faire un pâle « décadi », se heurte à des habitudes bien ancrées dans les esprits. En 1802, Bonaparte s'empresse de rétablir la messe dominicale qui est définitivement réhabilitée par la loi de 1814.

L'assistance à la messe est donc nombreuse dans l'église où chacun à sa place[1]. Au cours du XIXe siècle, cependant, la pratique catholique est différente d'une région à l'autre. Tandis que 85 pour 100 de la population des Flandres maritimes fréquentent la messe, le taux n'est guère, en Brie, que de 25 pour 100. Souvent, l'absentéisme touche surtout les hommes, mais de toute façon tout le monde se retrouve pour les grandes fêtes liturgiques, principalement Pâques et la Toussaint.

Les fidèles chantent. Le chantre donne le *la* en entonnant les cantiques – ce qui a valu autrefois la naissance de certains de nos noms de famille à consonance latine, comme Agnus, Credo, Oremus… Car on chante en latin, sans trop bien comprendre. Pierre-Jackez Hélias raconte ainsi que les vieux Bretons affectionnent le « Kyrie eleison » grec, dans lequel ils entendent « Kirri eleiz'so », ce qui signifie, en breton, « il y a des tas de charrettes ». Mais, compris ou non, ces chants sont souvent chantés dans une anarchie épouvantable car si, au-dehors, le village et la place publique sont complètement vides pendant l'office, l'intérieur de l'église est un véritable capharnaüm. Les vieux, sourds et sans voix, se contentent de psalmodier et de réciter leur chapelet. Les adultes bavardent dans les rangs, les uns se racontent des ragots et les autres parlent affaires avec le notaire ou le régisseur. À quoi s'ajoutent le désordre des jeunes enfants et bien souvent la présence de chiens, entrés eux aussi dans ce lieu saint et qui parfois, selon les dénonciations indignées

1. Voir article, p. 148.

des prêtres, viennent gâter, souiller ou dévorer les ornements.

Le grand moment n'est pas tellement celui de la communion qui est alors peu pratiquée. Au XVIIe siècle le prêtre communie seul pendant la messe, les fidèles le faisant à la fin de la cérémonie. De plus, beaucoup de paroissiens hésitent à recevoir l'hostie à la messe dominicale, par crainte de devoir se confesser – on pouvait toujours être entendu par quelque oreille indiscrète passant près du confessionnal –, mais aussi par peur d'être mal jugé par les voisins – toujours eux ! – prêts à y voir un comportement ostentatoire. Le grand moment de la messe est donc plutôt le prône. Un long moment aussi, car bien souvent il n'en finit plus, tant le curé à de choses à dire à ses ouailles. En effet le prône dominical tient curieusement beaucoup de notre journal télévisé.

Sous l'Ancien Régime, en l'absence de garde champêtre qui informe la population des nouvelles importantes, il faut profiter de cette participation quasi générale pour faire passer l'information. Les ordonnances royales sont ainsi transmises aux curés pour être lues le dimanche. C'est ainsi qu'on est informé des dispositions d'Henri II contre le « recel d'enfant », obligeant les filles enceintes à faire des « déclarations de grossesse[1] » ou, plus tard, de l'ordonnance interdisant les inhumations dans les églises[2], qui sont sans cesse rappelées.

C'est aussi par le prône – seul moment où le prêtre s'exprimait autrefois en français – que nos ancêtres apprennent la victoire remportée à telle ou telle bataille, le mariage ou la mort du roi, la cherté des grains, l'arrivée d'une comète, la célébration d'un *Te Deum* pour commémorer tel événement, sans oublier les actualités nationales et locales : baptêmes, sépultures et surtout mariages, avec la publication de bans invitant les personnes connaissant des

1. Voir article, p. 69.
2. Voir article, p. 186.

empêchements (souvent pour parenté) à se manifester avant la célébration. On y parle également de la fabrique qui gère les ressources de l'église. Les observations ou réprimandes du curé à l'égard de ses paroissiens sont passées en revue. De temps en temps, une permission exceptionnelle de travailler l'après-midi, pour terminer la moisson quand le Seigneur a bien voulu redonner le soleil, est donnée par le curé.

Tout prône comporte un sermon et une instruction religieuse distillée à la communauté réunie. Certains curés sans imagination se contentent parfois de lire une homélie toute faite, rédigée par quelque savant ecclésiastique dans un style académique émaillé de latin et de grec. On imagine le peu de portée de ces sermons dans les campagnes comme auprès de la majorité des citadins. D'autres s'efforcent de trouver des mots plus justes et des images plus fortes. Le ton est quelquefois théâtral et grandiloquent. Certains prédicateurs aiment ainsi à apostropher, selon les époques, les personnifications du mal : de Jean-Jacques Rousseau au XVIIIe siècle à M. Combes au XXe, sans oublier en son temps l'« infâme » Dreyfus, ou, au plan local, le maire et l'instituteur.

La plupart des prêtres se contentent souvent de raisonnements théologiques d'une mièvrerie affligeante qui, bien souvent, n'est guère perçue par les auditeurs. Un ouvrage, intitulé *Curiosités théologiques pour un bibliophile*, paru en 1908, en recense quelques exemples : « On prétend qu'un certain curé de Savoie, exhortant ses paroissiens à payer les dîmes, leur citait l'exemple d'Abel, qui ne manquait jamais de les acquitter très régulièrement et qui entendait la messe chaque jour, tandis que Caïn ne voulait ni aller à l'église ni payer les redevances du clergé. » De son côté, un prédicateur flamand décrit la robe que portait Jésus-Christ avec autant d'exactitude que s'il l'avait vue : « Elle estoit de couleur de cendres, ronde tant par haut que par bas, ayant aussi des manches faictes en rond. Ceste robe estoit faicte à l'aiguille, de la main de la bienheureuse Vierge Marie, et à mesure que Jésus-Christ croissait, sa robe croissait aussi, et ne s'usoit point. Un an avant sa Passion, il avoit accoutumé de porter une autre petite robe sous ceste-ci[1]. »

LA « FÉE VERTE » ET LE « PETIT NOIR »

Pendant la messe dominicale, le principal rival du curé est le cafetier. Installé le plus souvent sur la place même de l'église, il attire la population désœuvrée du dimanche – alors qu'en ville ouvrière, on a dit que le jour chômé a longtemps été le lundi. Certains fidèles oublient de se rendre à la sainte messe pour aller se livrer à leurs éthyliques penchants, au grand dam des curés. L'abbé Laurent, curé de La Celle-sur-Loire, s'en plaint jusque dans les cahiers de doléances de 1789. D'autres mettent à l'amende non seulement les buveurs, mais l'aubergiste qui les sert, tout comme ceux qui servent du vin chez eux durant la célébration de l'office.

N'ont-ils pas raison, ces bons curés d'antan qui savent si bien que l'homme risque de dilapider au cabaret l'argent si dur à gagner, qui savent aussi comme les retours de foire et de fête sont souvent violents et… dangereux ? À l'époque, le slogan « un verre ça va, deux verres, bonjour les dégâts ! » est déjà d'actualité. À Paris, Sébastien Mercier frémit de voir les ivrognes tituber dans les rues à la fin du XVIIIe siècle. « Les maîtres des voitures roulantes, dit-il, devraient, surtout les dimanches et fêtes, ne point user de leurs équipages, ou recommander à leurs cochers une plus grande circonspection, car il est de fait que ces jours-là sont les plus fertiles en accidents. » Mais que faire ? Avec trois cent trente-deux mille cabarets, bientôt appelés « cafés », recensés dans la

1. Cité par G. Bechtel et J.-C. Carrière, dans *Dictionnaire de la bêtise et des erreurs de jugement*, Robert Laffont, 1983.

France de 1850 – dix fois plus que d'églises ! – on ne peut valablement lutter contre la boisson.

La bière est vite remplacée par le vin, vin de pays, puis vin des régions viticoles. L'eau-de-vie, les liqueurs se répandent aussi. La première est lancée par les Hollandais au XVIe siècle et popularisée par les matelots dont c'est la boisson favorite. Ailleurs, on boit du cidre, du calvados, du genièvre. Le champagne est évidemment complètement inconnu des Français moyens d'autrefois et un siècle et demi après que dom Pérignon eut remué ses bouteilles de vin blanc pour les « champagniser », c'est une autre boisson qui va détrôner toutes les autres.

Pendant plus d'un siècle, l'absinthe, qu'on appelle la « fée verte », est la reine incontestée des cafés de France. Connue depuis le Moyen Âge comme une variété d'armoise à la couleur gris verdâtre, elle est tout d'abord réputée pour ses vertus médicinales. Au dire des anciens, elle soulage des angines, des rages de dents, du mal de mer et chasse aussi les poux et les puces. Se basant sur ces principes, un Franc-Comtois exilé en Suisse, tout à la fois médecin et pharmacien de son état – les deux professions sont couramment associées – compose à la fin du XVIIe siècle un « élixir d'absinthe ». À sa mort, on raconte que sa gouvernante, au nom savoureux d'Ordinaire, vend la recette aux demoiselles Henriot, qui la vendent à leur tour à des colporteurs. Finalement, celle-ci tombe entre les mains du major Dubied qui, avec son gendre, un certain Henri-Louis Pernod, fonde la première fabrique d'absinthe à Couvet, en Suisse.

Très vite, la France en devient une grande consommatrice. La distillerie émigre alors à Pontarlier pour éviter les droits de douane exorbitants et de ce jour la « fée verte » ne sera plus arrêtée dans son ascension. Vers 1850, le président de la ligue antialcoolique de l'époque se lamente : « La France boit plus d'absinthe à elle seule que le monde entier ! » Sa consommation atteindra 7 000 hectolitres par an en 1874, et 360 000 en 1910 ! « Tout le monde boit de l'absinthe, écrit un observateur de l'époque, depuis la portière [la concierge] qui boit de l'absinthe parce que son médecin la lui recommande pour son pauvre estomac, jusqu'aux bourgeois les plus brillants du Boulevard. » La mode pénètre jusque dans les campagnes, car il s'agit bien d'une mode. Les étiquettes s'inspirent de l'actualité de l'époque ; en 1893, c'est « La Pédalette » lors des premiers temps de la bicyclette, en 1898, en pleine affaire Dreyfus, elle devient même « l'Absinthe antijuive ».

Partout on « trempe son absinthe », selon un cérémonial qui à lui seul est tout un art. Il faut en effet savoir verser et faire couler savamment de l'eau glacée sur deux morceaux de sucre posés l'un sur l'autre sur une petite pelle en métal ajouré placée au-dessus du verre. Un bon « buveur » sait alors obtenir de merveilleux effets de couleurs et de formes, une brume laiteuse blanchissant le contenu du verre en torsades tournoyantes tout en dégageant un subtil parfum anisé. En ville, le garçon de café n'a que mépris pour le rustre qui ignore ces règles élémentaires.

Cependant, les effets de l'absinthe sont bientôt dénoncés. Passant d'un extrême à l'autre, la « fée verte » devient le « péril vert », l'« hydre verte », dont on condamne l'usage. Une pétition générale recueillant trois cent mille signatures la dénonce comme un fléau social en 1906. Le 14 juin 1907, ce sont quatre mille personnes qui, sous la houlette du corps médical, de l'Institut et du Parlement se réunissent place du Trocadéro, à Paris. La Belgique, puis la Suisse l'ont déjà interdite sur leur territoire. En 1915, la France en pleine guerre se décide enfin à les suivre. Une page de l'histoire des alcools est tournée et le champ est désormais libre pour le pastis.

Reste enfin à parler de cette liqueur d'Orient qui est à l'origine du nom de nos « cafés ». Ce mot lui-même vient de son ancienne appellation en Arabie et en Égypte : *caova*, d'où le français « cahvé ». Le café pénètre pour la première fois en France par le port de Marseille, au milieu du XVIIe siècle. À Paris, il est lancé par la grande « turcomanie » accompagnant la visite officielle à la cour de Louis XIV, en 1669, de l'ambassadeur de La Sublima Porte (ottomane) qui en offre au Roi-Soleil dans des serviettes à franges dorées.

À ses débuts, cependant, ses propriétés sont fort discutées. Les uns y voient un remède qui fortifie l'estomac et arrête le cours des fluxions et des catarrhes. Les autres l'accusent d'être un poison attaquant le cerveau, relâchant les nerfs, disant même qu'il rend impuissant. La princesse Palatine estime ainsi qu'il devrait être recommandé aux prêtres catholiques « car il rend chaste ». Et, comme en toute chose, il est toujours un grand esprit pour s'égarer en un sot jugement que l'avenir saura démentir. Ici, c'est la marquise de Sévigné qui proclame que l'on se dégoûtera de Racine et du café. Racine est encore joué et le café est encore bu.

La curiosité gagne rapidement Paris. On commence par vendre du café à la tasse avant que n'apparaissent des débits spécialisés. En 1702, un noble italien, Francisco Procopio dei Costelli, a l'idée de fonder le premier établissement élégant pour le boire. Il est tant imité que, sous Louis XV, la capitale compte six cents cafés et quatre mille en 1880 ! À la fin du XVIIIe siècle, les tenanciers de ces maisons ont ajouté à leurs cartes de la limonade, du sirop d'orgeat, des glaces, du thé et du « chocolate », comme on prononce à l'époque, pendant que se répand la mode des miroirs et des tables de marbre.

Ce n'est cependant qu'au cours du XIXe siècle que le café conquiert le peuple. Les cafetières en fer-blanc ne se répandent guère avant le Second Empire, ainsi que les moulins à café. On achète surtout le café moulu. D'autre part, le café reste longtemps une boisson de femmes (à la campagne du moins) et surtout une boisson chère. De ce fait, consommée chez soi ou à la table d'un café, la boisson est souvent réservée aux grands jours dont les dimanches et s'inscrit donc au nombre des luxes de ces jours exceptionnels, jours de tous les plaisirs et, comme on va le voir, de tous les vices…

Et le thé, dans tout ça ?

La croyance populaire attribue la découverte du thé au divin empereur chinois Shên Nung, vivant vers 2700 avant Jésus-Christ et qui, selon la légende, testa plusieurs centaines de plantes et en reconnut les propriétés médicinales.

Devenu la boisson à la mode dans l'aristocratie chinoise, le thé conquit rapidement les Mongols, les Tartares, les Turcs et les nomades tibétains, pour devenir chez ces derniers un élément essentiel de leur régime alimentaire.

Ce n'est que bien plus tard qu'il fut révélé à des marins hollandais par des jonques chinoises rencontrées en mer de Chine, Hollandais qui furent les premiers à l'introduire en Europe. Pourtant ce seront les Anglais qui se lanceront dans son importation, par le biais de la *East India Company*, qui avait reçu de la reine le monopole de l'ensemble du commerce oriental. Initialement vouée au commerce des épices, cette compagnie ne va pas cesser de voir la demande de thé augmenter, pour passer de 20 000 livres importées en 1700, à deux millions en 1750, même si le produit se voit alors de plus en plus lourdement taxé.

Les Français ? Ils furent – anglophobie obligent – longtemps hostiles au thé, qu'ils accusèrent notamment de rendre les femmes en consommant « pâles, maladives, parleuses, ennuyeuses et prêcheuses ». Il faudra attendre des temps plus anglophiles, qui ne tardèrent pas à arriver.

DE « L'OVERDOSE » DE LA DUCHESSE À LA TÊTE DE M. PERSIL : L'IRRÉSISTIBLE ASCENSION DU TABAC

Jour du Seigneur et du café, le dimanche est également celui du tabac car, en ce temps-là, le tabac aussi est cher. Au XIXe siècle, il est parfois énoncé dans les contrats de mariage, comme en Bretagne par exemple où le beau-père s'engage à en fournir à son futur gendre appelé à travailler avec lui. Considéré comme un luxe, il rejoint donc les privilèges dominicaux, tant et si bien que les prêtres doivent parfois interdire de fumer dans les églises et pendant les offices.

Pourtant, à la cour de Versailles, le roi tolère l'usage du tabac à ses courtisans pendant la messe. Tolérance très limitée et réglementée, il est vrai, puisque seul le marguillier peut présenter la tabatière aux fidèles pour une prise, afin d'atténuer les claquements de couvercle des boîtes à tabac personnelles, les éternuements et les reniflements trop bruyants de l'assistance. Les mœurs ont donc bien évolué ; ce qui nous amène à raconter brièvement l'histoire de cette précieuse plante.

À l'origine, le tabac fait partie des cadeaux offerts à Christophe Colomb par les Indiens d'Amérique. On s'étonnait alors de leur goût à fumer ces feuilles roulées et plus encore de leur incapacité à s'en passer. Au siècle suivant, des botanistes espagnols en ont planté dans la péninsule Ibérique et, très vite, les soldats des rois très catholiques y ont eux-mêmes pris goût.

En 1560, le bruit court que l'on cherche une fiancée pour le futur roi du Portugal. Des princesses Habsbourg et d'Angleterre sont proposées. Pour Catherine de Médicis, il est hors de question de laisser passer cette alliance. Elle dépêche aussitôt un ambassadeur pour « placer » une de ses filles. Cet ambassadeur se nomme M. Nicot. Il échoue dans sa mission, mais, pour ne pas revenir les mains vides, rapporte quelques présents achetés sur le port de Lisbonne : des épices, de l'indigo, des orangers, un esclave noir et… du tabac, qui devient « l'herbe à Nicot », ou « nicotine ».

Comme tout produit nouveau, le tabac commence par se voir reconnaître des propriétés médicinales. C'est, au dire des contemporains, « une espèce d'herbe, de vertu admirable pour guérir toutes navrures, playes, ulcères, chancres, dartres, et autres tels accidents du corps humain ». Cela lui vaut alors le nom « d'herbe à tous les maux » et aussi « d'herbe à la Reine », puisque Catherine de Médicis, conquise, se charge de le propager. Très vite, c'est donc l'engouement, d'abord pour le tabac-remède, puis pour le tabac-plaisir. Le pape Urbain VIII a beau menacer d'excommunication ceux qui s'y adonnent, rien ne peut plus freiner son « irrésistible ascension ».

Seul Louis XIV tente de s'y opposer tant il déteste la fumée et l'odeur. Il fait passer le goût de la pipe que les gens raffinés considèrent alors comme vil et vulgaire, et tolère la prise, hors de sa présence. Mais toute règle a ses exceptions et les passe-droits se multiplient. Le marin Jean Bart en fut un des premiers bénéficiaires, ce qui lui vaut d'être aujourd'hui immortalisé par des enseignes de bureaux de tabac. Le duc de Vendôme persiste lui aussi dans son vice. Saint-Simon n'hésite pas à l'accuser de collectionner les saletés : non seulement il est bâtard, sodomite, véroleux, mais en plus il « prend » du tabac ! C'est à la même époque qu'un rimailleur du dimanche, M. de L'Attaignant, chanoine de son état, écrit quelque texte où il égratigne le comte de Clermont-Tonnerre. Le ton monte entre les deux hommes et leurs avocats. Le chanoine persiste et se défend en écrivant une chanson. Il y raconte une rencontre avec Clermont-Tonnerre et se vante de lui refuser la marque de la plus élémentaire courtoisie qui n'est autre, signe des temps, qu'une prise de tabac. Et de le narguer plus encore dans le refrain que nous avons tous chanté sans en connaître l'histoire :

J'ai du bon tabac
Dans ma tabatière
J'ai du bon tabac
Tu n'en auras pas !

Tout le monde se met donc à priser. Les femmes les plus intrépides ou les plus raffinées s'y essayent à leur tour et l'on raconte que la duchesse de Bourgogne est morte empoisonnée (volontairement ?) d'une « overdose ». Partout on vend du tabac, soit avec râpe soit déjà en poudre (« la râpée ») que l'on continue à « prendre », et non à fumer, jusqu'au milieu du XIXe siècle. Petit à petit s'ouvrent à Paris des « tabagies » où les hommes du peuple s'entassent pour fumer en dilapidant leurs gages. Dans toutes les couches sociales, à la fin de l'Ancien Régime, on prise, on fume, on chique, au point que certains cahiers de doléances se plaignent du prix trop élevé du tabac, dont Colbert a évidemment pensé à faire un monopole d'État.

Au XIXe siècle, la pipe revient en faveur, surtout les « pipes à tête » représentant les personnalités de l'époque. Elles sont un excellent baromètre de popularité. M. Persil, ministre de la Justice et des Cultes sous la monarchie de Juillet, complètement oublié aujourd'hui, peut mesurer sa cote de popularité sans avoir à procéder à des sondages, d'ailleurs inconnus. Il lui suffit de se promener dans Paris et d'observer les pipes des passants. Avec le médecin de la duchesse de Berry, il pulvérise tous les records.

Le tabac doit cependant beaucoup aux guerres. Celle de Trente Ans diffuse la prise et celle de Crimée la cigarette, venue du Brésil par l'Espagne. Sous le Second Empire, tout Paris fume. C'est l'époque où les Anglais inventent le « smoking » et où l'on trouve des « calottes de fumeurs » pour éviter que les cheveux ne s'imprègnent de l'odeur du tabac. Déjà en 1868 se crée la première Association française contre l'abus du tabac.

Pourtant, que ce soit sous forme de cigarette (surtout en ville) ou de pipe, les Français s'obstinent. Les usines Gambier fabriquent trente millions de pipes par an vers 1860, toujours « illustrées ». Cinquante-sept mille six cents exemplaires ont la tête de M. Thiers, quarante-trois mille deux cents celle de Gambetta et plus tard quatre-vingt-huit mille celle de Jules Grévy !

À la campagne, les bureaux de tabac s'ajoutent aux cafés. Selon une vieille habitude, les feuilles de tabac sont souvent vendues roulées et donnent ainsi l'impression d'un gros saucisson ou d'une carotte. Épiceries et apothicaires, qui avaient été autrefois les premiers à en vendre, ont donc pensé à se signaler à leurs clients en accrochant une belle carotte fraîchement tirée du jardin et qui, plus tard, va se styliser…

« COMME VA LA PANSE, VA LA DANSE » : D'UN SCANDALE À L'AUTRE

Le dimanche est consacré à tout un éventail de jeux. Nous avons vu nos ancêtres jouer à la * soule, au risque de s'y faire fendre le crâne, sur la place du village ou près de quelque mare, et jouer aux dés ou aux cartes au cabaret, dans des parties qui elles aussi se terminent souvent par des rixes violentes. Les quilles sont très populaires, tout comme le billard, d'abord pratiqué par terre, en poussant la boule d'une pièce de bois en longueur (une « bille », d'où son nom), avant que n'apparaissent les « billards montés » sur pieds. Entre jeunes, on se livre volontiers à divers jeux de société : colin-maillard, la pucelle, la chèvre, etc. Mais la distraction favorite est sans aucune doute la danse. Il faut dire que les repas étant nettement plus copieux qu'en semaine, avec vins et viandes grasses, il leur faut bien un peu d'exercice. D'ailleurs, l'adage le dit lui-même : « Comme va la panse, va la danse. »

Où dansent-ils ? À l'auberge, bien sûr, au son de quelque accordéon, cabrette, cornemuse, vielle. Mais aussi dans les prés ou encore sur la place publique. En ville, les bals ont souvent lieu sur les ponts, témoin la vieille chanson « Sur le pont du Nord » qui raconte le bal défendu et le sort tragique des « enfants obstinés ». Quant au non moins célèbre refrain du « Pont d'Avignon » on sait qu'il se trompe en disant « sur le pont » au lieu de « sous le pont[1] ».

Mais que dansent donc nos aïeux ? La réponse est moins simple, tant les modes ont changé et varié depuis les danses folkloriques des paysans médiévaux avec leurs rondes, farandoles, caroles, etc. jusqu'aux danses plus récentes, aux rythmes venus d'ailleurs. Au fil des temps, on a ainsi vu se succéder, après la mode du menuet, des danses d'origine étrangère : la varsovienne importée de Pologne, la mazurka et la polka de Bohême, le boston de la lointaine Amérique, puis le galop, le cotillon, le cancan, le quadrille, avant que n'apparaissent les fox-trot, shimmy, tango, charleston, et bien d'autres encore. Deux valeurs sûres sont pourtant longtemps en concurrence : la bourrée et la valse. Et finalement, presque toutes ont pour point commun d'avoir fait scandale à leur apparition.

Déjà au Moyen Âge, les curés appellent la « carole » la « danse du diable ». On en dira autant du tango six siècles plus tard lorsque Sem surnomme Deauville « Tangoville » et que le chœur des prudes parle de la « danse de notre décadence ».

Mais, en matière de proscription, le record appartient sans nul doute à la valse, jugée indécente dès sa diffusion sous l'Empire. « Je peux comprendre que les mères aiment la valse, écrit un observateur vers 1800, mais non qu'elles l'autorisent à leurs filles. » La princesse de Mecklembourg et sa sœur sont les premières à oser s'y livrer. Le roi est

1. Voir p. 256.

charmé mais la reine interdit à ses filles d'en faire autant. Le duc de Devonshire, meilleur parti du Royaume-Uni, déclare qu'il « n'épousera jamais une jeune fille qui valse ». Un de ses compatriotes décrit de son côté un horrible spectacle : « Quelque deux cents couples tournaient au son d'une musique très lente. Le maintien des femmes était agréable et charmant. Mais des homme, moins on en dira, mieux cela vaudra. Ils étaient dégoûtants et vulgaires. » Guillaume II l'interdit donc à la cour de Prusse alors qu'en France certains évêques parlent déjà de péché mortel et que M. de Saint-Ursin, écrivain que son piètre talent n'a pas fait passer à la postérité, s'indigne dans son *Ami de femmes*. Il écrit à propos de la valseuse : « Voyez-la, éperdue, sans mouvement, sans voix, la poitrine pantelante, et décidez si c'est d'une lutte ou d'une danse qu'une femme sort ainsi épuisée. »

Un siècle plus tard, les évêques condamnent le tango dans les mêmes termes : danse « lascive et offensante pour la morale », avec exhortations aux mères chrétiennes à l'interdire dans leur salon et appel à la vigilance des directeurs de conscience. Pourtant, toutes ces danses s'imposent, en ville comme à la campagne et il faudra attendre le relâchement des mœurs de ces dernières années pour voir les couples reprendre paradoxalement leurs distances, ce qui ne manquera évidemment pas de choquer tout autant les aînés.

Cependant, si partout l'on danse le dimanche après-midi, les dimanches paysans sont bien différents des dimanches citadins. Ce jour-là, en effet, les petits-bourgeois des villes d'antan ont leurs occupations bien à eux, hormis évidemment messe et vêpres qui sont incontournables.

À la campagne ou sur les bords de Marne, ce sont les dimanches évoqués par Maupassant avec guinguettes, canotage, ombrelles. Chez soi, ce sont plutôt ceux des demoiselles Fenouillard : salle à manger Henri II, cadre noir des meubles et des boiseries, rideaux vieil or ou cramoisis, chemins de table, broderies (réalisées par ces demoiselles) et cristaux. Autre élément indispensable, le piano, entouré de chanteurs s'essayant à des airs d'opérette ou au « Temps des cerises ». On échange des photographies, gage d'estime et d'amitié ; on se montre sa collection de cartes postales. C'est ainsi que s'entassent des objets inutiles « faits maison », comme les tapisseries, témoins de l'immensité du temps que l'on a tant de mal à remplir sans radio ni télévision.

Pour le remplir, alors, on se met en route pour la sacro-sainte « promenade » en ville. En tenue impeccable, la famille tout entière s'exhibe, salue et est saluée, selon l'ordre hiérarchique et les préséances. Chaque ville de province a « sa » promenade que ses habitants arpentent solennellement chaque dimanche. Paris a le « bois », dont le moment « chic » a lieu vers quinze heures. Enfin entre 1850 et 1914, chaque ville a son kiosque, tenant soit du chalet de jardin soit du Petit Trianon, au goût chinois ou au « look » parasol. Le métal y règne depuis les grandes expositions universelles qui ont, sous Napoléon III, assis glorieusement l'industrie. Dans ces kiosques, un ou plusieurs orphéons (en complète rivalité, évidemment) régalent nos citadins de flonflons volontiers cocardiers et revanchards. Certains de leurs compatriotes préfèrent aller se promener du côté de la gare pour regarder passer les trains et rêver de voyage dans quelque préfecture de province, une autre ville possédant elle aussi kiosque, promenade et bourgeois à faux col donnant le bras à leurs dames portant l'ombrelle. À peine imaginent-ils, ces bons citoyens, qu'entre cette ville et la leur s'étendent de vastes campagnes aux dimanches moins raffinés. Voilà, si l'on peut dire, toute la distance qui sépare Gleux-les-Lure, département de la Saône-Inférieure et commune natale, selon son auteur Christophe, du sapeur Camember, de Saint-Rémy-sur-Deule, département de la Somme-Inférieure où le même auteur montre les Fenouillard bonnetiers de père en fils à l'enseigne d'« Autant ici qu'ailleurs ».

AU CARREFOUR DES MYTHES ET DE LA RÉALITÉ : LE JOUR DU PAIN

M. Fournier sait-il que son nom lui vient d'un lointain ancêtre qui, au Moyen Âge, avait pour profession d'« enfourner » des pains ? Il le faisait dans le four « banal » que le seigneur mettait à la disposition de ses manants moyennant une taxe d'utilisation. C'est cette taxe que notre « fournier » était justement chargé de percevoir. Impossible d'y échapper ! La banalité était un monopole seigneurial et, jusqu'au XVIIIe siècle, bien des paysans ont connu ce régime. La Révolution les en affranchit définitivement. Chacun peut dès lors avoir chez soi son propre four dans lequel il peut cuire son pain.

Le boulanger ne pénètre donc que tardivement dans les campagnes. Seuls les gros bourgs en ont un avant 1900. Ses clients le paient au mois, selon le système de la taille (chaque famille a la sienne qui est une règle de bois, dans laquelle le commerçant pratique une encoche lors de chaque vente de pain). Il en va ainsi partout, même dans les grandes villes, où l'homme de métier essaie d'égaler les boulangers parisiens au pain blanc et à croûte dorée, sans parler des croissants, arrivés d'Autriche à la suite du siège de Vienne par les Turcs en 1693.

Les assiégeants ayant décidé de pénétrer dans la ville par des chemins souterrains, leurs travaux ont été entendus par les boulangers levés de bon matin, qui ont prévenu les autorités et évité ainsi le désastre. En récompense, ils ont reçu le droit de faire des pâtisseries en forme de croissant (l'emblème des Ottomans) et M. Zang, boulanger autrichien s'établissant à Paris sous Louis-Philippe, en a lancé la mode.

Mais revenons au pain de nos ancêtres, provinciaux et ruraux, pain qui est loin de valoir celui que l'on trouve à Paris. Ne dit-on pas que celui que l'on sert aux prisonniers de la Bastille est meilleur que n'importe quel pain que peut manger un paysan du Limousin, du Morvan, de Savoie ou d'ailleurs ? Car bien souvent, ce dernier mange un pain noir ou gris. Un pain dans lequel il n'entre pas toujours beaucoup de farine de froment, mais plutôt de la farine d'orge, de seigle, d'avoine, de millet, de sarrasin, toutes céréales qui, du fait qu'elles sont panifiables, sont longtemps confondues sous le nom de « bleds ». Le pain « blanc », contenant davantage de froment, est alors réservé aux jours de fête ou encore aux enfants et aux vieillards, et chichement économisé.

Mais que vendait donc le boucher ?

Qui fréquente les archives anciennes ne manque pas de s'étonner. Contrairement à ce qu'il s'attendait à trouver, les bouchers et les boulangers sont fort rares, et même généralement totalement absents des campagnes…

Comment s'en étonner ? Le pain, en fait, était cuit sur place, par chaque famille, au four banal ou dans le sien propre et la viande, on l'a dit, était inconnue des menus. Voilà pourquoi seules les villes comptaient des représentants de ces métiers.

Le « boulanger » y avait en quelque sorte succédé au « fournier ». Apparemment, il avait tout d'abord été appelé « talemelier », pour avoir « talé et mêlé » la pâte, avant de recevoir sa dénomination actuelle, pour avoir à l'origine, fabriqué des « boules » de pain.

Et le boucher ? Lui aussi eut souvent d'autres noms, comme ceux de « maisel » (venu du latin *macellum)* et de « mazelier », et pour s'en tirer avec son nom actuel du fait qu'il avait surtout vendu à l'origine de la viande… de bouc.

C'est donc un mauvais pain que mangent nos ancêtres, ce qui ne les empêche pas d'en consommer énormément : 721 g par jour en 1637, encore 493 g en 1854 (contre à peine 250 g pour le Français moyen d'aujourd'hui).

Rien d'étonnant, de ce fait, à ce que le « jour du pain » revienne souvent au calendrier des siècles passés. Sauf entre Noël et le Jour de l'An où en cuire aurait porté malheur (comme d'ailleurs le vendredi), chaque maison en cuit environ toutes les deux à trois semaines.

C'est la femme qui cuit le pain. La veille, elle fait chauffer le four selon une technique élaborée qui doit garantir partout une chaleur uniforme, puis elle met le levain au frais dans un linge et prépare la grande pelle à enfourner. Le lendemain, elle pétrit la pâte dans le pétrin ou la maie, vidés au préalable du fouillis qui s'y entasse. C'est un travail dur et pénible, mais il ne saurait être question d'en appeler au mari. Les pains doivent cuire environ deux heures et ressortir du four « à point » – il y va de son honneur de maîtresse de maison. Ils pèsent entre six et douze livres selon les régions, et se présentent le plus souvent sous forme de larges tourtes qui sécheront (et parfois moisiront) sur une planche. Une fois « le pain sur la planche », la maîtresse de maison profite du four encore chaud pour y cuire quelque galette, beignet, tourtou ou pâté, faisant ainsi de ce « jour du pain » un jour de fête pour la maisonnée.

À table, par contre, c'est le maître qui gère le pain. Il le coupe directement sur la tourte après y avoir tracé une croix avec son couteau en guise d'action de grâces, – confère le Notre Père – , puis le distribue aux convives. C'est lui qui symboliquement donnera un morceau de pain au vagabond ou au mendiant de passage, selon les vieux principes ruraux et religieux de l'hospitalité.

Participant au mythe du blé depuis la préhistoire, le pain est sacré, non seulement à l'église, dans l'hostie consacrée ou dans le pain bénit que l'on distribue alors à la fin de la messe, mais encore dans le quotidien. Il n'est pas question d'en gâcher une miette. Les dictons et expressions en tout genre ne manquent pas. « Gagner son pain » pour gagner sa vie, « Bon comme du bon pain », « Long comme un jour sans pain », « Qui gâche son pain ne sait pas le gagner », « Manger son pain blanc », « Tremper son pain de larmes », etc. À tout moment, le pain doit donc être respecté. Le poser à l'envers sur la table attire les catastrophes : le diable entre dans la maison, l'argent s'enfuit, la Sainte Vierge se met à pleurer et les filles ne trouveront pas de mari. En Berry, s'asseoir sur un pétrin est sacrilège. C'est ce mythe du pain, entretenu longtemps par la crainte des famines, qui fait crier aux Parisiens de 1789 ramenant le roi de Versailles : « Voilà le boulanger, la boulangère et le petit mitron ! »

Le pain ne partage cette suprématie qu'avec l'eau, le vin, le feu et le sel. À la fois symbole de pureté et d'exorcisme, le sel est capital. C'est avec le sel que le nouveau-né est baptisé. C'est le sel qui éloigne les démons. C'est le sel, seul, qui peut faire échec au sorcier. Voilà pourquoi nos ancêtres en portent volontiers sur eux, dans de petits sachets cousus à leurs vêtements. Voilà aussi pourquoi, lorsque le sorcier, réel ou présumé, entre dans une maison, la maîtresse de maison le met en évidence sur la table.

Au Moyen Âge, les médecins le traitent fréquemment comme un remède. En suppositoire, en emplâtre ou en solution, le sel est réputé réchauffer les corps et désinfecter. Mais il est cher, au point qu'un sachet de sel est souvent la récompense du « roi » du * tir à l'oiseau ou au papegai. Depuis la guerre de Cent Ans, le pouvoir royal a compris qu'il était de toute évidence la seule denrée commerciale capable de supporter un impôt exorbitant (la gabelle), d'où des « greniers de sel » où les « grenetiers » vendent le sel en le « radant », c'est-à-dire en le mesurant « à ras », d'où sans doute l'origine de notre mot « radin ».

Ce sel est autrefois écrasé par la ménagère pour son emploi journalier. Aucune maison, en effet, ne peut s'en passer. Ses capacités de conservation et de destruction des bactéries ont été très tôt découvertes et, durant des siècles, il permet à nos ancêtres de se passer de réfrigérateur en conservant par salaison viandes et poissons. Le sel, autant que le pain, leur assure donc leur nourriture quotidienne.

Faute de salière, il est longtemps entreposé dans le trou d'un mur, près de l'âtre, avant d'atterrir sur la table dans des petits pots taillés dans le bois où chacun trempe alors directement les morceaux qu'il veut assaisonner. Le « saupoudrage », mot réservé à l'origine au sel comme l'étymologie de son nom l'indique encore, n'apparaît que plus tard. Les premiers doigts qui en prirent l'habitude passent alors pour bien snobs et délicats !

SOIXANTE-DIX CHEMISES SALES ET PAS D'ENZYMES : LA GRANDE « BUE »

La lessive, autrefois, n'est faite qu'une à deux fois l'an, généralement au printemps ou à la fin de l'été, quand les journées sont encore belles et ensoleillées. On se décide alors à faire « la buée » ou « la bue ». Chaque région a ses jours et ses traditions, toutes faisant évidemment exception du vendredi[1].

Vous restez étonné – ou choqué – d'avoir lu « une fois l'an » ? Rassurez-vous. Ce rythme étonnant n'est pas la preuve d'un manque d'hygiène, mais celle, toute différente, d'une « inflation » de linge dans les anciennes maisons. Il n'est qu'à se rappeler les * trousseaux de mariage. Le grand-père de Pierre-Jackez Hélias y dénombre ainsi pas moins de vingt-quatre chemises de chanvre, matière résistante qui fait que bien souvent ces vêtements peuvent servir à plus d'une génération et s'entassent suffisamment dans les coffres et les armoires pour éviter les lessives fréquentes. Le linge est donc amassé des mois durant dans le grenier pour donner, le grand jour venu, des kilos et des kilos de chemises (jusqu'à soixante-dix) ou de draps, de tabliers, bonnets, bas de coton, devantiers, etc.

Comme le pain, la « bue » est une opération menée d'un bout à l'autre par les femmes. Elle se déroule sur

1. Voir article p. 296.

plusieurs jours : le plus souvent trois, que les Bretons, d'ailleurs, comparent assez justement au purgatoire, à l'enfer et au paradis.

Le purgatoire, pour le linge, consiste à être entassé dans un cuvier dans le fond duquel on a parfois pris soin de déposer des racines d'iris hachées pour le parfumer. On le recouvre d'un linceul, sur lequel on dépose une couche de cendres tamisées. Là, chacune à sa recette, certaines y ajoutant des coquilles d'œufs pilées, d'autres des orties. Dans les grandes ville, il existe même des « cendriers » professionnels qui vendent des cendres dans la rue. Sur cette cendre, aux vertus saponifiantes, on déverse des chaudrons d'eau bouillante et on laisse le tissu s'imprégner.

Le lendemain, sur une brouette, le linge est conduit « en enfer », c'est-à-dire à la rivière ou au lavoir, où les femmes le battent énergiquement tout en échangeant les nouvelles du pays. On a soin, à cette étape, d'observer mille détails qui font figure de présages, selon qu'un linge ou un drap flotte ou gonfle sur l'eau. Lorsque le drap d'un malade coule au fond du lavoir, c'est bien sûr mauvais signe pour lui.

Enfin, le troisième jour, le linge arrive au paradis. Étendu sur les bosquets ou l'herbe verte des prés, il est plusieurs fois arrosé pour garantir son parfait blanchissage. Plus tard, les vêtements fins sont repassés au fer en fonte chauffé sur la cuisinière. Puis apparaît la lessiveuse, qui sera bientôt remplacée par l'indispensable machine à laver, spécialisée en lave-linge pour se distinguer du lave-vaisselle.

20 KM/H : LES FOLLES POINTES DE VITESSE DE NOS ANCÊTRES VOYAGEURS

Longtemps, le voyage se fait en groupe. Pèlerins et marchands du Moyen Âge cheminent de compagnie, comme plus tard les ouvriers effectuant leur tour de France.

Tous se déplacent à pied, ce qui leur vaut longtemps le nom de « poudreux », à cause de la poussière s'attachant à leurs bottes ou à leurs savates. Il faut dire que les déplacements à cheval sont alors un luxe que tout le monde ne peut s'offrir. À la fin du XVIIIe siècle, un aller de Paris à Lyon coûte environ dix-huit mois de gages à une servante. Voilà aussi pourquoi, lorsque l'on part tenter sa chance ailleurs, il n'est guère facile de revenir respirer l'air du pays. Mais si ce voyage est cher, sa vitesse en justifie pleinement le coût élevé, d'autant qu'elle ne va cesser de progresser.

Sous Charles VII, un marchand pressé se déplaçant à cheval arrive à faire 56 km dans sa journée. Deux siècles plus tard, sous Louis XIV, il faut vingt jours pour aller de Paris à Madrid, un peu moins si l'on sait graisser la patte au postillon. Les routes de France sont alors dans un état épouvantable. Autant dire qu'elles n'existent pas. Mis à part quelques-unes au départ de Paris, aucune n'est vraiment « carrossable » au sens littéral du mot, et quand elles le sont, c'est sans pavés. Voyager reste donc, en ce temps-là, toute une aventure, une aventure de plusieurs jours, dans des conditions quasi héroïques.

Les voitures, où s'entassent les voyageurs dans une promiscuité difficile à supporter, roulent par ces chemins défoncés dans un énorme fracas de fer, de vitres (quand elles en ont), de grelots, de coups de fouet et de jurons. À tout instant, les cahots indisposent les occupants et l'on doit souvent s'arrêter pour le soulagement de quelque besoin urgent. Chaque côte, quel que soit le temps, voit tout notre monde descendre et s'évertuer à pousser la voiture. Le soir venu on s'arrête dans une auberge qui assure confort et repos. Ce n'est plus, comme au Moyen Âge, un château ou un couvent. Les auberges et les nombreux relais de la « Poste aux chevaux », admirable institution moderne et organisée, jalonnent les routes. En ces lieux, on peut souvent « loger à pied et à cheval », c'est-à-dire que l'on y trouve aussi bien des chambres (que les voyageurs doivent souvent partager à plusieurs) que des remises, des écuries et des chevaux de rechange. Un maréchal-ferrant peut s'y charger des travaux d'entretien ou de réparer la voiture lorsque cela est nécessaire. Parfois une chapelle permet au voyageur de passage le dimanche d'entendre la messe avant de reprendre sa route, souvent encore bien longue. En effet, si en un siècle

Nos ancêtres étaient déjà « timbrés »

Le mot « courrier » désignait à l'origine l'ancêtre du facteur, qui *courait* pour acheminer les plis (papiers pliés) ou les « billets », dont le nom venait de « bulettes » (dérivés de « bulle », au sens de celle du pape, qui concernait l'acte revêtu d'un sceau). Bientôt, ces émissaires se mirent à « courir la poste » et l'on organisa la « poste aux chevaux ».

Vint ensuite la « poste aux lettres » – ces « lettres » remplaçant les anciens plis et billets – qui fit acheminer les messageries par des « facteurs de messageries », eux aussi simplifiés en « facteurs ».

Longtemps, enfin, le port d'une lettre (qui est le fait de la porter) fut laissé à la charge de son destinataire. Ce n'est que vers 1840, que l'on offrit à l'expéditeur de payer forfaitairement ce port, dont le règlement fut constaté par l'apposition sur la lettre d'une vignette : le timbre-poste, selon un mot qui après avoir désigné le son de la cloche, frappée par un marteau, en était venu à nommer la marque faite par des armoiries, frappées sur un cachet de cire ou imprimées sur du papier, avant de se rapporter à la marque de la poste.

Le sens populaire de « timbré », signifiant un peu fou, ne date donc pas d'aujourd'hui et désignait un homme supposé « frappé », autrement dit « assommé » et n'ayant donc pas tous ses sens…

on est passé, grâce à l'amélioration du réseau routier, d'une moyenne de 2,2 km/h à une moyenne de 3,4, le voyage de Paris à Lyon, en 1763, par la Bourgogne, demande encore cinq jours pleins en « grandes journées » et six en « petites journées », c'est-à-dire selon que l'on est en été ou en hiver. Soit une moyenne de 20 lieues par jour ou, si vous préférez, de 90 km. M. Turgot, alors aux Finances, va s'attacher à améliorer les conditions de voyage, entre autres le perfectionnement des voitures (d'où la création de la « turgotine »). Le résultat est spectaculaire. Paris-Bordeaux peut se faire en cinq jours au lieu de dix, et plusieurs grandes villes, dont Amiens, Rouen, Orléans, Reims, sont reliées à la capitale en un jour au lieu de deux ! Évidemment, cette turgotine est chère, à 20 sols la lieue (contre 18 en diligence, 12 en cabriolet ou 6 en simple coche !), mais le prix du voyage en turgotine inclut celui des repas, ce qui, finalement, entre également en ligne de compte. M. Turgot peut se féliciter de son œuvre, même si le duc de Croy arrive à faire, en berline, du 20 km/h entre Arras et Paris, entre cinq heures et demie du matin et huit heures du soir.

Est-il besoin de raconter que tout va changer au siècle suivant ? Les moyennes sont pulvérisées en 1848 avec 9,5 km/h pour les diligences, pendant que les villes voient leurs rues se remplir de landaus, de « victorias », de fiacres et d'omnibus. Le déplacement à cheval, qui fait tant de progrès, entame sans le savoir son agonie. Dix ans après l'invention de la draisienne, en 1818, un Beaunois arrive à joindre Dijon en deux heures et demie, en faisant du 15 km/h sur cet ancêtre de notre « vélo ». Dès 1838, les frères Schneider fabriquent au Creusot des locomotives qu'ils doivent faire tirer par des attelages de chevaux, sur les routes sinueuses de Bourgogne, pour gagner la gare la plus proche, à une cinquantaine de kilomètres. Et ce chemin de fer, qui rencontre tant d'ennemis, à commencer par le savant Arago prédisant catarrhes et fluxions de poitrine à chaque traversée de tunnel, va finalement l'emporter sur tous les autres moyens de transport et révolutionner la société tout entière.

Bientôt, enfin, c'est au tour de l'automobile. En 1895, lors du premier Paris-Bordeaux, des « fous » roulent à tombeau ouvert à la moyenne de 24 km/h. Les 100 km/h sont atteints pour la première fois en 1899.

L'escalade des records de vitesse commence. Avec elle, et tout aussi vite, ce qui n'a jamais changé depuis des siècles va bientôt se transformer, s'adapter, ou, beaucoup plus radicalement, disparaître.

LE PASSAGE D'UN MONDE À L'AUTRE

N'en déplaise à tous les organisateurs de cérémonies commémoratives du bicentenaire de la Révolution française, je persiste à penser que le grand tournant dans l'histoire de la vie au quotidien de nos ancêtres français moyens et anonymes ne fut pas 1789. Beaucoup plus que cette révolution politique et sociale, c'est la révolution industrielle qui va bouleverser en profondeur, un demi-siècle plus tard, des institutions et des rythmes qui semblaient immuables. Son outil premier est le chemin de fer. Il fait découvrir à la fois la vitesse et l'extérieur alors que la dernière étape coïncide sans doute avec la guerre de 1914-1918, cette « Grande Guerre » qui changera radicalement la face de la vieille Europe. En quelques décennies, de 1840 à 1920, avec une extraordinaire densité dans les premières années du XXe siècle, tout est irréversiblement bouleversé. On passe du porteur d'eau, qui tire son eau du puits pour la verser dans le « tub », à l'eau courante, venant du château d'eau à la baignoire ou au jacuzzi. Les tramways tirés par des chevaux font place au métro sur pneumatiques ; les enseignes et les cris de la rue, à la réclame puis à la publicité. On passe encore de la nourrice morvandelle à la bonne espagnole, de la victoire sur l'appendicite au changement de sexe par opération… !

Des mots nouveaux apparaissent, dont nous avons déjà souvent oublié le sens – vous demandez-vous quelquefois pourquoi vous dites « allô » en répondant à l'appel reçu sur votre portable ? –, des objets nouveaux aussi comme les curieux postes à galène, premiers récepteurs de la T.S.F., les tandems, les lave-linge ; des comportements nouveaux comme la mode du ski, du bronzage, les vacances ou le camping ; des métiers et des personnages nouveaux comme les demoiselles des P.T.T., les garagistes ou les internautes.

La « fée Électricité » porte un coup fatal aux veillées, et fait disparaître en ville les allumeurs de réverbères. La voiture, les loisirs puis la télévision vont vider les églises le dimanche matin. Les femmes qui, en 1914, commencent à travailler et à remplacer les hommes obtiendront le droit de vote. Les campagnes se dépeuplent.

Le monde a changé. Les uns s'enthousiasment pour chaque nouvelle invention et les autres pleurent un « bon vieux temps » bien difficile à définir. Pour nos arrière-grands-parents, il fut celui des diligences, pour nos grands-parents celui des locomotives à vapeur, comme il sera sans doute pour nous celui des T.G.V.

Mais, à la lecture de cette histoire de nos ancêtres, ne peut-on pas cependant émettre quelque doute ? Il n'est qu'à songer à quelques-uns des nombreux parallèles faits entre hier et aujourd'hui sur le mode humoristique et sous couleur de néologisme ou d'anachronisme, à ces « salles obscures » où l'on draguait déjà, à ces concours d'arrivée en pèlerinage préfigurant nos Paris-Dakar, à ces vedettes du jeu de paume sous Louis XIV, annonciatrices de nos Noah et dont les raquettes se vendaient aux enchères à prix d'or… Il n'est qu'à ouvrir un magazine « grand public » des années 1900 pour s'étonner de l'actualité des publicités que l'on y trouve : si le phonographe précède logiquement la « hi-fi », que penser de toutes ces annonces de constructions économiques de villas et de pavillons déjà remboursables en cinq, dix, quinze ou vingt années ? Que penser de ces appareils dits « gymnases de chambre » qui, en quelques minutes par jour, suffisent à l'homme pour acquérir force physique et mâle assurance et qui, de par leur image même, ressemblent étrangement à ceux que l'on trouve aujourd'hui dans les salles où se pratique le « body-building » ?

Évidemment, chaque nouvelle mode a ses détracteurs : il en va pour cela du tango comme de la valse, des cheveux courts comme des cheveux longs, comme il en va du progrès technique, chaque fois qu'une nouvelle machine révolutionnaire (ascenseur, scaphandrier, aspirateur, etc.) est présentée à l'une des fantastiques expositions universelles. Tout Paris et toute la France s'y bousculent. N'avons-nous pas entendu le grand Arago lui-même prédire l'échec des chemins de fer, responsables selon lui des pires calamités et maladies… Il y aurait, sur ce passage d'un monde à l'autre, un autre livre à écrire…

5.

POURRIEZ-VOUS VIVRE SANS PÉTROLE ?

Alors, nostalgique ?

Au terme de ce livre, qui vous aura sans doute aidé à mieux comprendre nos ancêtres et vous aura surtout permis d'approcher et de visiter leur univers, vous vous surprenez à regretter de ne pas avoir vécu à leur époque ? Pourquoi ? Parce que tout, dans ce monde d'autrefois, vous paraît plus simple et plus sain ? Parce que les gens y étaient moins stressés et y souffraient moins de la solitude ? Parce que la couche d'ozone n'avait pas encore été attaquée et que l'on n'y avait que faire du pétrole ?

Ce chapitre, que je rajoute à cette nouvelle édition, va vous prendre au mot, en vous invitant à vous demander, dans l'hypothèse où cela serait possible, grâce à une machine à remonter le temps super sophistiquée ou à un quelconque transfert de particules et d'atomes, si vous pourriez réellement vivre chez vos ancêtres. Y vivre ou même seulement y survivre. Et dans ce cas, combien de temps ? À vous demander aussi, s'il serait possible, aujourd'hui, de revivre selon leurs rythmes et de retrouver leurs modes de vie.

Pour répondre à la première de ces questions, je vous propose de jouer, à l'envers, aux « visiteurs » du film de Jean-Marie Poiré, en parcourant les siècles passés, comme Christian Clavier et Valérie Lemercier.

LES AVENTURES DE KEVINOUILLE ET DE DAME ÉLODIE DANS LES COULOIRS DU TEMPS

Imaginez donc un instant qu'une potion magique préparée par quelque alchimiste moderne puisse vous envoyer dans les couloirs du temps et vous déposer sur le seuil de la maison de vos ancêtres, ceux vivant à l'époque de la Restauration ou sous François Ier – peu importe, ils n'étaient guère différents les uns des autres, puisqu'au fil des siècles leurs conditions de vie n'avaient que fort peu évolué.

En quelques instants, de Kevin ou d'Élodie, bons habitants de la France du XXIe siècle, vous débarquez dans les siècles passés. Vous avez devant vous la maison rustique au toit de chaume, baignée du soleil du printemps, où l'on vit au rythme de la nature. *Tout esbaudi(e) et déconfit (e)* – émerveillé(e) et décontenancé(e) –, vous vous apprêtez déjà à aller *tochier à l'huis* (frapper à la porte). *Icelle* (celle-ci) s'ouvre. Vous allez vous présenter, et pour éviter de dire des *coquardies* (des sottises), vous allez choisir de vous couler d'emblée dans le moule en vous *remembrant* (remémorant) Christian Clavier et Jean Réno : vous êtes Kévinouille et dame Élodie.

Les choses, malheureusement, ne sont pas si simples, et il ne vous suffira pas de changer simplement de nom pour vous intégrer automatiquement au monde que vous allez découvrir. *L'huis* ou la porte – peu importe – ne sera pas plutôt ouverte, que la réalité vous sautera non seulement aux yeux, mais au nez et à la gorge.

À peine avez-vous passé votre *cap* (votre tête), qu'une première impression s'impose à votre *flerement* (votre odorat), qui se trouve agressé par une *punaise assent* (une odeur fétide, puante) qui manque de vous faire *choir* (tomber à la renverse). Mais gardez-vous en bien ! Vous vous retrouveriez à *gésir* (être couché) dans la boue, que tout à votre enthousiasme et à votre émotion, vous n'aviez pas encore remarquée, bien que vous y *patouilliez* (pataugiez) complètement. La boue, certes, amortirait votre choc, mais il n'empêche que vous risquez tout aussi bien de vous retrouver dans une *longaigne* (un cloaque). C'est ce que l'on nommait en Bretagne le *marmis froid,* autrement dit le fumier froid, proche du compost, et qui était fabriqué sur place à partir de tous les détritus, matière croupissant à deux pas du seuil, dans une flaque permanente d'eau stagnante, infestée de vermines. Gardez-vous de tomber à la renverse et entrez – vous êtes là pour ça – en vous disant que cette *punaise assent* n'a en fait que des origines naturelles et qu'elle est l'odeur ambiante de toute habitation rustique de l'époque. Odeur impossible à éradiquer tant elle est imprégnée profondément, depuis des lustres, dans le sol de terre battue, mais odeur authentique, résultant de la vie et de la cohabitation générale, en un temps où le tout au sol remplaçait le tout à l'égout. Régulièrement, le plateau de la table était vaguement passé à l'eau (alors rare) et cette eau était répandue au sol. Sol qui tout le jour recevait diverses déjections, à commencer par celles de la poule, venue picorer quelques miettes restées sur la table ou envoyées à terre ; sol, que *compissaient* (souillaient d'urine) l'agneau ou le cochon, profitant eux aussi de la porte ouverte. Sans parler de l'odeur des paillasses, pourrissant plus ou moins sous l'effet de l'urine des nourrissons et des vieillards. S'y ajoutaient encore l'odeur âcre du petit lait, émanant des fromages de chèvres en préparation, celles du lard rance pendu au-dessus de la cheminée, du fricot qui cuit lentement et des vêtements trempés et souillés de bouses de vaches séchant à la chaleur de l'âtre. Une *punaise assent* qui vous prend au nez, mais aussi à la gorge. Car à tout cela, s'ajoute la fumée. Une fumée épaisse et lourde, qui vous pique terriblement les yeux.

Et voici une première déconvenue : vous étiez persuadé que les cheminées de vos ancêtres tiraient bien, ayant été forcément construites dans les règles de l'art, par des maîtres maçons maîtrisant le nombre d'or et les proportions, alors qu'il n'en était rien. Les cheminées de nos ancêtres tiraient mal, très mal, au point que, deuxième découverte étonnante : pour évacuer cette maudite fumée, il leur fallait constamment entretenir des courants d'air. Et voilà l'horreur. En hiver, l'air glacial circule, et pour *se rechaudir* (se réchauffer), nos aïeux passent leurs journées au coin de l'âtre, voire le plus souvent carrément dans l'âtre, immense et accueillant, où ils se font *toster,* autrement dit rôtir (encore un mot que les Anglais nous ont pris pour faire leurs « toasts ») et cela tantôt pile, tantôt face, du fait que lorsqu'ils sont face aux flammes, leur dos est fouetté par la bise froide, et vice versa dès qu'ils se retournent.

Si peu à peu, pourtant, vous vous habituez, parvenant à oublier cette odeur ou du moins à vous y accoutumer, vous risquez en revanche d'avoir du mal à bien distinguer le décor qui vous environne. Les murs, même s'ils ont été voilà bien longtemps blanchis à la chaux, sont couverts de suie et de saleté. Les ouvertures sont rares – question de moyens, mais aussi d'isolation – et les carreaux de verre, bien trop chers, sont inexistants, pour laisser généralement place à de simples papiers ou chiffons huilés. Les meubles, rares, en bois foncé, sont peu visibles. Vos ancêtres eux-mêmes, du moins à certaines époques et dans la plupart des régions, portent peu de vêtements de couleurs et, de toutes les façons, les éventuelles couleurs restent généralement foncées (violet, rouge cramoisi, bleu foncé), le gris et le noir dominant largement partout, du fait du coût très élevé des teintures.

Dans un premier temps, vous découvrirez donc, à la lueur des flammes, les uns et les autres affairés autour du feu : une *meschinette* (petite fille), jouant avec un *mâtin* (un gros chien) bourré de puces, la tête sur les genoux d'une grand-mère en *devantier* (tablier) noir qui l'épouille consciencieusement ; une femme *en cotelle* (en robe), plumant *quiètement* (tranquillement) une *géline* (une poule) et une autre offrant son *tétin à un nourrin* (son sein à un bébé). Vous verrez une *drôlesse culeter* (une fille à l'air effronté jouer des hanches) et se lever pour servir *bonne et confortante rapaissance* (un bon repas bien réconfortant) à un groupe attablé.

Ce groupe, composé exclusivement d'hommes, plus ou moins en *penailles* (en haillons), vous ne pouviez en réalité pas l'ignorer, tant il faisait grand *tabus* et *noise* (grand tapage et grand bruit – encore un mot français qui a traversé la Manche !). Et c'est l'un d'eux, le maître de *céans,* qui vous invitera avec *joliveté* (joie, entrain) à les rejoindre afin d'*entonner chopine* (boire un verre) et de vous restaurer, en vous *seyant à senestre d'un bec jaune en bliaut* (en vous asseyant à la gauche d'un jeunot en chemise).

Saurez-vous honorer leur plat ? Saurez-vous apprécier la traditionnelle soupe faite d'épaisses tranches de pain noir et rassis, trempées d'une louche de bouillon graissé par un morceau de lard rance et volontiers enrichie d'un filet d'huile de noix, tranches dans lesquelles votre *ceuillère* tiendra toute *roide* ? Quoi, l'écuelle et la *cueillère* ne vous semblent pas propres ? Comment pourraient-elles l'être, vu que l'on ne dispose d'aucun produit vaisselle et que l'eau, que les femmes rapportent péniblement de la source ou de la *font* (la fontaine) y est savamment économisée… Saurez-vous manger l'œuf que vous tend votre voisin – ne regardez pas ses mains : il ne les lave jamais ! –, le manger sans coquetier ni mouillette, et donc en réalité le « gober », comme tout un chacun autour de vous s'emploie à le faire bruyamment ? Saurez-vous, sans fourchette, manger ce morceau de salé de porc, que l'on est allé chercher pour vous au saloir, et que l'on a mêlé à une compacte purée de fèves ou à une potée de choux ? Ne comptez pas trop sur le dessert, même si l'on a sorti quelques poires ou pommes – elles sont sans doute à demi-blettes –, et méfiez vous de ce liquide versé d'un *tupin* (un pot de terre) ou d'une *jacqueline* (une bouteille de vin), qui n'est en fait qu'une infâme piquette de production locale, plus proche du vinaigre que du plus « bas de gamme » de nos vins de table.

Le *parlement* (la conversation) aura beau être *joli* (joyeux) et l'assemblée fort *riace* (rieuse), même si vous n'y avez pas besoin de *latinier* (d'interprète), vous vous trouvez si vite *déconfit* (décontenancé), *déconforté* (découragé) et *eshidé* (effrayé) que vous pensez plutôt déjà à *guerpir de céans en droite heure* (à quitter immédiatement les lieux). Comment imaginer en effet de passer ici *nuitée* (la nuit), toutes portes closes, hormis celle de l'étable contigüe, répandant son odeur chaude et puissante ? Comment imaginer *gésir* dans un des lits disposés tout autour de la pièce, sous une *courtepointe* ou *couvrepointe* (couvre-pieds) de coutil, que vous partagerez avec la petite fille aux poux ou avec le grand-père à forte haleine, après être allé – allez savoir où... – là où tous doivent passer avant de s'abandonner à Morphée. Tant pis, *haimi* (hélas) pour la veillée, temps béni si souvent décrit par George Sand et les écrivains régionalistes ! Tant pis pour les *gailles* (plaisanteries) des hommes, parlant *sans vergonde* (sans pudeur) de *guilleris et de fendaces* (noms respectifs des organes sexuels masculins et féminins), évoquant des *filles en perce* (engrossées) remplies *d'huile de reins* (le sperme) ou contant de plus naïves histoires de *biclarels* (loups-garous), de *romiers et de coquillards* (de pèlerins et de faux pèlerins) ou de grognards, que vous pourriez *odir* (entendre) ! Tant pis pour le stage pratique de vannerie ou d'émondage des noix ! Vous êtes curieux, oui, mais pas *coquebert* (nigaud) ; *saige* (sage), oui, mais pas *sottard* (imbécile) ! Il ne saurait être question de *converser* (séjourner) et vous avez assez *travelé* (voyagé) dans les temps. Trouvez une excuse polie : vous devez aller chercher une *curation* (un remède), oubliée dans votre époque, pour laisser vos *ancesseurs* (ancêtres) *pourpenser* (méditer) sur *la charnogne* (le sortilège) ou la *sorcerie* (sorcellerie) par laquelle vous êtes arrivé et reparti. Nul doute qu'ils s'en *recorderont* (s'en souviendront). Quant à vous, donc, *guerpisssez vistement et orains de leur maisnie* (quittez rapidement et immédiatement leur maison), en vous disant que si vous aviez un jour l'idée folle de revenir, vous vous muniriez d'abord d'un masque à gaz, d'un désinfectant et de votre attirail de camping : lampe de poche et couvert en inox, lit pliant, duvet et trousse de toilette.

Sur ce bonne nuit à tous. Et ne regrettez rien !

Le monde de nos ancêtres, disiez-vous, ne connaissait pas le stress. Mais aviez-vous bien mesuré à quelle lenteur ils vivaient ? Les nouvelles mettaient des mois à circuler, et les hommes des jours à faire quelques lieues. Témoin la scène du curé portant le « bon Dieu » à un mourant. Il se hâte, par les rues et les champs, précédé de l'enfant de chœur agitant sa clochette, pour que l'on cède le passage. Avez-vous bien réalisé ? Le parallèle est frappant… La mort pouvait seule mettre nos ancêtres en situation d'urgence : mourir sans avoir reçu les derniers sacrements risquait de priver leur âme du repos éternel. La clochette de l'enfant de chœur, en cette circonstance, n'est donc ni plus ni moins que la sirène de notre SAMU…

Mais continuons notre analyse.

Nos ancêtres ignoraient la solitude ? Voyons la réalité en face : oui, l'individu n'y était jamais seul, mais il y était sans cesse épié, voyant ses faits et gestes toujours commentés ou blâmés. Il n'y avait pas de vie privée : tout le monde faisait table commune, chambre commune, lit commun… Si l'on ne s'y trouvait jamais isolé, on y était jamais seul…

Le monde de nos ancêtres était certes naturel et non pollué, mais il était brutal et inconfortable. Il était le contraire de notre société de consommation et l'on n'y ressentait aucun besoin. On se passait de pétrole, mais on n'y mangeait pas à sa faim. Faute de retraite, on travaillait jusqu'au trépas, sans savoir ce qu'étaient les vacances. Faute de médecine, on était à tout moment guetté par la maladie et la mort. Et si l'on ignorait jusqu'à l'existence du pétrole, on n'en avait pas pour autant beaucoup d'idées, faute d'instruction.

Conclusion : nos ancêtres vivaient sur une autre planète, où nous ferions, si nous pouvions y aller, figures d'extra-terrestres. Et comme Kevinouille et dame Élodie, nous n'y survivrions certainement pas plus de quelques heures.

REVIVRE CHEZ SOI, À LA MANIERE DE SES ANCÊTRES

Livrons-nous maintenant au second scénario annoncé et essayons, faute de pouvoir explorer les couloirs du temps, de retrouver aujourd'hui les modes de vie de nos ancêtres.

Comment le pourrions-nous ? Comment vivre sans télévision ni portable, sans ordinateur ni voiture, mais surtout sans réfrigérateur, sans électricité et sans eau courante ? Si vous arriveriez sans trop de problème à vous passer de télévision et de portable une semaine ou un mois, vous imaginez-vous passer un été sans réfrigérateur, en vous contentant à tout le mieux d'une cave fraîche ? Vous imaginez-vous vous éclairant à la lampe à huile et vous baladant chez vous, la nuit venue, avec une bougie – sachant que nos ancêtres n'avaient souvent que de mauvaises chandelles dégoulinantes de suif... ? Mieux : vous imaginez-vous, sans eau froide et chaude au robinet, donc sans douche ni lave-linge, avec pour toute eau celle que vous devriez aller puiser à la source et que vous utiliseriez chichement ?

Et puis, où retrouver le monde de nos ancêtres ? Sur le plateau du Larzac, dans une fermette isolée et à demi en ruines, entouré de chèvres et d'anciens écolos vieillis, déçus ou aigris de ne pas avoir trouvé ce monde idéal qu'ils y étaient venus chercher ?

Ici encore, je pense que cette quête tient de l'utopie, et que le monde de nos ancêtres ne doit pas être regretté. Et comme nous ne pourrions survivre plus de quelques heures chez eux, nous ne pourrions certainement pas davantage recréer leur monde chez nous. Inutile, pour s'en persuader, de chercher un lieu où aller tenter l'expérience. Elle peut fort bien se faire chez vous. Même si vous habitez un banal appartement, à Paris, en banlieue ou en province, il vous sera toujours possible, pour vous en convaincre, de vous donner les moyens de vivre les quelques situations que je vous propose, qui seront autant d'excellentes façons d'éprouver votre résistance face à cette transplantation.

Nostalgiques, allez y ! Suivez mes conseils et essayez de vivre pleinement à la manière de nos ancêtres. Vous pouvez profiter de certaines situations pour tenter des expériences ponctuelles. Voici des fiches pratiques concernant quelques-unes d'entre elles, vous proposant de retrouver les bonnes vieilles méthodes ancestrales pour :

- vous soigner,
- draguer,
- vous marier,
- accoucher,
- élever vos enfants.

Suivront deux autres fiches proposant des expériences plus générales mais engageant davantage, qui vous offriront l'occasion de tester vos capacités avec :

- la vie en été à la manière de vos ancêtres,
- la propreté, à la même manière.

On passera enfin aux choses sérieuses avec deux tests plus révélateurs : un « test de survie » et un « test d'immersion totale », à l'intention des plus téméraires...

Fiche n° 1

Vous êtes malade ?
Soignez-vous à la façon de vos ancêtres !

Nos ancêtres, évidemment, n'avaient ni médicament ni sécurité sociale, et en fait pas de médecins. Lorsqu'il y avait, parfois, des « officiers de santé », nul n'allait vraiment les consulter : ils étaient trop rares, et surtout trop chers ! Si l'on compte aujourd'hui un médecin pour 300 habitants, on n'en comptait à peine un pour 3 000 avant la dernière guerre. Et ce médecin, consulté toujours trop tard, avait bien du mal à se faire payer, sinon en nature, en se voyant offrir une poule ou, à l'automne, un lapin de garenne que l'on avait « chassé ». Pour ce qui était de la poule, il avait souvent intérêt, s'il voulait qu'elle lui fasse un repas, à avoir une volière pour l'engraisser. Quant au lapin, inutile de trop chercher les plombs lorsqu'on le mangeait...

Aux médecins, nos aïeux ont longtemps préféré les rebouteux, « rhabilleurs » et autres spécialistes « de proximité », se situant généralement entre charlatans et sorciers, qui savaient improviser et donner quelque poudre ou onguent miracle à base, comme on l'a vu, de plantes. Alors, étudiez la médecine naturelle et retrouvez ses recettes, en allant cueillir certaines herbes à jour fixe, avant la rosée et à reculons. Mettez des feuilles d'orties dans vos chaussures, si vous souffrez d'une entorse. Si vous vous coupez, posez simplement sur la plaie des fleurs de lys macérées dans de l'alcool, et pour fortifier bébé, trempez-le, comme autrefois en Brie, dans un bon bain de sang de bœuf bien rouge, afin qu'il y puise la force de l'animal. En cas de rougeole, souvenez-vous également du coup des rideaux rouges : c'est pas cher et ça peut marcher...

Mais il y a encore mieux : utilisez la médecine totalement gratuite de nos ancêtres, à la fois préventive et curative.

Au plan de la prévention : la panoplie était aussi fournie que variée, et se voyait constituée d'objets qu'il vous sera

encore parfois facile de vous procurer. Si, faute de sorciers ayant pignon sur rue, il ne vous est guère aisé de trouver aujourd'hui les amulettes dont nos aïeux se bourraient les poches, il est toujours facile de disposer d'eau bénite, souveraine à maints égards, comme il vous est de même possible de faire bénir un cierge à l'église, le jour de la Chandeleur, que vous conserverez précieusement comme talisman universel.
Il vous sera de même aisé de vous procurer des œufs pondus le jour du vendredi saint – bien des marques de distribution indiquent la date de la ponte sur la coquille – puisque vous savez que nos ancêtres considéraient ceux de ce jour-là comme particulièrement chargés de vertus.

Au plan curatif : les saints qu'imploraient nos ancêtres sont toujours là, eux aussi, même si les églises qui les abritent ne sont plus toujours constamment ouvertes au public. Il vous suffira d'en respecter les horaires d'ouverture et d'identifier, en recherchant dans le *Quid* ou sur *Google*, ceux qui passaient autrefois pour guérir votre mal : sainte Apolline pour la rage de dents, saint Fiacre pour la diarrhée, sainte Claire pour les problèmes des yeux, saint Mammert en cas de cancer du sein, saint Éloi pour la gangrène... Allez les prier avec ferveur, tout en pensant éventuellement, pour être plus sûr du résultat, à gratter la poussière du bois de leur statue, pour la boire, délayée dans un verre d'eau, afin de doubler votre démarche spirituelle d'un principe actif...

Un seul petit conseil : si vous voulez appliquer cette dernière recette ancestrale à l'efficacité éprouvée, évitez simplement d'opérer en plein jour et devant témoins, si vous ne voulez pas vous retrouver entre deux gendarmes pour dégradation du patrimoine national. Ces statues, autrefois, n'étaient pas « classées »...

*

Fiche n° 2

Vous êtes amoureux ?
Draguez comme vos ancêtres !

Les choses, ici, seront peut-être moins aisées ; il ne s'agira pas de supprimer tel ou tel objet du quotidien, mais de retrouver les gestes d'autrefois, sachant que ceux-ci, s'ils risquent parfois de dérouter, peuvent également impressionner les jeunes filles d'aujourd'hui que l'on sait parfois un peu blasées…

Toutes étonnantes qu'elles puissent être, ces méthodes offriront un vaste choix. Comme bien des choses, en effet, les gestes d'amour variaient autrefois selon les régions et les provinces, avec un large éventail à travers lequel vous ne pourrez que puiser des idées.

Voulez-vous essayer la drague telle qu'on la pratiquait dans les régions du Sud, en Provence ou en Béarn, qui consistait pour le garçon à lancer à la fille des petits cailloux : *Qui tira pedretas, tira amoretas* « qui lance des pierres, lance l'amour » disait-on en Catalogne…

Préférez-vous la mode bourguignonne, où à la fête ou au marché, le gars « pillait » la fille qui lui plaisait, en lui arrachant son peigne, son bouquet ou un anneau ? Attention cependant, les piercing étant évidemment ignorés, il semble juste de penser que le gars ne s'en serait pas pris à eux.

Cela dit, on dispose aussi des variantes bretonne ou lorraine, faisant qu'ici on lui tapait sur les genoux et que là on lui écrasait les doigts…

Vous avez encore la façon francilienne, plus raffinée et romantique, avec pour « objet transitionnel » le mouchoir de la fille, que le garçon doit tâcher de lui soustraire d'un coup sec, par exemple au moment précis où elle se prépare à se moucher.

Mieux, bien que peut-être peu ragoûtantes, des pratiques rencontrées autrefois aux environs de Rennes et de Dinan, ainsi qu'en Flandres et en Boulonnais et qui consistaient en des échanges de salive ou à se cracher carrément dans la bouche.

Plus rustique et aussi plus rude, il reste la drague à la morvandelle, consistant pour le garçon à donner carrément des claques à la fille, sachant que celle-ci recevra toujours ce langage « cinq sur cinq » et y répondra sur le même registre. La conclusion, en cas d'accord, sera soit un serrage musclé des mains, soit de vigoureuses tapes dans le dos.

Nos ancêtres, timides et peu à l'aise à l'oral, préféraient le geste à la parole et le kung-fu au style « fleur bleue »; pourtant, s'ils avaient de drôles de façons de « roucouler », celles-ci n'en étaient pas moins efficaces. La preuve: nous sommes là...

Version spéciale « romantiques »

Le vrai romantique pourra faire son choix dans un autre registre, en offrant à la fille, comme en Normandie, de porter son panier – mais encore faut-il qu'elle en ait un; rien ne dit que cela marche avec un sac à main...

Pour les plus bavards, savoir que l'on peut aussi user de paroles pudiques et détournées, prononcées en trinquant: « À celui qui marche sur les remparts de votre cœur », à quoi la fille peut répondre: « Mon cœur n'est pas une citadelle. Il n'y a pas de sentinelle », ce qui signifiera bien sûr que la voie est libre.

Version culinaire

Empruntée à la Haute-Saône, une formule consistait à offrir à la belle une part de gâteau de forme phallique. Mais encore faut-il savoir le confectionner... À vous donc, éventuellement, d'en retrouver la recette précise ou d'improviser...

*

Fiche n° 3

Vous vous mariez ?
Mariez-vous comme vos ancêtres !

Ici encore, décider de prendre le temps de vivre comme nos ancêtres savaient le faire ne demandera guère de sacrifices, mais apportera en revanche des idées nouvelles et originales d'animation ou d'organisation à qui viendrait à en manquer.

Même si, comme on l'a vu, les dates et saisons de mariage étaient jadis bien différentes des nôtres et si la plupart des cérémonies nuptiales avaient lieu en début de semaine et en dehors de l'été, même si l'on y invitait davantage la famille que les amis, l'on n'en savait pas moins organiser des fêtes mémorables dont les recettes, généralement fort simples, n'ont rien perdu de leur charme et peuvent être souvent facilement reprises.

Un mariage autrefois commençait par des pleurs. La mariée était triste de quitter ses parents, qui étaient tout aussi tristes de la voir partir et chacun s'employait à en donner la démonstration publique. Un beau mariage devait donc avoir ses torrents de larmes, mais de larmes d'émotion, qui sont toujours les meilleures.

Au cours de la journée, il était également de bon ton de casser des assiettes – pour porter bonheur –, comme on se devait – on l'a vu – de chanter et bien sûr de danser.

À côté de tout cela, on avait aussi une foule d'habitudes, à vocation souvent pratique, au nombre desquelles nous redécouvrirons certains rites, qui pourront s'avérer très bénéfiques, et cela tout particulièrement pour le mari.

Ainsi, durant la messe, lorsque le curé lit l'Évangile, l'époux devait mettre un pied sur la robe de la mariée pour empêcher un amoureux éconduit et jaloux de jeter un mauvais sort à son couple. Si vous voulez en profiter, arrangez-vous donc pour que la robe de la mariée ne s'arrête pas à mi-mollets. Mais si tel était le cas, ne désespérez pas : il vous suffira alors de prendre la précaution de verser dans ses chaussures un peu de sel, remède que l'on sait également souverain, pour déjouer tous les mauvais tours.

Les chaussures également sont importantes. En témoigne le « jeu du soulier », pratiqué dans bien des régions et notamment en Moselle, consistant à dérober, à un moment ou à un autre, un soulier de la mariée, et à le mettre aux enchères pour forcer le marié à le racheter. Ce jeu avait l'intérêt de rendre symboliquement la mariée boiteuse afin, à l'avenir, de « l'empêcher de courir »... le guilledou, s'entend...

Bref, autant de coutumes auxquelles nos ancêtres ont fait confiance et que l'on peut s'amuser à réintroduire dans nos mariages, quitte à mettre le soulier ou la jarretière directement aux enchères sur un bon site Internet, histoire de pouvoir s'offrir la lune de miel de ses rêves, et cela même si nos ancêtres ont totalement ignoré les voyages de noces...

Le rite du balai : un test efficace, qui n'a rien perdu de son intérêt

On ne saurait trop recommander de réintégrer dans le déroulé de la journée l'ancien rite du balai, rite particulièrement intéressant, en tant que test du courage de la mariée face aux tâches ménagères. Pour l'y soumettre, on avait coutume de déposer assez ostensiblement un banal balai à l'entrée de la maison dans laquelle devait avoir lieu la fête. Il suffisait ensuite d'observer les réactions de la mariée à son arrivée dans les lieux, sachant que toute bonne femme d'intérieur ne pouvait se retenir de sauter sur l'objet et de s'en servir, pour faire à son époux une démonstration édifiante de son ardeur et de son goût pour ce genre d'activité. La coutume, évidemment, peut être remise au goût du jour, de préférence avec un aspirateur, que vous placerez de même, à l'entrée du chapiteau, de la salle polyvalente ou du château loué pour la réception, plutôt qu'avec une femme de ménage ou un carnet de chèques emploi, au résultat sans doute moins probant.

Fiche n°4

Vous attendez un enfant ?
Accouchez comme vos aïeules !

Vous êtes enceinte ? Pour retrouver et adopter certains gestes de vos aïeules, reportez-vous page 57, et mettez à profit l'éventail de trucs en tout genre, et toujours gratuit, qui y est présenté.

Profitez des expériences ancestrales : gardez-vous de porter la main à la bouche si vous venez à apercevoir un lièvre, ce qui vaudrait, comme on l'a vu un bec-de-lièvre à votre enfant. Certes, le risque est limité : seules sont ici concernées celles d'entre vous vivant à la campagne ou celles pratiquant la chasse. En revanche, bien des dangers guettant aussi les citadines, elles se garderont quant à elles de regarder toute personne ayant un tic, de peur que celui-ci ne se transmette également à l'enfant.

Toutes, enfin, rurales comme citadines, se méfieront des envies : de fraises, de café ou de gibier à poil, qui vaudraient à leur rejeton d'avoir une tache de vin, un grain de beauté ou un nævus bien pileux.

Côté régime, sachez que toute femme enceinte s'efforçait de ne consommer ni chou, ni carotte, et surtout pas le moindre brin de persil, plante autrefois considérée dans la plupart des régions comme « faisant passer le lait ». Elle s'efforçait surtout de prier sainte Agathe, grande sainte à laquelle on recourait régulièrement en cette matière pour, durant son martyre, avoir eu les seins tranchés.

Pour ce qui est de l'accouchement lui-même, les recettes à puiser chez nos ancêtres pour qu'il se passe au mieux ne manquent vraiment pas.

Il y a tout d'abord le cierge béni par le curé le jour de la Chandeleur, à allumer auprès de la mère, pour la garantir de tout incident. Il y a ensuite le bouillon de poule, mais d'une poule dont on vient de tordre le cou, comme celui que préparait la sage-femme d'antan à son arrivée. Je doute fort que notre bouillon-cube soit doué des mêmes vertus.

Une fois le bébé né, les bons trucs à récupérer chez nos aïeux sont tout aussi nombreux. Ainsi, le tremper dans un bon bain de vin chaud et le frictionner avec du vinaigre lui assurera une bonne mise en route cardiaque. Le badigeonner de beurre frais fondu ou d'eau chaude additionnée d'eau-de-vie lui garantira une bonne circulation sanguine. Vous éviterez cependant d'imiter certaines sages-femmes en vous livrant à des opérations de remodelages de tétons ou de visage...

Moderne et efficace : « le coup du 4 x 4 »

Il y a aussi, histoire d'accélérer les choses, la recette de la promenade en carriole sur des chemins bien défoncés et cahoteux, recette facile à réadapter, en la ramenant à une bonne promenade en 4 x 4, avec gymkhana sur des bordures de trottoirs, histoire de mieux faire descendre l'enfant.

Pour le père : le coup de la « couvade »

Pourquoi pas se souvenir aussi de la vieille et curieuse pratique de la « couvade », qui avait cours au Pays Basque et en Limousin, et était destinée à garantir la femme accouchée des hémorragies utérines. Cette pratique consistait tout simplement à tromper le mal, en mettant le mari à sa place dans son lit et en lui faisant jouer, quelques heures durant, le rôle de sa femme. Un exercice à suggérer aux pères modernes, qui ne reculent devant rien pour occuper leur place, assistant à l'accouchement et prenant des congés de paternité.

Fiche n° 5

Vous êtes parents ?

Élevez vos enfants comme le faisaient vos ancêtres !

Si je ne vous propose d'embaucher une nourrice à domicile et, lors de l'entretien d'embauche, de demander à goûter son lait, comme on l'a vu pratiquer par les bourgeois de Paris du XIXe siècle, je pense que le monde de nos ancêtres n'en peut pas moins, ici encore, vous offrir quelques bonnes idées.

Passons sur les vertus des langes anciens qui avaient l'inconvénient principal, de ne pas être jetables et de devoir être lavés, et venons-en aux vraies questions : Bébé fait-il ses dents ? Pendez à son cou une dent ou un croc de chien : voilà une amulette efficace. Mieux : glissez dans ses poches un petit chapelet de gousses d'ail, il s'en trouvera ainsi prémuni contre toutes les maladies. Et surtout, abandonnez cette habitude moderne des bains sans cesse répétés : souvenez-vous qu'une bonne couche de crasse d'un an était aux yeux de nos ancêtres la meilleure des barrières naturelles contre les microbes, et que les « croûtes de lait » étaient soigneusement conservées.

Retrouvez enfin les bons gestes de vos aïeux, gestes pleins de raison et éventuellement teintés d'un rien de superstition. Gardez-vous de porter un enfant au-dessus d'une table : cela l'empêcherait de grandir ! Gardez-vous aussi, s'il a le hoquet, de le lui faire passer : c'est là un signe qu'il « profite ». Ne lui coupez pas non plus les ongles avant son premier anniversaire et prenez bien soin, alors, d'en enterrer les rognures.
En Provence, cette première coupe des ongles était même faite sous un rosier, pour garantir une jolie voix à l'enfant.
Dans la région de Metz, la coutume voulait que ce soit la mère qui s'en charge seule, avec ses dents (!), et le plus tard possible, au risque, sinon, de le voir devenir voleur…

Et puis, n'oubliez ni les berceuses d'antan – *Fais dodo, Colin mon p'tit frère* ou le fameux *P'tit Quinquin* –, ni les saines histoires de croque-mitaines, pas plus que les anciennes répliques emprunte de philosophie et d'ironie et permettant tout à la fois d'éduquer et de rassurer efficacement les enfants. À celui qui s'est écorché, dites-lui ainsi : « Le cuir est cher, cette année, heureusement que le tien repousse ! ». Dites à l'enfant qui a souvent faim : « Mange ton poing, et garde l'autre pour demain ! ». À celui qui saigne : « C'est ça qui nous f'ra du bon boudin ! ». À celui qui s'est cogné : « T'inquiète pas, t'le sentiras plus quand tu t'marieras ! ». La sagesse, en effet, ne doit-elle pas être insufflée dès le plus jeune âge ? À vous d'y songer, et d'en prendre graine...

Le bon « truc » pour avoir la paix

Votre gamin vous empêche de lire le journal ou de vous refaire une beauté, optez pour un truc extra qui, même s'il n'a jamais été breveté, démontre régulièrement sa totale efficacité. Je veux parler du « clou à bébé ». Celui-ci pleure-t-il ? Vous embarrasse-t-il ? Faites comme vos aïeules : pendez-le à un clou, solidement fiché dans le mur, voire mettez-le dans une sorte de boîte, elle aussi bien scellée audit mur. Le résultat sera immédiat : bébé apprendra la patience, et vous aurez la paix. Ne croyez surtout pas que j'exagère : des gravures anciennes montrent ces techniques rustiques, mais ô combien ingénieuses et pratiques, et qui, à ces époques, ne conduisaient nullement l'enfant chez le psychologue...

*

Fiche n° 6

Passez l'été à la manière de vos ancêtres

C'est très certainement en été que revivre la vie de vos ancêtres vous sera le plus facile. Il vous suffira seulement de vous passer de quelques objets ou de supprimer quelques habitudes.

Côté habitudes, s'il fait beau et chaud, surtout, ne vous déshabillez pas ! Monsieur, ne jardinez pas torse nu ! Madame, ne sortez pas bras nus ou épaules nues. Nos ancêtres, comme nos dermatologues, n'aimaient pas le soleil et s'en cachaient le plus possible. Votre panoplie se composera donc d'un grand chapeau de paille, d'un mouchoir – de préférence à carreaux et de couleur – noué autour du cou, pour absorber la sueur, ainsi que d'une bonne ceinture de flanelle enroulée autour de la taille, pour éviter « les chaud-et-froid » aux reins.

Un bon bain vous tente ? Ne vous en privez pas ! Nos ancêtres le pratiquaient, mais de deux façons, à la mode rustique ou à la mode bourgeoise.

Privilégiez le bain rustique, qui garde tout son charme et se prenait quant à lui en eau douce. L'eau de mer salée et le sable qui collaient à la peau suffisaient en fait à dissuader nos ancêtres – même ceux habitant sur les littoraux – de fréquenter la mer, ne serait-ce que parce qu'ils ne pouvaient pas ensuite prendre une bonne douche pour s'en débarrasser. En revanche, on se trempait volontiers, par temps de canicule, dans les eaux d'un étang et surtout dans l'onde d'une rivière, là où l'on était sûr d'avoir pied. Tout pudiques qu'ils aient été, nos aïeux s'y baignaient nus, ne serait-ce que parce que le sous-vêtement leur était inconnu. Ajoutons que cette opération étant avant tout considérée comme décrassante, ils n'hésitaient pas, lorsqu'ils avaient les moyens d'en avoir, à prendre un savon pour s'en frotter copieusement, même si les poissons et la flore aquatique n'appréciaient déjà sans doute guère ce genre de pollution.

N'oubliez pas le bain bourgeois, qui se prenait quant à lui à la mer. Après avoir eu la réputation de guérir de la rage et d'être un excellent moyen à la fois de raffermir les vaisseaux sanguins, de rétablir leur bon flux et de tonifier les organismes chétifs ou affaiblis, il fut finalement comme on l'a vu pris par plaisir. Allez-y donc, mais là encore – et ce sera ma grande recommandation – en sachant, comme nos aïeux, rester bien couvert ou du moins bien habillé : robes de laine tombant jusqu'aux mollets pour les dames et bonnets sur la tête, pantalons et maillots à manches pour les hommes, avec même éventuellement des gants... Et surtout, en sortant de l'eau, n'oubliez pas de boire un dé à coudre de vin de Muscat ou de Marsala et de vous rhabiller de pied en cap avant de vous livrer à quelques exercices de gymnastique sur la plage...

Deux règles d'or, pour bien réussir cette expérience estivale

Ne vous déshabillez donc pas, tel est notre conseil, et supprimez votre réfrigérateur, tel est notre mot d'ordre... !

Oubliez le monde moderne et faites comme vos ancêtres : mettez votre boisson à rafraîchir dans l'eau fraîche d'une fontaine ou d'une rivière ou bien, comme eux, pour vraiment vous désaltérer, buvez un bon verre de petit-lait, conservé à la cave !

Impossible, après cela, d'avoir encore soif et, en cas d'autres sensations ou d'effets secondaires, notamment côté intestins, reportez-vous simplement à la fiche n° 1, pour résoudre vous-même ce petit problème sans l'aide d'un médecin ni d'un pharmacien.

*

Fiche n° 7

Soyez propres à la manière de vos ancêtres

Nos ancêtres n'ayant ni enzymes gloutons ni aspirateur, et évidemment ni lave-vaisselle ni lave-linge, ne pouvaient avoir notre conception de la propreté. Certes, les plus vieux d'entre nous se souviennent des lavoirs et des lessiveuses, du temps où l'on utilisait, pour faire la lessive, des cendres bien tamisées, auxquelles les uns ajoutaient des coquilles d'œufs pilées et les autres des fleurs d'orties, sans oublier parfois des racines d'iris hachées, destinées à parfumer le linge. Ils se souviennent peut-être de la vaisselle faite tout au plus une fois par jour, le bol du déjeuner étant alors volontiers réutilisé pour la soupe du soir, sans avoir entre-temps passé par l'évier. Autant de décalages, par rapport à nos habitudes, qui tiennent avant tout à l'eau et non à un problème de robinet.

La question de l'eau au temps de nos ancêtres mérite quelques développements, tant elle était différente de la nôtre, en ce qu'elle n'était pas courante, mais qu'au contraire, c'étaient nos ancêtres qui lui couraient après. Avec des seaux, lourds à porter, et en faisant parfois plusieurs centaines de mètres, pour aller la chercher à la pompe, au puits, à la fontaine ou à la source. De ce simple fait, dont on a sans doute du mal à percevoir les conséquences, la vie de nos ancêtres n'a rien de comparable à la nôtre.

Je vous proposerai donc de vous amuser à le mesurer, en vous remettant dans leur situation ne serait-ce qu'une seule journée. « Bof, objecteront certains, on le fait couramment lorsque l'on fait du camping... ! » Pas vraiment... À moins d'opter pour la formule du camping sauvage, c'est-à-dire sans bloc sanitaires-douches-toilettes-éviers, sachant que la situation n'en sera pas moins différente, car le campeur sauvage choisit le plus souvent son emplacement en fonction des points d'eau.

Imaginez donc une journée sans eau courante, sans eau froide ni chaude, et réapprenez à passer cette journée avec un seul seau d'eau. Ne poussez cependant pas, comme on dit familièrement, le bouchon trop loin : inutile de vous obliger à porter ce seau, rempli à ras bord, sur des centaines de mètres et éventuellement de le monter par des escaliers, même si cet exercice est excellent pour muscler les mollets – nos ancêtres n'avaient nullement besoin de fréquenter les salles de gym. Remplissez en fait simplement ce seau et essayez de vous contenter de son contenu tant pour faire votre toilette, votre ménage et votre cuisine que pour étancher votre soif. Gageons qu'assez vite vous redécouvrirez spontanément les gestes de vos aïeux, et que la toilette hebdomadaire « du dimanche » retrouvera d'un coup toutes ses vertus à vos yeux...

Pas une fois, je le parie, vous ne gaspillerez le moindre verre d'eau : celle de la salade sera remployée pour laver la table après le repas et pour remplir l'écuelle du chien ; celle de la cuisson des légumes, pour vos divers lavages de mains, en prenant soin de ne jamais abuser du savon, non tant en vue de l'économiser, que pour pouvoir mieux vous en débarrasser. Plus question non plus d'oublier les œufs durs sur le coin du feu : vous y perdriez, par évaporation, quelques gouttes de ce liquide aujourd'hui si banal et jadis si précieux...

Mais ne dites rien ! Ce qui vous gêne le plus, dans tout cela, c'est évidemment l'hygiène. Face à vos hésitations, je développerai deux arguments : souvenez-vous qu'au XVIIe siècle, la plupart des gens de la noblesse eux-mêmes, qui représentaient l'élite évoluée du pays, estimaient de très bon ton d'avoir « un peu l'aisselle surette et les pieds fumants ». Souvenez-vous aussi que vos ancêtres consommaient beaucoup de fleur d'oranger et de lavande. Vous comprenez dès lors un peu mieux pourquoi...

*

Test de survie

Durée : un week-end

Éléments nécessaires : aucun ; éventuellement un bloc de papier à lettre et un stylo.

Ce test, réalisable sur trois jours, ou même sur un week-end, aura pour finalité essentielle de vous faire découvrir et adopter le rythme de nos ancêtres. De vous familiariser avec lui, afin de retrouver logiquement leur calme et leur sérénité et de profiter pleinement d'une vie apparemment linéaire, qui semble vous assurer de pouvoir enfin décompresser.

Sa formule est extrêmement simple et facile. Test de volonté, basé sur le principe de la résistance, il consiste à réussir à passer seulement quarante-huit heures en vous abstenant d'utiliser tout outil moderne, ne serait-ce que tout engin à moteur ou électrique. Supprimez portable, ordinateur, fax, téléphone et télévision ; ne vous servez ni de votre voiture ni d'un quelconque robot ménager (rasoir, four à micro-ondes, réfrigérateur, lave-linge...). Vous retrouverez la marche à pieds, vos anciennes poêles à frire noires et culottées, et peut-être, en prime – si vous avez un minimum de souplesse pour vous adapter –, le calme et le sourire. Reste seulement à savoir ce que vous en ferez...

Versions « light »

Impossible ? Trop compliqué ? Alors, voici une variante, beaucoup plus « soft », qui vous laisse frigidaire, micro-ondes et lave-linge. Contentez-vous seulement de supprimer quatre objets : téléviseur, montre, voiture et téléphone portable.

Si cette facilité ne vous suffisait pas et que vous vous sentiez malgré tout réellement craquer, voici quelques allégements supplémentaires tolérables : remplacez la télévision par des récits, comme celui de votre oncle Roger sur la guerre d'Algérie, ou par des tchats sans ordinateur, entre voisins, en direct, par-dessus la haie du potager. Au lieu de téléphoner à votre sœur ou à votre petit ami, écrivez-lui une lettre de huit pages. Pour ce qui est de l'heure, enfin, ne vous inquiétez pas et, comme vos ancêtres, fiez-vous à la sonnerie des cloches de l'église voisine. Peu importe qu'il soit 10 h 20 ou 10 h 54 ; si vous avez rendez-vous à quinze kilomètres de chez vous, le simple fait d'y aller à pied relativisera forcément, comme pour vos aïeux, la notion de l'exactitude...

*

Si ce test s'est révélé négatif, pour s'être soldé par un abandon pitoyable en milieu de deuxième journée, ou pour vous avoir fait chantonner du matin au soir la mélodie de la sonnerie de votre portable que vous n'entendiez plus sonner et qui vous manquait tellement ; si l'échec vous a conduit à compenser en lisant des programmes de télévision, en entrant dans une boutique de jeux vidéos ou en achetant une voiture téléguidée, n'ayez pas trop de regrets : vous n'êtes pas fait pour ce paradis perdu. Cessez par conséquent de soupirer en voyant le spot publicitaire de *Werther's original* ou celui des confitures *Bonne-Maman,* et contentez vous de rêver... Contentez vous tout au plus de quelques amusements d'amateurs, comme de vous offrir, une fois l'an, une bonne soupe à la mode de nos ancêtres, dont je vous offre la recette, extraite de mon livre *Qui étaient nos ancêtres ?*

Retrouvez et trempez la soupe de vos ancêtres !

Ne vous leurrez pas : refaire la soupe de vos ancêtres ne sera pas facile, même si la recette est simple, avec essentiellement de l'eau, du pain, du lard et des légumes.

L'eau : ne prenez pas n'importe laquelle ! Il faut de l'eau de source, non pas celle achetée en bouteille au supermarché, mais celle que nos ancêtres puisaient à la source, avec un seau douteux, au milieu des herbes, dans les prés émaillés de bouses de vaches. Pour essayer de l'obtenir, mettez cette eau de source du commerce dans un récipient ; ajoutez-y quelques herbes ramassées au square du coin, éventuellement une ou deux araignées d'eau et une sangsue, et laissez-la reposer quelques jours, par exemple à la cave.

La préparation : faites chauffer l'eau, longtemps, dans une marmite de fonte bien culottée, qui ne doit en aucun cas sortir de votre lave-vaisselle. Pour cela, vous aurez pu, quelques jours durant, sur votre balcon, y faire séjourner de l'eau de vaisselle (attention, l'eau d'une vaisselle faite évidemment sans le moindre produit ménager !).

Les ingrédients : après avoir soigneusement éliminé araignées et sangsues, mettez-y des légumes, non découpés, en évitant évidemment les pommes de terre. Préférez poireaux, fèves, choux, navets, oignons…, sans oublier un bon bouquet d'herbes (persil, estragon, thym…). Laissez mijoter longtemps. Ajoutez-y du lard, de préférence maigre, et surtout très rance et fumé, tel celui de nos ancêtres, séchant des mois durant au-dessus de l'âtre. Salez très modérément.

Le pain : faute de mieux, prenez un pain de seigle rassis d'au moins quinze jours et découpez-le en tranches épaisses. Disposez ces tranches dans des écuelles individuelles, que vous aurez préparées de la même façon que la marmite.

« Trempez » votre soupe en versant délicatement le bouillon sur ces tranches. Ajoutez-y, selon votre goût, un filet d'huile d'olive ou un œuf entier.

Mon conseil : avant de consommer, bien se réchauffer les mains au contact de l'écuelle. Déguster à la cuiller qui, si la recette a été bien suivie, ne doit pas bouger lorsque vous l'aurez plantée dans votre soupe. Pensez très fort à vos ancêtres et servez avec un Kiravi 9°, allongé d'une cuillère à café de vinaigre vieux.

Par contre, si vous avez tenu le choc et avez survécu un week-end entier sans craquer – et bien sûr seulement dans ce cas-là –, vous pouvez tenter d'aller plus loin et envisager une immersion plus complète, avec une réelle expérience en situation, dans le monde retrouvé de vos ancêtres. Un monde, que vous n'irez pas chercher artificiellement en Lozère, mais que vous allez recréer chez vous, dans votre appartement, en suivant à la lettre ma dernière fiche technique. Elle vous permettra de triompher enfin de l'isolement, régulièrement dénoncé comme étant un des grands maux de notre époque.

Finie la solitude : vivez comme vos ancêtres !

Fiche n° 10

Expérience d'immersion totale

Durée : un week-end

Éléments nécessaires : une gazinière ; plusieurs lits, éventuellement superposés ; (facultatif) une horloge comtoise ou un gros réveil matin d'antan ; un bébé et un grand-père.

Nos ancêtres n'étaient jamais seuls. L'immense majorité d'entre eux, vivant à la campagne, habitait des fermes à pièce unique, servant à la fois de cuisine, de salle à manger, de salon et de chambre (et éventuellement de salle d'eau, avec un baquet, dissimulé parfois derrière des chaises). L'expérience proposée, fort simple à imaginer, consistera donc à recréer ce cadre.

Simple à imaginer, elle sera cependant difficile à mettre en œuvre, vous obligeant à déménager votre double-living, à y remplacer votre téléviseur par votre gazinière et à installer des lits tout autour de la pièce. Il vous faudra ensuite remplir ces lits : un pour vous-même et votre conjoint, d'autres pour vos enfants, sans oublier ceux des grands-parents, que vous inviterez à coucher chez vous, dussent-ils pour certains quitter leur résidence troisième âge, pour venir passer chez vous une petite nuit en famille, à la façon d'autrefois.

Mais avant que de passer la nuit, il faudra d'abord passer la journée. Une journée entière, tassés à huit ou dix dans votre ex-séjour ainsi redécoré, avec pour toute distraction, non pas les programmes des meilleures chaînes du bouquet télévisé standard, mais les conversations en famille.

Une journée entière, avec ses deux repas, pris en commun et préparés sur place, l'odeur du poulet rôti se mêlant à celles du camembert et du café bouillu, puis à celle de la soupe aux choux, odeurs qui continueront à flotter dans la pièce à l'heure de la veillée, temps là encore des bonnes vieilles histoires et des souvenirs divers et variés.

Une journée entière, à laquelle succédera assez vite une bonne nuit de repos. Assez vite, en effet, car faute d'occupations, vous ne chercherez guère à prolonger cette délicieuse veillée transgénérationnelle et inter-active, pour vivre pleinement cette nuit dans ce dortoir à l'ancienne, dont le refuge montagnard n'offre qu'une pâle imitation, puisqu'à sa différence, vous aurez la joie de vous retrouver là à trois générations, autrement dit avec à la fois les pleurs du bébé qui fait ses dents et les ronflements du grand-père, qui – la faute à l'âge – devra sans doute se lever plusieurs fois durant la nuit. Le tout – originalité suprême de cette atmosphère unique – sera rythmé par le lancinant aller-retour du balancier de la rustique horloge comtoise, si vous avez la chance d'en posséder une ou d'avoir pu l'emprunter le temps de votre expérience, sachant que le tic-tac sonore d'un de ces anciens réveils ventrus à boîtier d'aluminium pourra éventuellement très bien faire l'affaire.

Faute de pouvoir disposer d'un coq pour annoncer l'aurore, prenez soin de ne pas fermer vos volets, histoire, comme en camping, d'avoir la joie d'être réveillé par les premiers rayons du soleil et, avant de vous lever, de pouvoir jouir du spectacle de l'assemblée endormie. Respirez alors profondément l'odeur de la famille. Levez-vous et préparez le café pour l'assemblée.

Le « truc du robinet »

Vous n'avez pas d'horloge comtoise ? Pas plus qu'un ancien réveil bien sonore dont le tic-tac infernal vous empêcherait à coup sûr de vous endormir… Qu'à cela ne tienne. Laissez, dans la cuisine ou la salle de bains proche, goutter un robinet d'eau dans un baquet. Le résultat sera grosso-modo le même.

*

Tiendrez-vous le coup ? Et combien de temps ? La seule façon de le savoir est de faire l'expérience, au risque, au milieu de la nuit, de réveiller Grand-père pour le reconduire à sa maison de retraite, de virer la gazinière et d'arrêter le robinet qui fuit, afin de retrouver cette intimité, dont vous vous trouviez privé depuis à peine plus de quelques heures, et dont le manque vous est intolérable. À vous de décider, tout en vous estimant déjà heureux, très heureux, si cette très brève vie communautaire s'est déroulée sans heurts… Le monde d'autrefois, moins pollué, moins dépendant de l'argent, avec ses valeurs qui lui étaient propres, était-il un paradis ou un enfer ? La question doit-elle être posée et n'est-elle pas déjà, en soi, une question de trop ?

Dès lors, je ne peux que reprendre ma conclusion de la première édition : le monde de nos ancêtres était certes un monde dur, disons même plutôt noir, mais c'était finalement surtout un monde différent. Un autre monde. Et plus encore un monde révolu.

Il n'en est pas moins nécessaire de savoir comment on y vivait, seule façon pour nous de mieux connaître ces hommes et ces femmes qui ne nous ont généralement rien laissé d'eux, si ce n'est un nom sur quelque papier jauni, nom qui figure pourtant à la base de notre arbre généalogique…

BIBLIOGRAPHIE

La Pomme de terre, Jean Feytaud, coll. Que sais-je ? n° 372, P.U.F., 1949.

Petite Histoire bretonne de la pomme de terre, Goulven Mazeas, Brest, 1940.

Histoire de l'institution de la Fête-Dieu, R. P. Berthollet, 1846.

Les 14 juillet : fête et conscience nationale, 1789-1975, Rosemonde Sanson, Flammarion, 1976.

Les Fêtes, Histoires, Traditions, Suggestions, Jacqueline Corric, Robert Laffont-RTL, 1985.

Fripons, Gueux et Loubards, une histoire de la délinquance de 1750 à nos jours, François Martineau, Lattès, 1986.

La Vie quotidienne sur les plages normandes du Second Empire aux années folles, Gabriel Désert, Hachette, 1983.

« La Côte d'Azur a cent ans », *Historama*, numéro spécial, juillet 1987.

La Sage-femme ou le médecin, une nouvelle conception de la vie, Jacques Gélis, Fayard, 1988.

Les Baronnies des Pyrénées. Maisons, mode de vie, société, École des Hautes-Études en Sciences sociales, 1981.

La Vie quotidienne en Lorraine aux XVIIe et XVIIIe siècles, Guy Gabourdin, Hachette, 1984.

Le Tableau de Paris, Louis-Sébastien Mercier, 1790, Maspero-Découvertes, 1979.

Entrer dans la vie, naissances et enfances dans la société traditionnelle, J. Gélis, M. Laget et M.-F. Morel, coll. Archives, Gallimard, 1978.

Médecine de campagne, de la Révolution à la Belle Époque, Germain Galérant, Plon, 1988.

Les pères aussi ont une histoire, Yvonne Knibiehler, Hachette, 1987.

Se soigner autrefois, médecins, savants et sorciers aux XVIIe *et* XVIIIe *siècles*, François Lebrun, Messidor, 1983.

La Femme et le bâtard, Claude Grimmer, Presses de la Renaissance, 1983.

La Fricassée : saigner et cuisiner le goret dans le passé, Bernard Royer.

La Fête du cochon, S. Brissaud.

Le Cheval d'orgueil, Pierre-Jackez Hélias, Plon, 1979.

Au village de Brie, Christian de Bartillat, Presses du Village, 1984.

Ils étaient de leur village, Gérard Boulet, Éd. Jean-Cyrille Godefroy, 1988.

Almanach de la mémoire et des coutumes, Pierre Barret et Jean-Noël Gurgand, Hachette, 1980.

Manuel de folklore français contemporain, Arnold Van Gennep, Picard (8 vol.), 1982-1988.

Le Baptême à travers les siècles, H-F. Brown, S.D.T., 1972.

Au village de France, vie traditionnelle des paysans, P.-L. Menon et P. Lecotté, Bourrelier, 1945.

Les Évangiles des quenouilles, présentation de Jacques Lacarrière, Imago, 1987.

Le Morvan, cœur de la France, J. Bruley, 1978.

La Vie quotidienne des domestiques en France au XIXe *siècle*, Pierre Guiral et Guy Thuillier, Hachette, 1979.

Les Nourrices à Paris au XIXe *siècle*, Fanny Faÿ-Sallois, Payot, 1980.

La Vie d'un simple, Émile Guillaumin, Livre de Poche n° 3419.

L'Impossible Mariage ; violence et parenté en Gévaudan, XVIIe*,* XVIIIe*,* XIXe *siècle*, Élisabeth Claverie et Pierre Lamaison, Hachette, 1982.

La Mémoire longue, Françoise Zonabend, Temps et histoire au village, P.U.F., 1980.

Les Gens, le Temps, l'Argent, Guy Cabourdin, Presses universitaires de Nancy, 1984.

Paysans d'autrefois, Guy Cabourdin, Presses universitaires de Nancy, 1984.

Histoire de l'enseignement en France, Antoine Prost, Armand Colin, 1983.

Lire et écrire, l'alphabétisation des Français de Calvin à Jules Ferry, François Furet et Jacques Ozouf, Éd. de Minuit, 1980.

Calicot, Xavier-Édouard Lejeune, Arthaud-Montalba, 1984.

Émilie Cuisinière, Francine Leman, Nord-Éclair, 1978.

Une plume, de l'encre, du papier, histoire de trois techniques, Marie Roybet-Fould.

La Vie quotidienne du prêtre français au XIXe siècle (1801-1905), Pierre Pierrard, Hachette, 1986.

Toinou, le cri d'un enfant auvergnat, Antoine Sylvère, Plon, 1980.

La Première Communion à la campagne, quatre siècles d'histoire, Jacques Delumeau, Desclées de Brouwer, 1987.

Ils voyageaient la France, vie et traditions des compagnons du Tour de France au XIXe siècle, Pierre Barret et Jean-Noël Gurgand, Hachette, 1980.

1789 : les Français ont la parole, cahiers des états généraux, Pierre Goubert, coll. Archives, Gallimard, 1975.

La Vie quotidienne des soldats sous la Révolution, 1789-1799, Jean-Paul Bertaud, Hachette, 1985.

La Vie quotidienne en France au temps de la Révolution, 1789-1795, Jean-Paul Bertaud, Hachette, 1983.

Journal de ma vie, Jacques-Louis Ménétra, compagnon vitrier au XVIIIe siècle, Montalba, 1982.

Les Conscrits, Michel Bozon, Berger-Levrault, 1981.

Aux sources des chansons populaires, Martine David et Anne-Marie Delrieu, Berlin, 1986.

Les Sports et Jeux d'exercice dans l'ancienne France, J.-J. Jusserand, 1901.

Jeux de force et d'adresse, N. Tremaud, Guide ethnographique, A.T.P.

L'Ancêtre du rugby : la soule, Jean Bazal, 1939.

Souvenirs de la Vieille France : les sociétés de tir avant 1789, Amiens, 1877.

Paris sous Philippe le Bel, d'après le rôle de la taille en 1292, Géraud, Paris, 1837.

Le Grand Rôle de la cloche dans un village autrefois, E. Violet, Mâcon, 1939.

Cérémonial de la consécration des églises et des autels et de la bénédiction des cimetières et des cloches, R. P. Le Vavasseur, 1897.

La France ensorcelée, René Crozet, Horwath, 1984.

Sorciers et Jeteurs de sorts, Marcelle Bouteiller, Plon, 1958.

Le Fléau des sorcières, histoire de la diablerie basque au XVIIe siècle, Roland Villeneuve, Flammarion, 1983.

La Sorcière au village (XVe-XVIIIe siècle), Robert Muchembled, coll. Archives, Gallimard, 1979.

Les Pèlerins du Moyen Age, Raymond Oursel, Fayard, 1963.

Les Longs Cheminements, pèlerinages de tous les temps et de toutes les croyances, Pierre Cabanne.

Les Pardons bretons du temps passé, Jacques Duchemin, Sodim, Bruxelles, 1977.

Histoire religieuse de la France contemporaine, Gérard Cholvy et Yves-Marie Hilaire, Privat, 1985-1986-1988.

Les Foires à travers les âges, Charles de Bussy.

De la foire au pain d'épice à la foire du Trône, Agnès Rosolen, Éd. L.M., 1985.

La Grand'place, Michel Bouzy et Jeanne Champillon.

Les Saints au Moyen Âge, Régine Pernoud, Plon, 1984.

L'Espace de la mort, Michel Ragon, Albin Michel, 1981.

Les Monuments aux morts de la guerre 1914-1918, chefs-d'œuvre d'art public, Olivier Descamps, *in* Cahier d'Art public.

Raconte-moi Marianne, les 36 000 jours des 36 000 communes, Michel Giraud, J.-C. Lattès, 1984.

Les Almanachs populaires aux XVIIe et XVIIIe siècles, Geneviève Bollème, Mouton, 1979.

L'Épopée du ski, Yves Ballu, Arthaud, 1981.

Le Ski, histoire et technique, Guido Oddo, Atlas, 1977.

Charivari en Gascogne, la morale des peuples du XVIe au XXe siècle, Christian Desplats, Berger-Levrault, 1981.

La Loterie nationale, 1536-1936.

Les Lunettes, Pierre Marly, Hachette-Massin, 1980.

Essai sur l'histoire de la mort en Occident du Moyen Âge à nos jours, Philippe Ariès, Seuil, 1975.

« L'Architecture de la mort », *Revue des Monuments historiques*, n° 124, déc. 1982-janv. 1983.

Les Funérailles, une fête ? J. Potel, Cerf, 1974.

Le Deuil : histoire, règlements, usages, modes, J. Marquerie, Paris, 1977.

Le Livre du pain, Pierre Durand et Marcel Sarrau, Éd. du Rocher, 1973.

Une histoire du sel, J.-F. Bergier, P.U.F., 1982.

Tabac, miroir du temps, Ned Rival, Librairie académique Perrin, 1981.

La Dévotion populaire à la messe dans la France des XVIIe et XVIIIe siècles, Jean de Viguerie.

Quand dimanche était jour de fête, J.-F. Baruelle, Balland, 1982.

Histoire de la danse et de la musique de ballet, Paul Nettl, Payot, 1966.

Arc et Arbalète, Pierre Dubay, Albin Michel, 1978.

La Chanson, le Masque et la Danse, origines et histoire, Paul Pourot, 1927.

Histoire des Français, Pierre Gaxotte, Flammarion, 1972.

Sennely-en-Sologne au XVIIIe siècle, le village immobile, Gérard Bouchard, Plon, 1971.

Fêtes et Spectacles populaires, Roland Auguet, Flammarion, 1974.

L'Absinthe, histoire de la Fée verte, Marie-Claude Delahaye, Berger-Levrault, 1983.

« Le Café en Méditerranée. Histoire, anthropologie, économie, XVIIIe-XXe siècles », *Revue du C.N.R.S.*

Approche historique et socioculturelle de l'alcoolisme, coutumes et traditions populaires, Maurice Robert, C.N.D.C.A., 1978.

La Vie de château, M. de Bonneval, France-Empire, 1978.

Histoire de la France rurale, sous la direction de Georges Duby, vol. 2, 3, 4, Le Seuil, 1977-1978.

Histoire de la France urbaine, sous la direction de Georges Duby, vol. 2, 3, 4, Le Seuil, 1980-1983.

Histoire de la population française, sous la direction de Jacques Dupâquier, vol. 1, 2, 3, P.U.F., 1988.

Histoire de la famille, sous la direction d'André Burguière, Christiane Klapisch-Zuber, Martine Segalen et Françoise Zonabend, vol 1 et 2, P.U.F., 1986.

La Vie quotidienne au temps de Louis XIV, François Bluche, Hachette, 1984.

La Vie quotidienne des paysans bourguignons au temps de Lamartine, Henri Vincenot, Hachette, 1976.

La Vie quotidienne des paysans français au XVIIe siècle, Pierre Goubert, Hachette, 1982.

La Vie quotidienne en l'an mille, Edmond Pognon, Hachette, 1981.

Montaillou, village occitan, de 1294-1324, Emmanuel Le Roy Ladurie, Gallimard, 1975.

Histoire du paysage français, Jean-Robert Pitte, vol. 1 et 2, Tallandier, 1983.

Quand les Auvergnats partaient conquérir Paris, Roger Girard, Fayard, 1979.

Familles : parenté, maison, sexualité dans l'ancienne société, J.-L. Flandrin, Hachette, 1976.

Bordeaux et le Sud-Ouest au XVIIIe siècle, croissance économique et attraction urbaine, J.-P. Poussou, Éd. de l'École des Hautes Études en Sciences sociales, 1983.

Quinze Générations de bas Bretons, Martine Segalen, P.U.F., 1985.

Bretons de Plovezet, André Burguière, Flammarion, 1975.

Rouen aux XVIIe et XVIIIe siècles, les mutations d'un espace social, Jean-Pierre Bardet, Sédès, 1983.

La Maison du père, famille et village en Haute-Provence aux XVIIe et XVIIIe siècles, Alain Collomp, P.U.F., 1983.
Pour la démographie historique, Jacques Dupâquier, P.U.F., 1984.
Histoire de la démographie, Jacques et Michel Dupâquier, Académie Perrin, 1985.
Vivre à Aurillac au XVIIIe siècle, Claude Grimmer, P.U.F., 1983.
La Troisième Planète, structures familiales et systèmes idéologiques, Emmanuel Todd, Seuil, 1983.
L'Invention de la France, Hervé Le Bras et Emmanuel Todd, Hachette-Pluriel, 1981.
Avant Mémoire, Jean Delay, vol. 1 et 2, Gallimard, 1979.
L'Ours et les Brebis, mémoires d'un berger transhumant des Pyrénées à la Gironde, Seghers, 1988.
L'Accent de ma mère, Michel Ragon, Albin Michel, 1980.
Le Sire de Gouberville, un gentilhomme normand au XVIe siècle, Madeleine Foisil, Aubier-Montaigne, 1981.
Jean et Yvonne, domestiques en 1900, Michel Chabot, Éd. 1900, 1988.
La Billebaude, Henri Vincenot, Denoël, 1978.
Dictionnaire de la bêtise et des erreurs de jugement, Guy Bechtel et Jean-Claude Carrière, Robert Laffont, 1965.
Le Français dans tous les sens, Henriette Walter, Robert Laffont, 1988.
Histoire des Institutions, Jacques Ellul, tome 3, P.U.F., 1962.
Les Amours paysannes, Jean-Louis Flandrin, coll. Archives, Gallimard, 1975.
La France médicale au XIXe siècle, Jacques Léonard, coll. Archives, Gallimard, 1978.
Visites aux paysans du Centre, Daniel Halévy, Hachette-Pluriel, 1978.
L'Enfant et la Vie familiale sous l'Ancien Régime, Philippe Ariès, coll. Points, Seuil, 1973.
Mourir autrefois, attitudes collectives devant la mort aux XVIIe et XVIIIe siècles, coll. Archives, Gallimard, 1974.
Remues d'hommes, les migrations montagnardes en France aux XVIIe et XVIIIe siècles, Abel Poitrineau, Aubier, 1983.
La Vie ouvrière à Lille sous le Second Empire, Pierre Pierrard, Éd. Gérard Monfort, 1978.
Au même pot et au même feu..., étude sur les communautés familiales agricoles du centre de la France, Henriette Dussourd, Maisonneuve et Larose, 1979.
Les communautés familiales agricoles du centre de la France, Henriette Dussourd, Maisonneuve et Larose, 1978.

À la conquête des cœurs et des boisselées, un maçon de la Marche sur la terre berrichonne (1734-1810), Geneviève Millot, 1981.

Vins, Vignes et Vignerons, histoire du vignoble français, Marcel Lachiver, Fayard, 1988.

Le Colporteur et la Mercière, Claire Krafft, Denoël, 1982.

Dans les pas des voyageurs d'hier, Marie-Odile Andrade, Bonneton, 1981.

Au temps des malles-poste et des diligences, histoire des transports publics et de poste du XVIIe au XIXe siècle, Paul Charbon, Éd. J.-P. Gyss, 1979.

Histoire de la vitesse, Pierre Rousseau, coll. « Que sais-je ? », P.U.F., 1963.

Ainsi naquit l'automobile, Jacques Ickx, Lausanne-Paris.

Les Fiacres de Paris aux XVIIe et XVIIIe siècles, Bernard Causse, P.U.F., 1972.

Histoire des enseignes d'hôtellerie, d'auberges et de cabarets, N. Blavignac, Genève, 1879.

Histoire de la messe, XVIIe-XIXe siècles, Université d'Angers, 1980.

Le Village sous l'Ancien Régime, Albert Babeau, 1882.

Histoire religieuse de la France contemporaine, Gérard Cholvy et Yves-Marie Hilaire, tomes 1, 2 et 3, Privat, 1985-1986.

Mon Village et moi, Pierre Gaxotte, Flammarion, 1968.

La Bibliothèque bleue : littérature populaire en France du XVIIe au XIXe siècle, Geneviève Bollème, coll. Archives, Gallimard, 1979.

Approche historique et socioculturelle de l'alcoolisme, coutumes et traditions,
C.N.D.C.A., Paris 1978.

La Sociabilité villageoise dans l'ancienne France, J.-P. Gutton, Hachette, 1979.

La Conquête des vacances, Roger-H. Guerrand, Éd. Ouvrières, 1963.

Dictionnaire des aliments, Jérôme Stern, Garnier, 1982.

Tavernes, Estaminets, Guinguettes et Cafés d'antan et de naguère, Romain Livio, Pont-Royal, 1961.

Ce monde que nous avons perdu, Peter Laslett, Flammarion, 1983.

Histoire pittoresque de notre alimentation, G. et G. Blond, Fayard, 1976.

Amour et Mariage dans l'ancienne France, Martine Segalen, Berger-Levrault, 1978.

Et de nombreux articles des revues *Historama, Histoire-magazine, L'Histoire* et *Généalogie-magazine.*

INDEX

Cet index thématique, renvoie à l'article concerné.

Abandon (d'enfant) 69.
Absinthe 303.
Accouchement (voir aussi naissance) 61, 64.
Adultère 157.
Affinité 72.
Agonie 181.
Aiguillette 139.
Aînesse 36.
Algérie 160.
Alimentation 206, 274.
Allaitement 81.
Almanach 272.
Alphabétisation 91.
Amour 125.
André (Saint-) 266.
Animaux 27, 43, 266, 282.
– (bénédiction des) 245, 271.
Année 199
Août (15 août) 253.
Apothicaire 170.
Apprentissage 104.
Argent 160.
Armée 106.
Armoire (de mariage) 42, 131.
Artisans 32.
Ascension sociale 165.
Auberge 320.
Avent 271.
Avortement 141.

Bachellerie 104.
Bains de mer 247.
Bal 311.
Banlieue 132.
Bans 131.
Baptême 72.
Bâtardise 69.
Battage 260.
Bergers 91.
Bestialités 145.
Boissons 303.
Boulanger 315.
Bronzage 247.
Bûche de Noël 282.
Bue (voir lessive).

Café 303.
Calendrier 197.
Compagnonnage 45.
Carême 203, 206, 218.
Carnaval 203.
Catherine (Sainte-) 266.
Catherinette 266.
Célibataires 118.
Cendres 203.
Centenaires 177.
Césarienne 63.
Chandeleur 201.
Charivari 157, 205.

Château 14, 17.
– (-vie de) 17.
Châtelain : voir château.
Chemin de fer 327.
Chirurgien 170.
Chômeurs 248.
Chrysanthème 266.
Cigarette 308.
Cimetière 186.
Cloches 23, 221.
Cocagne (pays de) 163.
Coffre de mariage 131.
Colonel 108.
Colporteurs 45.
Communautés familiales 36.
Communion 100.
Conception 36.
- (prénuptiale) 118.
Concubinage 118.
Conscrit 111.
Contraception 141.
Contrat de mariage 131.
Coq 15.
Coquin 228.
Côte d'Azur 247.
Couleurs 136.
Cousin germain 123.
Crèche 282.
Croisettes 239.
Croissants 315.
Crosse 213.
Cultivateurs 37.
Curés (voir aussi « prêtres ») 14, 182, 299.

Danse 104, 311.
Dentiste 170.
Deuil 181, 186.
Diable 234.
Diligence 320.
Dimanche 296, 299, 311.
Distribution des prix 97.
Divorce 152.
Domestiques 17, 32, 104.
Dot 121, 131.

École 91, 97.
Église 14.
Élections 22.
Éloi (Saint-) 243, 266, 296.
Émigration 160.
Enfance 81, 91.
Enfants mort-nés 64.
Enseigne 24.
Enterrement 181.
Entremetteur 128.
Épidémie 170.
Épiphanie 285.
Espérance de vie 154, 177.
Estive 260.
Été 245.
Étranger 45.
Étrennes 278, 282.
Étuves 145.
Exode rural 13, 45.

Famille 36.
Fauteuil 42.
Fécondité 141.
Femmes (vie des) 148.
Féodalité 13.
Fêtes 296.
Fête-Dieu 253.
Fête des Fous 285.
Fête des Mères 243.
Fête nationale 253.
Fête patronale 247.
Fiançailles 131.
Flirt 264.
Foins 245.
Foires 256.
Football 213.

Galette des rois 285.
Gelées 289.
Glace 289.
Glas 181.
Golf 213.
Grossesse 57.
Guerre de 1914 266, 327.
Guinando 264.

Heures 221.
Hiver 289.
Homosexualité 145.
Honneurs de la cour 168.
Hygiène 24.

Inceste 121.
Inceste de compaternité 72.
Instituteur 97, 165.

Janvier 289.
Jean (Saint-) 243.
Jeudi saint 218.
Jouets 91.
Jours 197, 296.
– fériés (voir aussi fêtes) 247.
Jour de l'An 285.

Labours 260.
Laboureur 32, 145.
Lavoirs 19.
Lessive 319.
Livres 272.
Locomotion 320.
Loterie 160.
Louée 104, 244.
Loups 15, 43, 91.
Luce (Sainte-) 266.
Lunettes 170.

Mai 239.
– (1er mai) 237.
Mail 213.
Maillot (d'enfant) 81.
Maillot de bain 247.
Maire 19, 22.
Mairie 22.
Maison 47.
Maisons (extérieurs et intérieurs) 39.
Maisons closes 145.
Maladies 170.
- (infantiles) 81.
Manouvrier 32.
Marchand 32, 165.
Marché 256.
Marcou 64.
Mariage 118, 121, 125, 131, 135, 139.
Mariage (demande en) 128.
Mariage (consanguin) 121.
Marianne 253.
Marraine 72.
Martin (Saint-) 266.
Médecin 170.
Médecine 81, 170.
Messe 299.
Messe de minuit 282.
Météorologie 239.
Métiers 32.
Meubles 39.
Mi-carême 206.
Michel (Saint-) 266.
Migrants 45.
Miracles 227.
Mois 197.
Moissons 245.
Monstres 57.
Monument aux morts 266.
Mort 177, 181, 186.
Mortalité infantile 81.
Muguet 237.

Naissance (voir aussi accouchement) 57, 61, 64, 69.
Nicolas (Saint-) 278.
Noblesse 165.
Noces d'or 154.
Noël 278, 282.
Notaire 165.
Nourrice 81.
Novembre (11 novembre) 266.

Obsèques 181.
Œuf de Pâques 221.
Œuvrer 298.
Office 165.
Orphelins 154.
Ouvrier (monde) 118.

Pain 315.
Pâques 224.
Parenté 118.
– (spirituelle) 72.
Paris 27, 160.
Paroisse 19.
Parrain 72.
Patois 45, 97.
Paulme (jeu de) 213.
Pèle-porc 274.
Pèlerinage 227.
Pentecôte 239.
Père Noël 278.
Peste 170.
Pharmacien (voir apothicaire).
Pipe 308.
Plantes (médicinales) 170, 237, 243.
Poison d'avril 221.
Pomme de terre 209.
Pompes funèbres 181.
Porc 274.
Prénom 72.
Présentation 125.
Préservatif 144.
Prêtre (voir aussi curé) 14.
Progrès 327.

Quasimodo 224.
Québec 160.

Rameaux 218.
Rebouteux 170.
Régisseur 17, 32, 165.
Relevailles 72, 201.
Religion 299.
Remariage 154, 157.
Remplacement 111.
Renouvellement de mariage 154.
République 22, 97.
Réussite 165.
Réveillon 266.
Révolution de 1789 13, 32, 327.
Révolution industrielle 13, 32, 327.
Rogations 239.
Rosière 239.

Sabbat 234.
Sage-femme 61, 64.
Saints 14, 195, 227.
Sanctuaire-à-répit 64.
Santons 282.
Sapin de Noël 282.
Sel 315.
Semailles 201.
Semaine sainte 218.
Sergent-recruteur 106.
Service militaire 111.
Sevrage 81.
Sexisme 135.
Sexualité 118, 128, 139, 141, 145, 264.
Signature 91.
Ski 289.
Sociabilité (lieux de) 19.
Société 32.
Sorcier 139, 170, 234.
Soule 213.
Soupe 206.
Sport 213.
Sport d'hiver 289.
Syphilis 145.

Tabac 308.
Tango 311.
Temps 221.
Tennis 213.
Testament 177.
Thé 307.
Tir à l'oiseau 224.
Tirage au sort 106, 111.
Tour de France 104.
Toussaint 266.
Travail 135, 296.
Tripot 213.
Trousseau 106, 128, 131.

Usine 160.

Vacances 247.
Valentin (Saint-) 201.
Valet 32.
Valse 311.
Veillées 264, 272.
Vendanges 260.
Vendredi saint 218.
Vétérinaire 170.
Veuve 156.
Vie privée 36, 152.
Vieillesse 177, 264.
Vigne 260.
Village 19.
Villes 24.
Vin 260.
Vincent (Saint-) 260.
Violences 152.
Vitesse 320.
Vœux 285.
Voitures 27.
Voyages 45, 320.

TABLE

Préface : 9

1. LE ROMAN VRAI DES SIÈCLES

Les changements dans la continuité 13
À l'ombre de l'église : disputes et places payantes. 14
Le château au village : cabine téléphonique ou P.M.E. ? . . 17
Village et paroisse :
l'univers fermé de la « guerre des Boutons » 19
3 22 poulardes de Bresse pour installer la République 22
Les cochons y courent et les veaux y tètent :
les curieuses villes d'antan 24
Embouteillages, moulins et « Maîtres Fifi » :
Paris d'hier ou d'aujourd'hui ? 27
Société et métier : une échelle où chacun a son barreau . . . 32
« A même pain, feu, pot et sel » :
vie de famille et vie privée 36
Quand les moines réchauffaient les lits :
entrons chez nos ancêtres 39
Des animaux et des hommes :
quand on excommuniait chenilles et sauterelles. 43
« Bateau-stop » et bricolage : où était donc « Bison futé » ? 45

2. LE ROMAN VRAI D'UNE VIE

« Du berceau à la tombe » 55
Gare aux lièvres et aux fraises : la femme est grosse 57

Une femme qui ne rassure ni les mères ni les poules : la matrone. 61
Lorsque l'enfant paraît... toute une aventure. 64
Deux dangers de la naissance : bâtardise et abandon 69
Une expédition souvent sibérienne : le baptême. 72
La curieuse industrie des nourrices : quand on pouvait goûter leur lait. 81
La première enfance : de la graisse sous le menton 87
L'âge de raison et des culottes : à l'école ou pas 91
De la mythologie grecque à la mythologie républicaine : les plumiers de Jules Ferry 97
De la culotte au pantalon : « Le plus beau jour de la vie » . 100
Apprendre un métier et apprendre à danser 104
« Avis à la belle jeunesse » : le temps de Fanfan la Tulipe . 106
Entre le « bidet » et le « laurier » : quand les conscrits tiraient au sort. 111
Coucher « en tout bien tout honneur » : le test de la fertilité 118
« Être parent ou pas » : telle est la question 121
L'amour contre la raison : une seule recette : l'herbe à chats !. 125
Quand arrive le « croque-avoine » : code amoureux et réponses codifiées. 128
L'affaire qui court et l'armoire qui s'ouvre 131
On se marie en début de semaine et la mariée n'est pas en blanc ! 135
La nuit de noces : l'aiguillette est-elle nouée ?. 139
Pas de « redingotes anglaises » : pernicieux exemples et funestes secrets 141
Le Moyen Âge avait ses saunas, et les bordels leurs fillettes 145
Espace masculin, espace féminin : « Jamais femmes ni cochons ne doivent quitter la maison » 148
Pour le meilleur et pour le pire : maris et femmes battus . . 152
Collections d'épouses et brochettes de maris. 154
Ne jetez pas la pierre à la femme adultère, mais à son mari !. 157
Loteries et oncles d'Amérique : le jeu de l'argent et du hasard 160
Echelle sociale et montagnes russes 165
De Diafoirus au médecin de campagne : fureurs célestes et douleurs humaines 170

« Sachant qu'il n'est rien de plus certain que la mort,
ni de plus incertain que l'heure d'icelle » 177
« L'heure des heures » et les « larmes d'argent » 181
Interdit de danser dans les cimetières 186

3. LE ROMAN VRAI D'UNE ANNÉE

La ronde des mois et des saisons.................... 195
Mais quand donc commence l'année ? 197
De la chandeleur à la Saint-Valentin 201
Saint-Dégobillard et ses souffles-à-cul :
la licence des jours gras 203
Manger des stockfisches et « travailler sa soupe » :
quand nos ancêtres font pénitence................. 206
Comment la « plante du diable » devint la « plante du roy » :
l'extraordinaire aventure de la pomme de terre 209
Comment le tennis naquit dans les « tripots » français :
nos ancêtres se « desportaient » 213
La grande angoisse annuelle de la semaine peineuse 218
Les « dames de bronze » en voyage :
histoires d'œufs et de poissons 221
Du chapeau de paille au papegai de bois.............. 224
De l'ancêtre du Paris-Dakar aux marches à reculons 227
Ne pas sortir sans sel : la nuit du diable............. 234
Savez-vous « esmayer » une fille ?
Les seaux d'eau du 1er mai 237
Quand les statues vont au bain et les filles à la pesade.... 239
Les feux de joie du jour le plus long................ 243
La dernière gerbe et les suées d'été................ 245
Bains de mer sur ordonnance médicale :
nos ancêtres ont peur du soleil 247
Bataille de fêtes : Marianne, Bonaventure et les autres.... 253
Cochons de quatre-vingts kilos et hercules de cent quarante :
quand nos ancêtres font la foire.................. 256
Fessée de saint Vincent et battage au fléau 260
Le temps des veillées :
des salies obscures où l'on draguait déjà 264
Des chrysanthèmes aux « grandes Ô »,
en rencontrant poilus et catherinettes............... 266

Nos ancêtres avaient leur « Livre des records » : l'almanach 272
La fête du cochon : « son et lumière » ou sacrifice ?...... 274
Le Père Noël et ses rivaux : une victoire indiscutable 278
Sapin, bûche et légendes : les merveilles de Noël 282
De la fête des Fous à la fête des Sages 285
Le « grand hyver » ou le village endormi.............. 289

4. LE ROMAN VRAI D'UN JOUR

Jours ordinaires et jours extraordinaires 295
Pas assez de jours ouvrables ! 296
La Vierge Marie était-elle couturière ? Jour du Seigneur et journal télévisé........ 299
La « Fée verte » et le « petit noir »........ 303
De l'« overdose » de la duchesse à la tête de M. Persil : l'irrésistible ascension du tabac........ 308
« Comme va la panse, va la danse » : d'un scandale à l'autre 311
Au carrefour des mythes et de la réalité : le jour du pain .. 315
Soixante-dix chemises sales et pas d'enzymes : la grande « bue »........ 319
20 km/h : les folles pointes de vitesse de nos ancêtres voyageurs........ 320
Le passage d'un monde à l'autre........ 324

5. POURRIEZ-VOUS VIVRE SANS PÉTROLE ?

Les aventures de Kévinouille et de dame Elodie 330
Revivre chez soi, à la manière de ses ancêtres........ 336
1. Vous êtes malade ? Soignez-vous comme vos ancêtres !........ 339
2. Vous êtes amoureux ? Draguez comme vos ancêtres ! 341
3. Vous vous mariez ? Mariez-vous comme vos ancêtres ! 343
4. Vous attendez un enfant ? Accouchez comme vos aïeules ! 345
5. Vous êtes parents ? Elevez vos enfants comme le faisaient vos ancêtres !........ 347
6. Passez l'été à la manière de vos ancêtres : 349

7. Soyez propres à la manière de vos ancêtres 351
Test de survie 353
Retrouvez et trempez la soupe de vos ancêtres ! 355
Expérience d'immersion totale 357

Bibliographie 361
Index thématique 369

Impression réalisée sur CAMERON
par BRODARD ET TAUPIN
La Flèche
en décembre 2006

Imprimé en France
Dépôt légal : décembre 2006
N° d'édition : 91539/08 – N° d'impression : 39176